L'ART DE RECONNAÎTRE

LES BIJOUX ANCIENS

OUVRAGES DU MÊME AUTEUR

L'Art de Reconnaître les Meubles Anciens (11e mille).
L'Art de Reconnaître les Dentelles, Guipures, etc. (8e mille).
L'Art de Reconnaître la Céramique (12e mille).
L'Art de Reconnaître les Tableaux Anciens, etc. (9e mille).
L'Art de Reconnaître les Gravures Anciennes (8e mille).
L'Art de Reconnaître les Fraudes en Art (7e mille).
L'Art de Reconnaître les Styles (54e mille).
Le Style Renaissance (15e mille).
Le Style Louis XIII (26e mille).
Le Style Louis XIV (30e mille).
Les Styles Régence et Louis XV (32e mille).
Le Style Louis XVI (34e mille).
Le Style Empire (33e mille).
Le Style Anglais (9e mille).
Les Styles Flamand et Hollandais (6e mille).
L'Illustration et les Illustrateurs (8e mille).
La Caricature et les Caricaturistes (15e mille).
Les Arts de la Femme (10e mille).
Les Arts et leur Technique (épuisé).
L'Éducation Artistique par l'Image et l'Anecdote (5e mille).
L'Histoire de l'Art en Images (épuisé).
L'Art en Anecdotes (3e mille).
Les Connaissances essentielles de l'Art.
Plantes et Fleurs. } épuisés.
Les Animaux d'après Nature }
L'Art de la Gravure simplifiée (" Cellulotypie ", procédé Émile-Bayard).
L'Art du Bois sculpté.
Les Grands Maîtres de l'Art (7e mille).
Le Goût, chez soi, sur soi, en soi (4e mille).
   Etc.

GUIDES PRATIQUES DE L'AMATEUR ET DU COLLECTIONNEUR D'ART

ÉMILE-BAYARD
INSPECTEUR DE L'ENSEIGNEMENT DES BEAUX-ARTS ET DES MUSÉES

L'Art
de Reconnaître
les Bijoux Anciens

PIERRES PRÉCIEUSES   **MÉTAL PRÉCIEUX**

Ouvrage illustré de 115 planches et gravures d'après la Collection Georges Chapsal

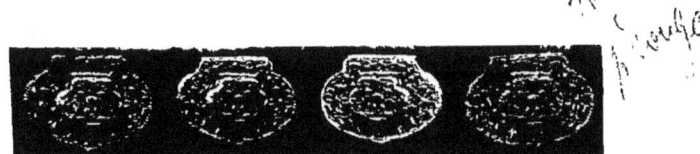

PARIS
ERNEST GRÜND
Libraire-Éditeur
9, RUE MAZARINE, PARIS (VIe)

1924

En cordial hommage

à M. Fernand CHAPSAL,
Sénateur,
Président de la Société d'Encouragement
à l'Art et à l'Industrie.

E.-B.

L'ART DE RECONNAITRE
LES BIJOUX ANCIENS

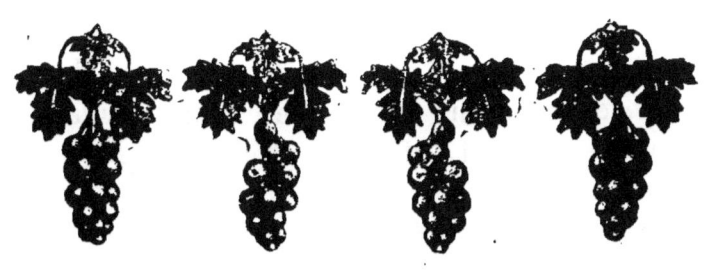

CHAPITRE PREMIER

Considérations générales.

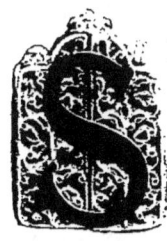I l'on s'appuie sur la légende, ce fut le miroir des eaux qui refléta la coquetterie initiale, et la romance, d'accord avec l'image naïve, accrocha aux organes de l'ouïe les premiers pendants d'oreilles : deux cerises...

Que la Nature ait exalté, par la parure, le goût de soi-même, cette évidence s'harmonise avec la flatterie complémentaire des effets de la lumière : du soleil qui dore à la lune qui argente. Si la Beauté peut se passer logiquement des atours, la coquetterie se charge d'accentuer les dons naturels; au surplus, elle risque d'atténuer la laideur au nom du charme, supérieur certaines fois à la beauté.

Au théâtre, où tout est artifice, les feux électriques jouent les caresses de la lumière vraie; ils accusent le mensonge du fard pour illusionner sur **la vérité**, au nom encore d'une coquetterie singulière, **celle-ci** d'ordre humain, plus sensuelle. Cela en revient à cette constatation manifeste de la vertu du nu complet, de la nature sans voiles, **comparativement** à la nudité parée. L'attirance physique résulte uniquement de l'artifice. Une bague, un collier sur un corps extrêmement dévêtu, éveillent l'idée de l'amour, et cette bague et ce collier, précisément, sont du domaine de la coquetterie : un sortilège humain.

Aussi bien il faut à la nudité un décor naturel pour qu'elle ne parle point aux sens; le moindre ajoutage à la vérité nue constitue un appel au désir. Sans la pudeur dont elle para sa **beauté**, **Ève** n'eût point été convoitée par Adam. La pudeur est un aiguillon, un bijou, et, comme lui, **la pudeur** varie selon les divers modes de coquetterie.

La Pudeur et la Beauté n'ont jamais été d'accord ensemble depuis que la Beauté a suscité à la Pudeur un procès qui ne sera jamais terminé. Mais je me garderais bien de diminuer la valeur et l'intérêt de la coquetterie, d'autant qu'elle tient encore à l'art, par le génie des artistes, créateurs d'une autre beauté, non seulement égale à la Nature, mais qui, inspirée d'elle, s'ajoute à elle.

L'Amour, enfin, collabora avec la Nature et l'art, au nom d'un sentiment éternel auquel sont redevables les chefs-d'œuvre impérissables.

CONSIDÉRATIONS GÉNÉRALES

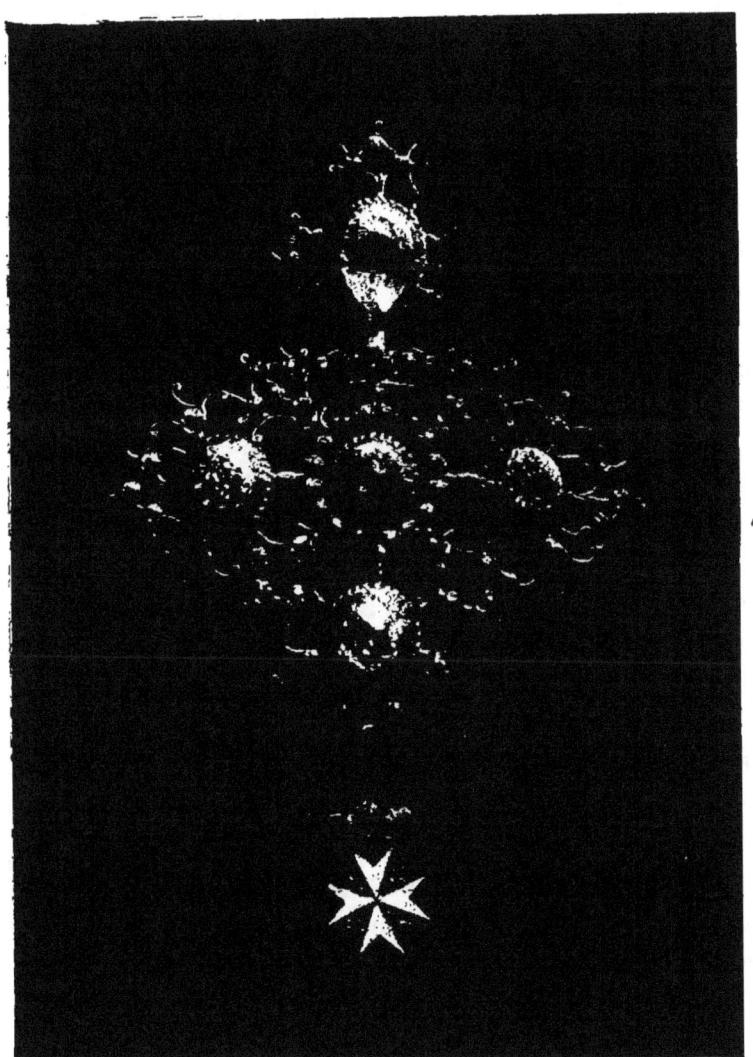

Planche 1. — *Croix Normande ancienne.*

(Pour le détail explicatif des planches et gravures,
voir le chapitre X.)

Partant de ce principe que la coquetterie stimule l'art, d'accord avec l'amour, dans une civilisation où l'on est vêtu, nous touchons au bijou.

Voici donc que la coquetterie recourut à l'esthétique pour séduire davantage, extra-naturellement, et différemment suivant le caprice du goût, les mœurs et latitudes, à travers les formes et formules de beauté séculaire. Ainsi s'avantagea la grâce d'un bras, au gré des fantaisies et idéals qui marquent les étapes d'expression artistique opposées, souvent contradictoires et soi-disant progressives, depuis le lien naïf fait de coquillages enfilés jusqu'au bracelet précieux.

Car, de la rusticité primitive au raffinement de nos jours, il demeure le principe d'une convention barbare dont le progrès s'avère seulement dans la qualité de la matière et du travail présidant aux sempiternels ornements accrochés au cou, aux oreilles, à la taille, sur la poitrine, voire aux chevilles et au nez, par la tradition de la sauvagerie la plus lointaine... Si l'on ajoute aux méfaits de la mode qui, souvent, prépare le ridicule de demain, les expressions diverses de la coquetterie, de la beauté même, inséparable d'une intention séductrice aussi capricieuse, suivant les peuples, la couleur de leur ciel ou de leur épiderme, on constate simplement toute la variété des bénéfices que l'art ou la curiosité en retirent.

Semblables à des verres diversement taillés, nos passions changent pour nous la face des objets, sans que pour cela les objets aient reçu une autre forme. C'est dans ces facettes que se mirent nos goûts, et, malheureusement, les pies ne sont point les seules à être attirées par tout ce qui brille.

Entre les différences de la coquetterie se lit la nuance de plaire proportionnée à l'âme que l'on possède. A côté du bijou ostentateur s'enregistre la simplicité du bon ton. Le bijou pittoresque garde sa vertu vis-à-vis du joyau rare. Toute parure comporte sa dose et trahit l'individu. La valeur morale de la coquetterie s'équilibre ainsi avec le prix de ses atours pour autant de joies mesurées, de la sobriété à l'excentricité. L'expression propre du geste ajoute à la qualité de l'art de paraître, et le bijou accentue ou dessert l'esprit du geste, suivant qui s'en orne. Un ancien Grec ayant remplacé la corde en boyau de sa lyre par une corde d'argent, détruisit son harmonie.

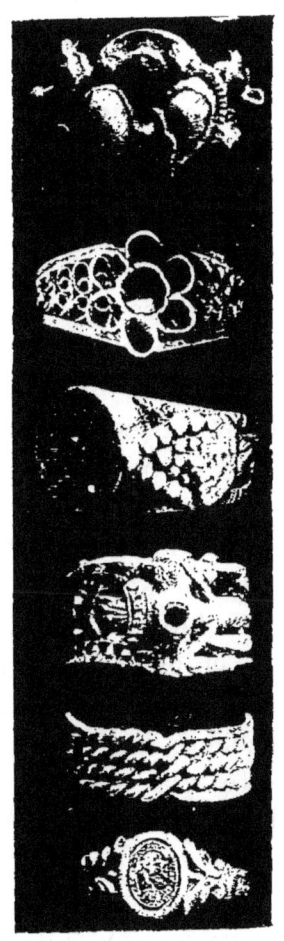

Bagues : suisses, française et allemande.

Mais ce sont là des subtilités en avance sur notre pensée. Pour l'instant, nous goûterons les prémices de la parure, auxiliaire tout d'abord, de la pudeur. L'animalité précède toujours la délicatesse, et les sexes se défendent initialement contre le regard.

Un artifice esthétique naît de ce souci immédiat. Il nous vaut ces larges colliers, ces ceintures de plumes dont s'enveloppe la chair du premier couple, cette chair ingénue à qui le tatouage prodiguait, aussi, des atours indélébiles. Puis, mise en goût par cet attirail, plus ou moins riche d'avoir été périlleusement ravi ou difficultueusement trouvé, la femme primitive multiplie ces atours comme pour égarer sur leur source essentielle, et voici que ses oreilles s'alourdissent de toutes sortes d'ingrédients, à l'exemple du serre-tête ou diadème qui prétend décorer son front. Jusqu'aux chevilles s'étend cette frénésie ornementale, lorsque même le nez, les lèvres ne participent pas, dans l'aberration, à la préoccupation de surcharge physique générale... au nom de la seule coquetterie désormais.

Toutes les sortes de bijoux à la fois sont consacrées de ce fait, leur port et leur manière seuls diffèrent.

N'en déplaise à notre Parisienne du xxe siècle, son geste raffiné remonte au Déluge, si, toutefois, le décolleté qu'elle affectionne aujourd'hui ne s'apparente à la nudité voilée des premiers âges que pour l'hypocrisie seulement.

Ne rions point non plus du ridicule primitif, car, outre que le ridicule est éternel, la mode revient en arrière avec une désinvolture déconcertante, quand, même, elle ne s'inspire point de l'objet nécessaire à la civilisation la plus retardataire, pour le dénaturer ou l'accommoder en bijou inutile.

Ainsi de notre pendentif moderne, qui n'est qu'un souvenir du strict « bagage » que portait au cou l'homme nu, au Dahomey notamment, de nos jours encore, et dans lequel sont renfermés ses gris-gris, toute sa fortune en fétiches, avec sa monnaie représentative. Ainsi de notre pendentif moderne qui, d'autre part, restaure la petite boîte orientale suspendue à un collier, pour en faire un pur ornement.

En art, rien ne progresse; tout n'est que répétition ou adaptation, et l'archaïsme vaut le modernisme dans le chef-d'œuvre.

L'instinct du sauvage, dont nous n'avons fait que distiller la parure, résiste à la raison avec une foi singulière, et l'on pourrait écrire tout un chapitre sur le martyre de la coquetterie, depuis l'étranglement du corset jusqu'à l'habitude de percer les oreilles que nous tenons des sauvages eux-mêmes! Malgré le noble exemple d'un Praxitèle parant de pendeloques — pour tout vêtement, d'ailleurs — sa *Vénus* de Cnide, la prohibition récente, par quelques États d'Amérique, d'accord avec les arrêts intermittents de nos modes, de ces sortes de bijoux (dont nos jours de civilisation ont simplement entouré le lobe des oreilles), ce sont pourtant les pareilles plumes, les similaires verroteries qui ornent nos femmes. La façon seule a changé, mais le but d'enjolivement demeure invariable. Nous avons conservé, en somme, les amulettes du plus ancien des Caraïbes!

Si pourtant nos mondaines d'aujourd'hui savaient que le cliquetis, dont elles sont si fières, de toutes ces breloques accumulées autour de leur cou, de leurs bras, évoque le tintement honteux du grelot dont les prostituées, au moyen âge, devaient être pourvues! Et d'ailleurs, la mitre qui, originairement, nous vient des Perses, la mitre que le caprice du goût

16 L'ART DE RECONNAITRE LES BIJOUX ANCIENS

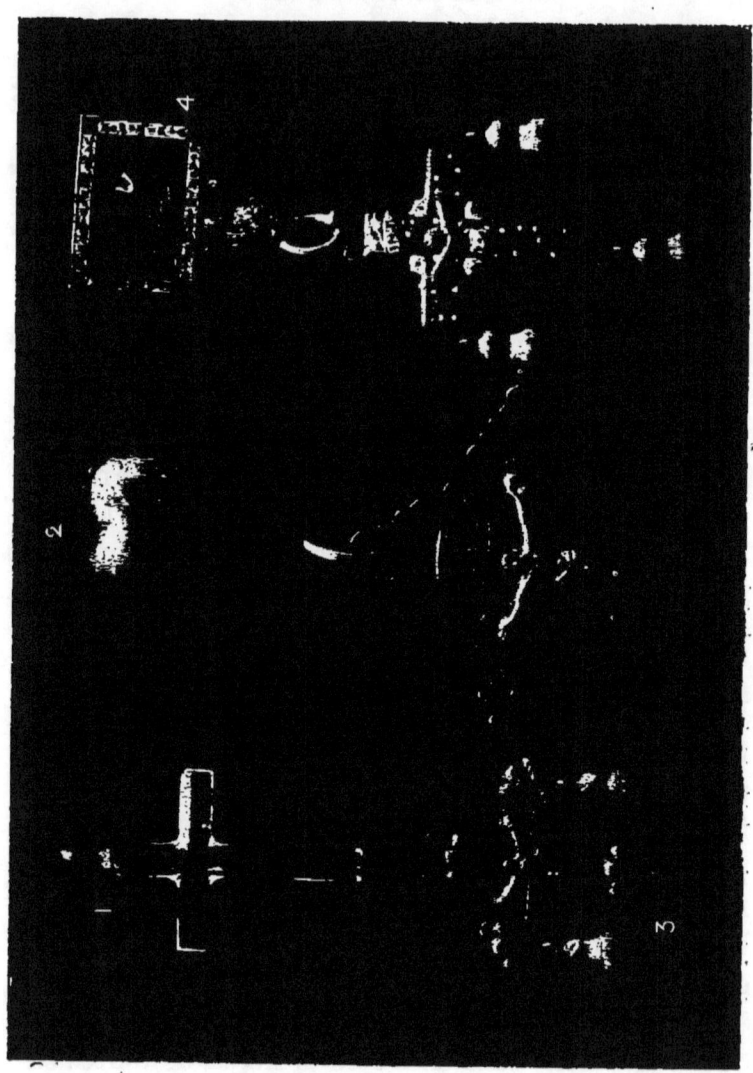

PLANCHE II. — *France*.

et la bizarrerie de la mode ont fait servir à nos cérémonies les plus augustes et mis sur la tête des plus respectables ministres du Seigneur, servait autre-

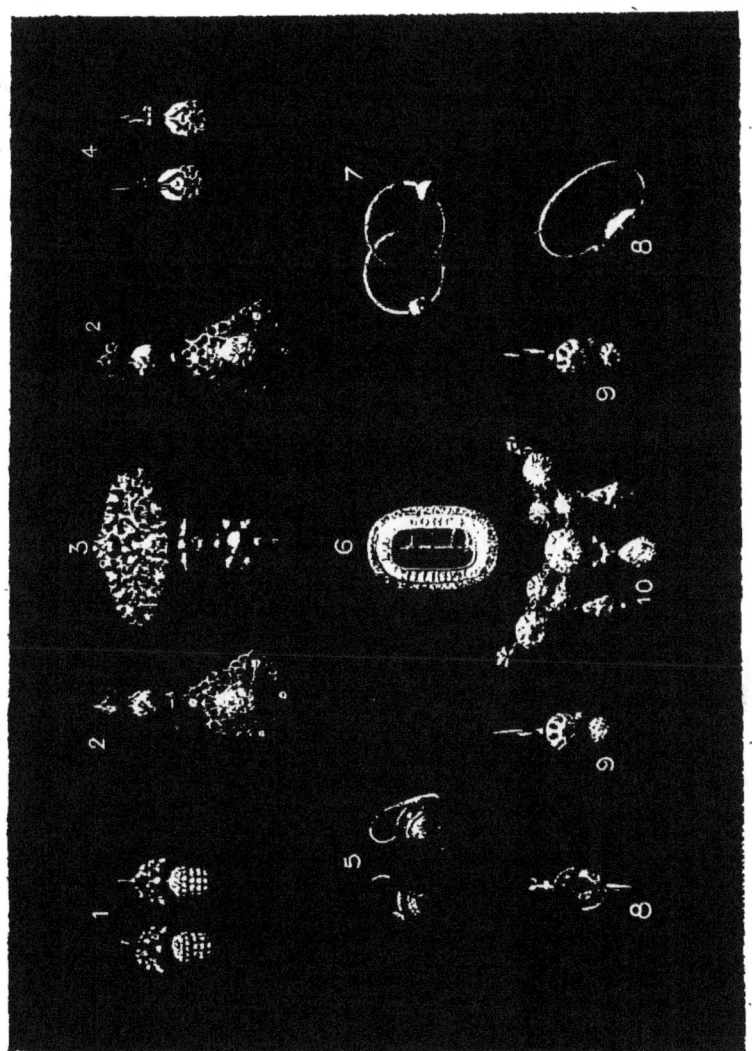

PLANCHE III. — *France, Belgique.*

fois à Rome de parure aux courtisanes, après avoir été longtemps la coiffure particulière des dames romaines. Aussi bien les vêtements du pèlerin d'antan partagent, avec le strict pagne du sauvage idolâtre, la faveur des coquilles. Mais les coquilles du pèlerin, qu'il rapportait en témoignage de ses voyages, étaient devenues l'emblème même du pèlerinage, passons...

Je me hâte d'ajouter que la coutume des parures et fanfreluches est charmante, parce que la beauté de la Femme, quelle que soit la mode, aussi sotte qu'elle se manifeste, s'impose éternelle à l'admiration.

Mais quelle spéculation autour de cette beauté ! Quelle folie ! Et le bijou tient à la disposition de la moindre lubie coûteuse, le trésor de son scintillement, le charme de sa couleur, l'arabesque rare de sa forme, le cadre harmonieux de sa matière précieuse. La coquetterie, issue du trouble de la chair, exalte maintenant la chair lorsqu'elle n'en dissimule pas ingénieusement les tares, sous un collier de perles à plusieurs rangs, par exemple.

L'invention du collier de perles à plusieurs rangs a bien, en effet, une origine déplaisante. Quelle est donc la souveraine anglaise qui, au XIXe siècle, eut recours à ce large et coûteux bijou pour masquer les hideuses écrouelles de son cou ?

Le bijou cache-misère ! Quelle dérision ! On cite pourtant d'autres exemples similaires de coquetterie... orthopédique. C'est là le calvaire du bijou, complice d'une fâcheuse cicatrice, de quelque nævus pigmentaire.

Mais tenons-nous-en encore à des généralités. Le bijou garde le mystère d'un parfum. Toute une poésie dort en le chaton d'une bague... à moins qu'un Borgia n'y enclose quelque poison subtil, et c'est

Cléopâtre qui découvrit le bracelet vivant dans l'enlacement mortel d'un serpent. Ce bracelet, dont la forme et l'esprit ont été tant imités depuis, métalliquement, pour un but heureusement moins tragique.

Si Ghirlandajo, le premier maître de Michel-Ange, inventeur d'une parure en forme de guirlande tant en faveur auprès des Florentines, y gagna son nom, tout près de nous, au XIXe siècle, le peintre charmant des oiseaux, Henri Giacomelli, inventa ces broches ingénues, très populaires autrefois, représentant des colombes qui se becquètent.

Des plumes d'oiseaux, encore, constitueront ces bijoux (et ces tableaux) si longtemps à la mode en France, auxquels un Oudry, peintre de Louis XIV, s'intéressera, et, les pennes irisées du martin-pêcheur, elles-mêmes, sont une ressource à la joaillerie chinoise.

La littérature romantique, aussi, s'inspirera du bijou avec un empressement que le crayon de Grandville a malicieusement réalisé. Lisez cet idéal où s'assemblent les joliesses pour composer un visage de femme : front d'ivoire, yeux de

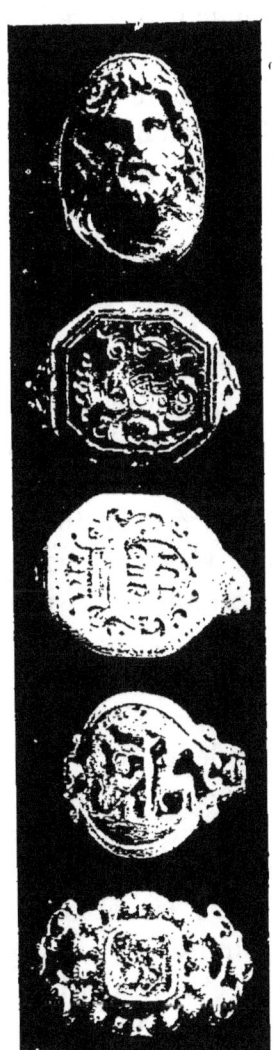

Bagues : russes, suisse, allemande.

saphir, sourcils et cheveux d'ébène, joues de roses, bouche de corail, dents de perles, cou de cygne...

« De quoi donner des désirs à un voleur, estime spirituellement Alphonse Karr, mais nullement à un amoureux... »

Il n'empêche qu'un ciel évoque souvent la douceur d'une turquoise ou d'une opale, à moins qu'au soleil couchant la comparaison du rubis associé à la topaze ne vienne à notre pensée comme l'émeraude à la vue de la mer, comme l'éclat du diamant devant certains yeux.

Amphitrite dénombre géographiquement ses côtes : d'argent, d'émeraude et d'azur.

Littérature, fadaises que tout cela ! Certes, mais encore l'art du peintre s'exalte-t-il de comparaisons, de rêves de couleur et de lumière que le prisme décompose positivement. Et les bijoux vivent cette couleur, cette lumière qu'ils ont emprisonnée. Les bijoux vivent même, littéralement, puisque les pierres qui les composent subissent le travail et l'évolution de leurs atomes. Le diamant, par exemple, vit de même que l'opale, pâlissante et mourante selon le doigt qu'elle pare. Oui, les gemmes et les joyaux palpitent dans la beauté matérielle et immatérielle. Nous les associons à nos souvenirs, à toutes nos admirations, au point que l'esprit emprunte aux facettes du brillant comme la pureté à sa limpidité, au point qu'un style lapidaire existe et que l'expansion du cœur aime à se concrétiser dans l'hommage d'un bijou.

Du souvenir au symbole, le bijou dispense sa grâce. Sa modestie vaut sa magnificence suivant la signification du geste qui, seul, lui donne son prix réel. La superstition et la religion se disputent sin-

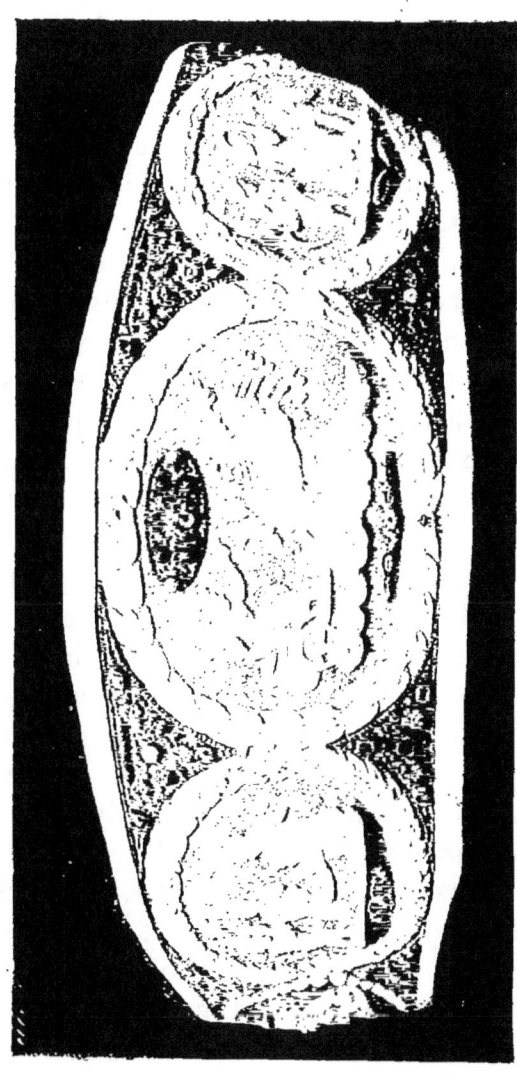

Planche IV. — Diadème de l'impératrice Joséphine.

gulièrement le bijou, depuis la plus humble des croix jusqu'à la madone la plus luxueuse. Les bijoux sacerdotaux imposent de la vénération tandis que les écrins de la courtisane enclosent des feux équivoques. Les bijoux s'adressent aux divers cultes, de toute la force de leur beauté, non seulement suivant la fortune dont on dispose mais encore proportionnellement à la somme du goût que l'on a. Ceci compense cela, en dosant les vanités à la valeur de l'intention et de la délicatesse dont on est digne. Plus d'armoiries aujourd'hui, alors les gens extériorisent leur âme, du fait des accessoires de leur vie qu'ils arborent.

Le bijou, chef-d'œuvre naturel de par la grâce de sa matière, ou chef-d'œuvre de l'art entre les mains de l'homme, à moins que sa rareté, sa préciosité ne constituent seules son intérêt, s'offre capricieusement à l'admiration ou à la cupidité. La coquetterie rudimentaire dut se parer d'une pépite d'or tandis que l'art affina le métal, enchâssa la pierre avec talent, disputant à la valeur intrinsèque sa qualité native sur laquelle il prétendit renchérir.

Certes, un solitaire bien taillé, suspendu au bout d'un fil invisible, suffit à l'art de sa présentation, tout comme une goutte de rosée, irisée de soleil, mais cela ne constitue point un bijou. Naguère, Sarah Bernhardt exposa des moulages de poissons, coulés en bronze, dont les yeux étaient des brillants. Au vrai, en dépit de la préciosité de la matière qui animait la vue de ces poissons d'airain, rien dans leur présentation ne relevait exactement de l'art, ni de la bijouterie.

La bijouterie artistique vaut suffisamment par elle-même. Son esthétique, subordonnée aux styles, est volontaire et spéciale. Son façonnage, encore, varie suivant les époques, et sa forme selon les modes qui expriment chaque style.

Mais une pierre précieuse, au sortir du lapidaire, ne constitue point un bijou, non plus que la goutte de rosée irisée plus haut citée. La formule pensée, seule, constitue l'œuvre d'art. Ce n'est point avec des idées, même sublimes, qu'un tableau s'effectue, pas davantage que la valeur intrinsèque d'un diamant, taillé et poli par l'ouvrier, suffit à sa qualité d'art. Le tableau doit réaliser l'idée sublime comme le bijou doit exprimer la pierre merveilleuse.

Poétiquement, la Nature résume les beautés et les inspire. Végétaux, minéraux, animaux, sont présentés au goût de l'homme pour qu'il en rêve; ils représentent à la fois toutes les expressions et toutes les matières, et c'est encore l'homme qui, d'accord avec la science, découvrira la sophistication de la vérité naturelle pour la vulgariser.

Le bijou faux correspond au mensonge et à la vanité. L'art et le goût s'en détournent, mais le commun se satisfait à bon compte; il prend aussi volontiers « le frais » sur les fortifications qu'au milieu d'un riant paysage. Sa Vénus est laide; il la couvre de verroteries, se rencontrant égalitairement, dans ce geste banal et économique, avec les libéralités du « nouveau riche » (on disait, avant la guerre de 1914, « parvenu », « bourgeois ») dont l'opulence affectée comble, à tort et à travers du choix, pourvu qu'il soit coûteux, la « dame ».

Un artiste de l'antiquité ayant montré à Apelle une *Hélène* qu'il avait représentée couverte de bijoux à profusion : « Ne pouvant la faire belle, railla le plus illustre des peintres grecs, vous l'avez faite riche... » Et, brutalement, un philosophe du XVIIIe siècle, sollicité de donner son avis sur une marquise aussi laide que superbement parée, répondit : « Je trouve la housse préférable au cheval ! »

L'art se venge de la prétention cossue comme il se détourne de ses artifices à l'avantage, cependant, du bijou faux dont l'intention, au moins, peut être touchante. Lorsque l'empereur Gallien ne fit lâcher qu'un chapon, au lieu de lions, dans l'amphithéâtre où devait être supplicié le lapidaire qui avait vendu des bijoux faux à sa femme, il infligea au marchand malhonnête une aussi généreuse que spirituelle leçon. Cet homme avait voulu tromper, il était attrapé à son tour ; tandis que l'humble « croix de ma mère » troublera éternellement, et à coup sûr, les âmes sensibles. Le symbole absout la vérité et, de nos jours, l'antiquaire fallacieux ne risque point même un chapon en servant inépuisablement le culte de l'ancien : il n'y a que la foi qui sauve. Et puis, aujourd'hui, les joyaux en « toc » ne surprennent plus personne ; ils se contentent d'étiqueter leur porteur.

Au résumé, le bijou appartenant à l'art hasarde superbement sa chance ; le connaisseur, l'esprit raffiné seuls le discernent à la mesure de sa juste beauté dans sa sobriété exacte. Le mot *bijou* caractérise une chose élégante et menue, chef-d'œuvre de la Nature ou de l'art, son complément. Car si la Nature nous a confié sa palette et ses modèles inégalables, elle n'a point dessillé les yeux de tout le monde, et c'est pour la Beauté seule, résumée par la Femme, personnification du culte terrestre essentiel, que l'homme a ravi aux astres leurs feux, au ciel sa profondeur, à la terre, voire à la mer, son trésor, confiés ensuite aux soins pieux de l'art, pour une présentation digne.

L'histoire de la parure, cependant, nous montre l'éclat du costume réservé au « sexe fort », soit qu'il représente l'idée religieuse ou guerrière. La supériorité des atours échoit, ainsi, primitivement, à l'homme : au grand prêtre comme au grand chef (malgré que, singulièrement, le Barreau comme l'Église et l'Université, drapent aujourd'hui leur dignité dans la robe du « sexe faible »!).

Les mêmes avantages appartiennent, naturellement, au mâle, chez l'animal. Le coq, le lion, le faisan, sont plus ornés que la poule, que la lionne et la faisane, et c'est l'érotisme qui a conduit l'homme, le maître, à brusquer son égoïsme jusqu'à partager les ornements de sa prééminence, les marques de son prestige viril avec la Femme, image de sa conquête, représentation de son foyer.

Depuis, les rôles sont renversés, et la séduction des ornements (abandonnant au paon et au dindon leur mâle suffisance exprimée encore, sexuellement, par une esthétique supérieure) est devenue, au XIXe siècle, le strict privilège de la femme. Revanche définitive de l'homme sur l'animal !

Envisageons maintenant une classification, morale si l'on veut, du bijou. Il correspond d'abord à la pudeur et à la coquetterie; puis il s'avère tour à tour symbolique, emblématique et distinctif, sacerdotal et pittoresque. L'excentricité s'en empare,

26   L'ART DE RECONNAITRE LES BIJOUX ANCIENS

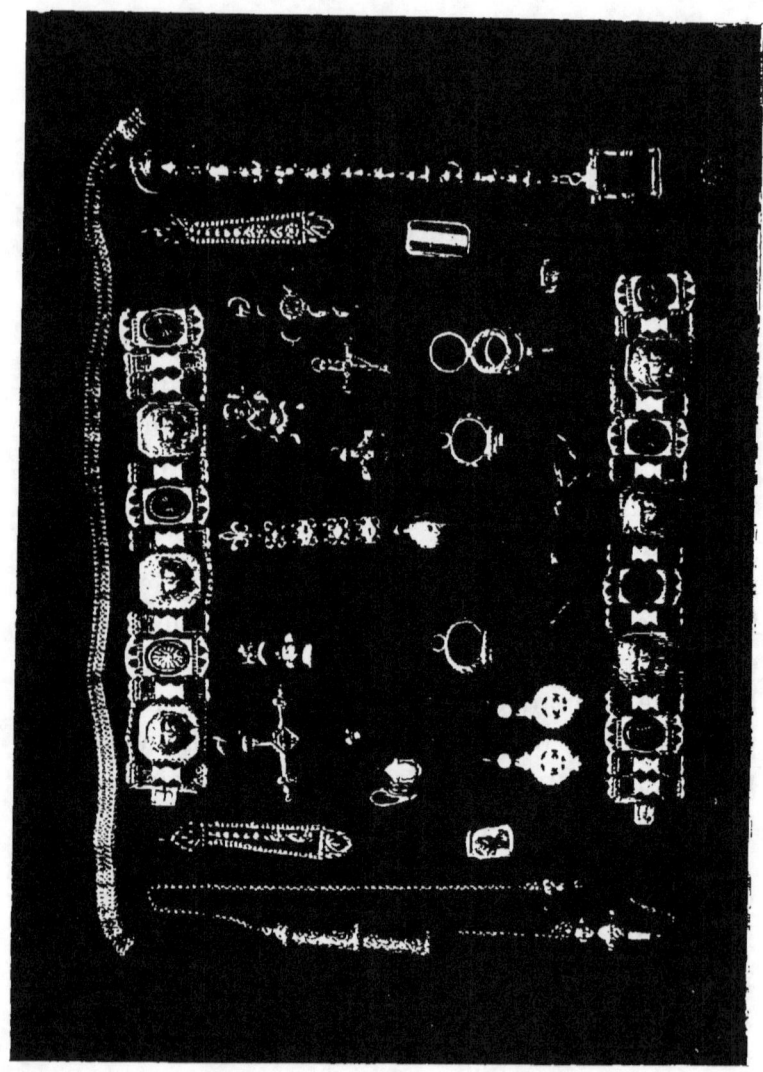

PLANCHE V. — *France, Italie.*

entre temps, de nos jours surtout, et le « toc », enfin, le prostitue.

Réservé en principe à la Femme, dont nous avons

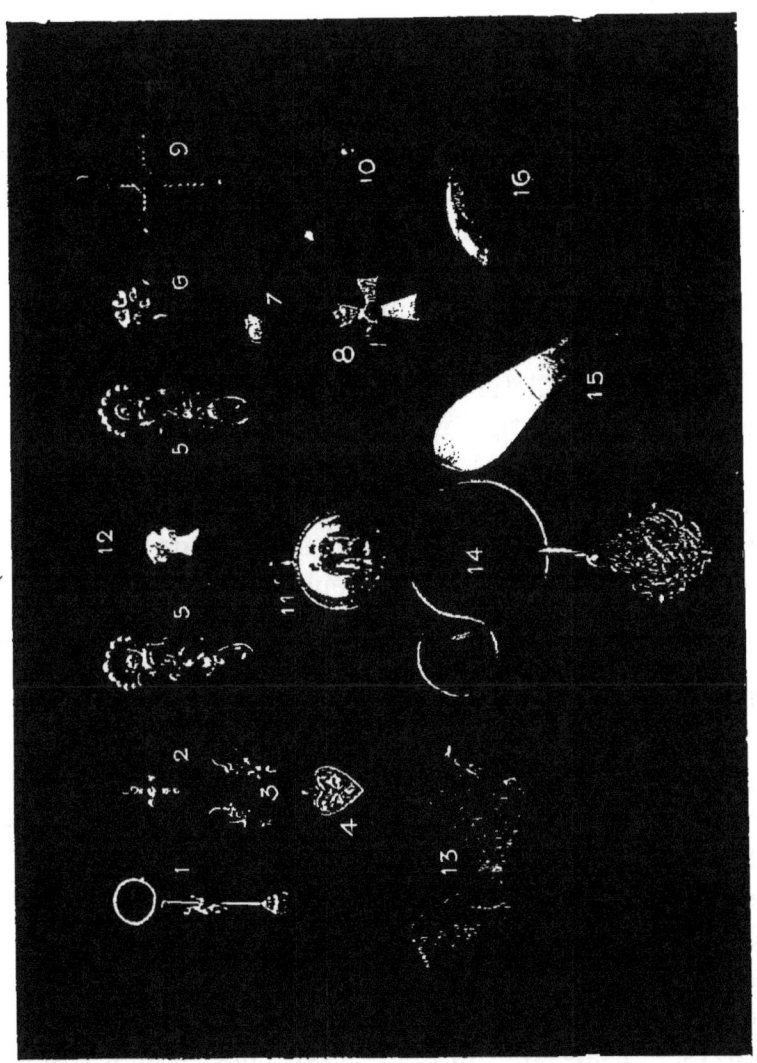

Planche VI. — *France, Suisse.*

fait, aujourd'hui, notre idole (la piété résuma dans la Vierge le sentiment divin de l'Amour et de la Mère), le bijou s'égara, semble-t-il, sur la main de l'homme. Même, des bracelets, certaines fois, ceignirent le bras du sexe fort, pour une séduction à vrai dire invertie. Que dis-je, des anneaux perpétuent encore le non-sens de la coquetterie masculine, aux oreilles de certains paysans et marins bretons (ou du toréador) à moins que, pour leur excuse, ces anneaux ne relèvent du noble orgueil professionnel, en souvenir du compagnonnage, par exemple.

Après avoir flétri l'usage des pendeloques, dernier et opiniâtre vestige de notre descendance de peuplades sauvages, M. Th. de Chaumont a dit ainsi son fait à cette coutume qui n'a point même l'excuse d'un symbole aux oreilles de nos mères, de nos sœurs et de nos femmes. Nous glanons, au cours du blâme, un aperçu historique délectable. « L'anneau que l'on se passe mutuellement au doigt, sans douleur et sans blesser ni estropier la main, représente le gage d'une fidélité que l'on veut voir éternelle; mais la boucle d'oreille n'a jamais rien signifié chez aucun peuple, bien que tous les peuples en aient porté; c'est un simple brevet de sottise que se décernent celui ou celle qui en sont parés. La boucle d'oreille est l'attribut de toutes les nations sauvages ou demi-civilisées. En Haute-Asie, les hommes en portaient et en portent encore comme les femmes. Chez les Grecs, l'usage en était réservé aux femmes; en Chaldée et en Assyrie, on ne la voit qu'aux oreilles des rois et des combattants et jamais à celles du peuple. A Byzance elles firent fureur chez tous; mais au moyen âge les femmes n'en portaient pas, parce que les coiffures d'alors leur recouvraient les oreilles.

« La mode revint à la Renaissance, et elle fut adoptée même par les hommes... »

M. Th. de Chaumont s'inquiète ensuite, en dehors de l'esthétique, de cette coutume pernicieuse et néfaste. Il nous apprend notamment que, dans plusieurs districts (aux États-Unis), on vient d'interdire radicalement le port des boucles d'oreilles, sur l'initiative des médecins et des pasteurs. A Stanton, par exemple, dans le Michigan, les femmes ont été obligées d'apporter leurs boucles d'oreilles au shérif; puis, après estimation, les pierreries détachées, l'or fut mis à la fonte, et le produit de la vente réparti aux intéressées, au prorata de l'estimation faite, la municipalité ayant prélevé un pourcentage avantageux...

Mais nous avons indiqué les répercussions de la mode sur la santé en enregistrant la cangue du corset, et il nous faut savoir gré à nos élégantes d'avoir abandonné, sur ses conseils, la pratique de l'étranglement du torse et du perçage des oreilles, sous l'œil moqueur des dernières sauvagesses (et nous verrons aussi la narine droite des femmes, dans le sud de l'Inde, actuellement encore, particulièrement surchargée...) dont le nez s'orne d'un anneau (à la façon des carpes de François Ier, dans les étangs de Fontainebleau) et la lèvre se perfore de quelque coquillage pour s'harmoniser, sans doute, avec les tourments de l'oreille...

Cette torture des lobes que les femmes d'Abyssinie étirent jusque sur leurs épaules et dont le martyre se poursuit, de nos jours encore, à Ceylan. « A Ceylan, note M. Georges Chapsal, on perce les oreilles des petites filles de très bonne heure et on y introduit un anneau de plomb, puis deux, puis trois, etc., jusqu'à ce que le lobe de l'oreille soit distendu et allongé; on peut alors y placer jusqu'à douze boucles et anneaux de formes très différentes et bizarres, suivant la forme qu'on leur assigne. Les trous des oreilles sont tellement grands, que l'on peut y passer un doigt, et les ornements sont tellement lourds que, souvent, on leur donne un point d'appui dans les cheveux... »

Ne raillons pas; la coquetterie, qui multiplie les anneaux (jusqu'aux chevilles!) et les chaînes, garde un relent de l'esclavage, de même que les bagues à tous les doigts s'inspirent du goût nègre.

La parure, souvent, s'égara dans la quincaillerie. Elle confondit aussi la quantité avec la qualité et le bruit avec l'éclat. *Margaritas ante porcos.*

La parole, même, ne manqua point à ces simili-bijoux, dignes des simili-bijoutiers, leurs malicieux vendeurs. Des bénéfices et des maléfices s'attachèrent à la couleur de leur pierre adaptée au mois, selon l'heure, le jour, l'année de la naissance du client. On inventa des porte-bonheur, des porte-veine, des « mascottes ». Du « petit cochon » aux bijoux tressés avec le poil de l'éléphant, de la main de Fathma (dont les « cinq doigts dans ton œil », au dire arabe, menacent le jettatore et conjurent le sort) au trèfle à quatre feuilles, la superstition fut comblée par le commerce.

Au surplus, la rumeur publique proclama que le corail « attire le sang », que l'émeraude restaure la force des vieillards et calme l'épilepsie, que l'ambre

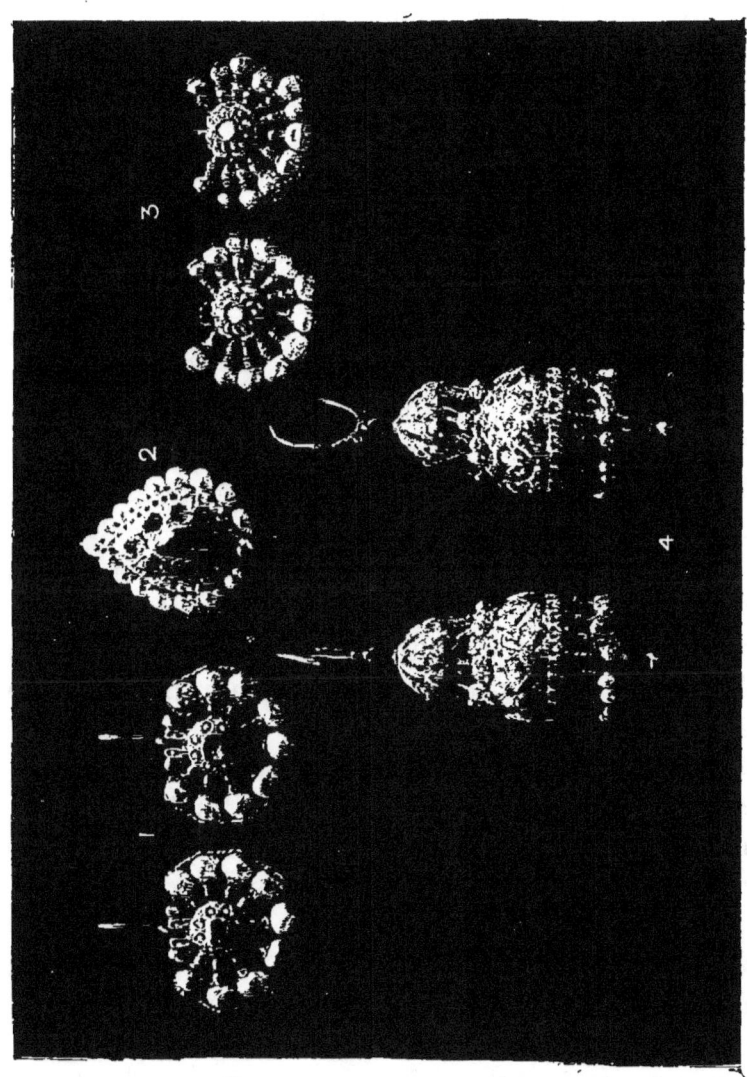

Planche VII. — *Perse.*

est un présage de la fortune et le diamant (chez les anciens) un préservatif contre la peste, comme l'opale et les perles portent malheur. Les talismans et les amulettes continuent le chapitre de la soi-disant propriété magique du bijou, au sujet de laquelle nous ne pouvons résister à l'agrément de transcrire les lignes suivantes :

« Ab-Dul-Hamid, écrit M. Louis Cros, tenait de la maison Frankel, de Philadelphie, le fameux *blue hope*, diamant bleu qui fut cédé à M. Mac Lean. Pourquoi le sultan s'est-il défait de ce diamant? A-t-il eu connaissance de la fâcheuse renommée que la tradition y attache? C'est vraisemblable. Un brillant ne protège pas toujours. Murat, le héros d'Eylau, en portait vingt-deux sur son bicorne quand il débarqua à Pizzo, et Murat tomba sous les balles d'un feu de peloton... »

Le « diamant mystérieux », ainsi qu'on le surnomma dans le monde des lapidaires anglais, est aussi une pierre fatale à ceux qui la possèdent, à l'instar du *blue hope*. Le *mystery diamond*, qui aurait appartenu à la famille impériale russe et que les bolcheviki étaient supposés vendre en sous-main, figure désormais, placidement, parmi les biens familiaux d'une noble maison du Yorkshire. Il n'empêche que le mystère qui entourait l'origine de ce joyau lui fit grand tort au point de vue commercial, malgré qu'il fût à peu près semblable comme forme et poids au *blue hope*. Il est vrai que venant du Cap, il avait une légère teinte jaune, au lieu d'être d'un blanc pur comme le *hope*.

A côté de la superstition désavantageuse, la vertu singulièrement bienfaisante. A cet effet, nous emprunterons au même auteur : « ...Voici Diane de Guiche, la belle Corisande, qui vend ses perles et ses pierres pour lever à ses frais un corps de quinze mille Gascons qu'elle offre à Henri IV.

« A son tour le roi de Navarre engage les perles qu'il tenait de Louise de Vaudemont en échange des domaines accordés. Jeanne d'Albret, mère du roi, avait également vendu ses bijoux pour équiper une escorte de deux cents gentilshommes.

« La fille de Henri IV, Henriette, engage un carcan de cent soixante perles afin d'assurer la solde des partisans de Charles Ier.

« Pour payer les Suisses au service de la France, Anne d'Autriche, en seize cent quarante-neuf, fait garantir la somme empruntée par une partie des diamants de la couronne.

« Henri V d'Angleterre, enfin, le vainqueur d'Azincourt, en était réduit chaque année à mettre en gage ses pierreries ou même sa couronne pour se procurer les moyens d'entrer en campagne... »

Un collier déchaîna bien une affaire politique fameuse ! L'affaire du *Collier de la Reine,* où l'on vit des magistrats partagés en deux camps ; les uns dévoués au pouvoir, les autres systématiquement hostiles à la reine, acquitter un cardinal, que l'on exila ensuite, parce qu'il avait acheté à crédit, pour l'offrir à Marie-Antoinette et afin de se concilier sa faveur, un joyau de 1.600.000 livres. Un joyau soi-disant désiré par l' « Autrichienne » et, qu'à en croire une intrigante voleuse, son auguste époux lui refusait. Pour le prix de son truchement malhonnête... et égoïste, Mme de la Mothe, dûment fouettée de verges et marquée d'un fer rouge, connut les rigueurs de la Salpêtrière, tandis que son mari complice était voué aux galères éternellement, et que les joailliers devaient se contenter pécuniairement de ces rigueurs...

Après la naïveté si volontiers acquise aux propriétés soi-disant « troublantes » des minéraux précieux, après la note de secours moral si indirectement donnée par les joyaux, encore, et leur intrusion dans la politique, l'excentricité se devait d'apporter son grain de folie. Elle n'y manqua pas. Jean Lorrain, après J.-K. Huysmans, incrusta de pierreries la carapace des tortues qu'il avait apprivoisées et, en Amérique, il fut quelque temps de mode d'arborer des lézards, des insectes vivants, cruellement réduits au rôle de breloques...

En vérité, la femme sauvage, parée de plumes, de dents, de griffes et d'ossements d'animaux, n'approchait point de cette sauvagerie et, d'ailleurs, il ne s'agit point de bijou dans ces étrangetés, puisque l'art n'y a aucune part. Au reste, la beauté et la qualité du bijou varient suivant qui le porte. Le bijou profite volontiers du chic qu'il donne, tandis que, si riche soit-il, il ne flatte jamais le commun. Il doit y avoir harmonie entre le luxe conféré et la manière de s'en servir. Ces nuances désarment le mauvais goût tapageur. Il faut être digne d'un bijou, à moins que l'on ne s'en passe, attitude de simplicité où l'économie souvent n'a rien à voir, supérieure à l'ostentation de la richesse. Car l'abondance des bijoux accuse la laideur, par comparaison, au lieu d'avantager. La dose du bijou correspond ainsi à la somme de distinction que l'on a, qui se multiplie par la subtilité de choisir la dimension, la forme, la couleur, l'esprit enfin, de la parure rêvée. On saisit, de ce fait, la grossièreté du contentement au poids de la matière et le raffinement de discerner le charme du joyau pour lui-même comme pour soi-même. L'histoire de la pierre précieuse n'est pas moins brillante et touchante que celle à laquelle s'attache de la préciosité. La légende, le souvenir, la piété, l'art ont sacré le bijou plus encore que son prix.

C'est le costume qui, à travers les âges, commande l'usage du bijou, sa multiplicité comme sa restriction, d'accord avec la prospérité d'un pays ou ses déboires. Curieusement d'ailleurs, on voit, dans l'ancienne France, les joailliers faire intégralement partie de la corporation des merciers. Ceux-ci, ignorant le serti, que l'on ne pratiquait guère que dans la joaillerie, cousaient alors les grosses gemmes sur les habits avec du fil ordinaire ou avec du fil d'or.

Pour quelle raison, encore, nos célèbres joailliers parisiens n'ont-ils pas désavoué les humbles fumistes, leurs aïeux ?

C'est qu'après la victoire de François Ier sur le duc Sforza, nombre d'habitants de l'Ossala, des bords du lac Majeur et de la vallée de Viggezo, surtout, émigrèrent en France, tous munis non seulement d'une raclette, mais encore d'une petite boîte contenant de la petite bijouterie. Puis, un ramoneur du Louvre nommé Jacques Pido, originaire des États ci-dessus cités, ayant surpris un complot contre le jeune Louis XIII, la Florentine Marie de Médicis, en reconnaissance, rendit un décret conférant aux ramoneurs compatriotes de Pido le droit de cumuler leur profession avec celle de vendeurs ambulants de pacotille, au grand dam des bijoutiers sédentaires. Mais le xviie siècle départagea les spécialistes et, d'un côté s'en furent les ramoneurs et de l'autre les bijoutiers. D'où la **proche parenté de nombre de bijoutiers et de fumistes italiens d'aujourd'hui**; la richesse des premiers étant née de la misère des ramoneurs d'autrefois...

De telle sorte que si l'étude historique et vestimentaire se trouve effectivement liée à celle du bijou, pour un moment, avec, d'autre part, une origine roturière, on ne saurait dissocier dans l'ensemble et en imagination, non plus que du style général d'une époque, l'histoire et le costume, du bijou.

Radieux sous la Renaissance, sévère sous Louis XIII, opulent sous Louis XIV, tourmenté sous Louis XV, sobre sous Louis XVI, etc., le bijou n'est qu'un reflet sur la robe, sur la ceinture, sur la gorge qui le portent.

Ainsi, après le premier Empire, où la dernière étape du costume fastueux s'enregistre, les débuts de la Restauration opposent déjà la pénurie des joyaux au luxe précédent.

M. G.-Roger Sandoz souligne très justement les rapports entre le costume et ses atours : « ... La mode revenue des *collerettes* et des *fraises* rend les colliers impossibles. Les bracelets ne peuvent aisément se combiner avec les manches qui deviennent tout à coup bouillonnantes, se prolongent peu à peu en forme de gigots jusque sur la main, afin de former masse pour contre-balancer les édifices de

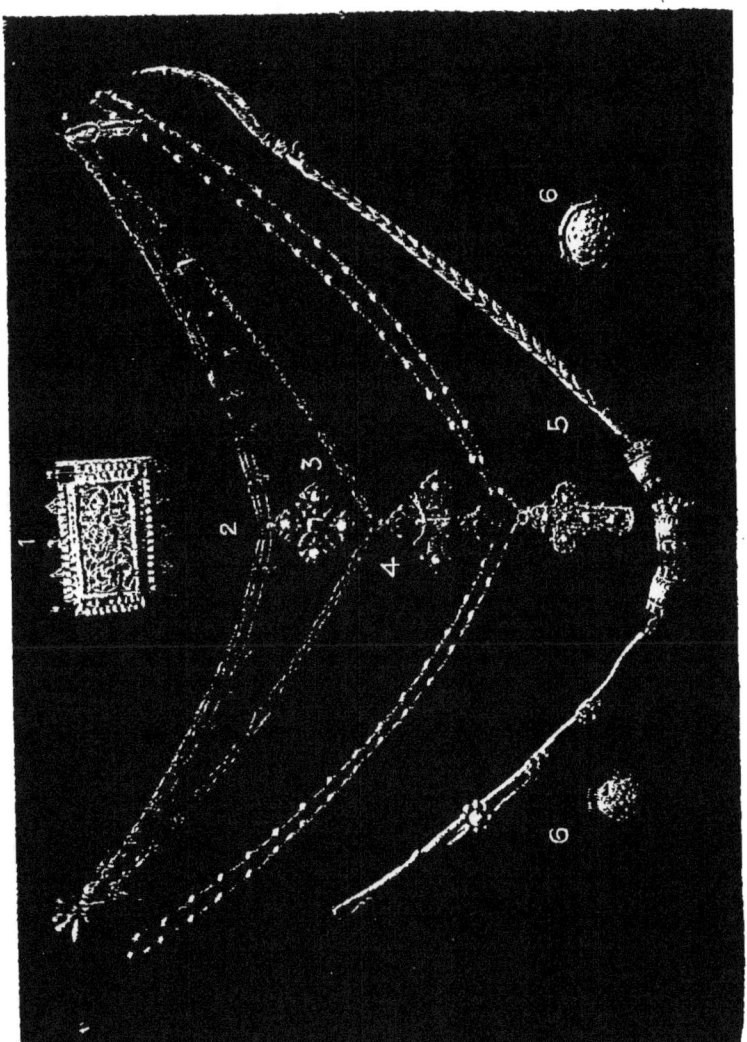

Planche VIII. — *Turkestan, art Byzantin, etc.*

la coiffure et de constituer une transition avec le bas des robes qui se transforment bientôt en cloches.

« Restent les ceintures (on en fera d'assez curieuses)

et les chaînes qui se balancent au corsage, pesantes, parfois formidables... »

Mais plus tard, vers 1828, lorsque les manches des robes et les collerettes s'élargiront, les colliers et les bracelets reparaîtront.

Avec la coiffure très basse, sous Louis-Philippe, naîtra, à partir de 1835, la *ferronnière*, joyau porté au milieu du front et retenu par une chaînette comme le bijou que l'on aperçoit dans le portrait de Léonard de Vinci, présumé celui de la belle Ferronnière, et des broches à sujets, de grande dimension, baptisées : *Médicis, Harmonie*, etc., sont commandées par l'ampleur des corsages et manches étoffées. Elles s'harmonisent avec l'épanouissement très ouvragé des *châtelaines* ou boucles de ceinture. Ainsi les cheveux, suivant comment on les accommode, régentent-ils, eux aussi, le bijou que tantôt le geste ou la chair attire, ou tantôt les voiles qu'il précise ou accuse sur le corps.

Les difficultés, parfois, de résoudre pour le bijou le problème de figurer quand même parmi la toilette, au nom de la coquetterie, s'exaspèrent de la mortification (largement compensée souvent, car les excès réagissent entre eux) des édits vertueux, du protestantisme au jansénisme et du jansénisme au catholicisme, où s'avère la discipline du joyau à travers les restrictions économiques, jusqu'au creuset fatal...

Et puis encore, que de bijoux sacrifiés, amenuisés ou rapetissés (à moins qu'agrandis !), intervertis ou dénaturés dans leur utilité, par la mode !

Qui répertoriera les multiples qualificatifs distribués aux bagues, peignes, colliers et bracelets par la faveur populaire! Au gré d'un jour heureux ou malheureux; en mémoire d'un homme illustre ou de quelque courtisane; sous le coup d'une admiration, si passagère soit-elle, ou à la suite d'un étonnement que le peigne « à la girafe » marquera, par exemple, sous la Restauration, en souvenir de cet animal exhibé pour la première fois en France, vers 1827!

De la futilité à l'utilité enfin, les bijoux mesurent leur intérêt. Dons d'amour ou gages de rupture, ils sont des sourires ou des larmes. Dommage que les jolis bijoux ne scintillent pas exclusivement sur les jeunes poitrines et autour des frais visages! Car les belles parures n'arrivent et ne se multiplient qu'au fur et à mesure que l'on vieillit. Dommage aussi que les bijoux s'égarent si volontiers, au gré des grandes dames et des petites, assoiffées de réclame! Combien exténuante pour la crédulité cette course au collier de perles — périodique — de Mme la duchesse de X... ou de Zoé tout court, plus ou moins disparu à moins que volatilisé pour la frime (à condition qu'il ait même existé)!

Dommage, enfin, que les bijoux sollicitent à la fois la beauté et le voleur : Dieu et diable!

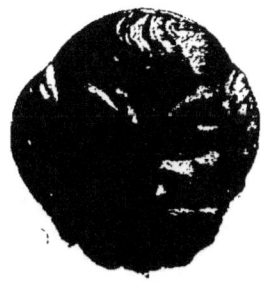

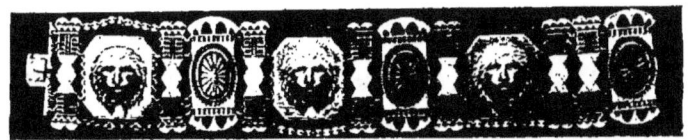

CHAPITRE II

Quelques mots sur l'historique du Bijou, depuis l'Antiquité jusqu'au Moyen Age.

La parure rudimentaire ne se rattache point au bijou, parce que l'initiale coquetterie ne relève point de l'esthétique. Il faut, pour consacrer un bijou, une matière précieuse et rare, artistiquement œuvrée. Pourtant, des matières sans grande valeur : le fer, l'étain, le bois, l'ivoire, etc. peuvent, grâce à la qualité de la technique, s'égaler au métal précieux, surtout si ces supports présentent harmonieusement une pierre de prix. L'art du bijoutier se rehausse, ici, de la qualité de la main-d'œuvre; il ne vaut point que par le coût. Pour le principe, l'emploi des matériaux communs rehaussés, embellis par l'artiste, doit être admis, si toutefois les considérations impérieuses de l'usure ne contredisaient à l'idée de durée réservée au métal précieux

La mode qui, périodiquement, lance des originalités éphémères, ne travaille point pour la postérité lorsqu'elle préconise, par exemple, des montures de bijoux en bois. Que serait-il advenu des somptueux joyaux du passé s'ils eussent été conçus aussi fragilement ! Toutefois, maintenons théoriquement les vertus de l'exécution triomphante au delà de la préciosité des matériaux, malgré qu'en matière de bijouterie cette acception soit choquante. Bijou, le mot dit la chose. La matière noble inspire et commande le bijou; l'artiste le sert, peut-il l'ennoblir ? La beauté d'une femme exalte-t-elle le bijou qu'elle porte ! Les deux joyaux s'harmonisent et, poétiquement, si la matière du bijou survit à la beauté humaine, c'est un double souvenir qui s'éternise : celui de l'artiste et de celle qui s'orna de son chef-d'œuvre. Seuls sont impérissables les chers souvenirs et les chefs-d'œuvre.

La passion, dont, dès la plus haute antiquité, le bijou fut l'objet, avec laquelle elle para même ses morts, perpétue vivant ce souvenir dans le tombeau. C'est grâce à l'art déployé dans les prémices de la coquetterie, de l'ornementation en général, que nous rêvons de la grâce disparue, d'un parfum persistant à travers les siècles.

« Les femmes arabes, dit Sida Bent Saïd, dans *Ève*, aiment leurs bijoux jusqu'à la mort et même jusque dans l'au-delà, dans ce Paradis de Mahomet, où croyants et croyantes vivent une existence éternellement heureuse. Lorsqu'elles meurent, les lourdes bagues qui ont serti leurs doigts, les bracelets, les anneaux de chevilles, les broches en forme de croissant, incrustées de pierres précieuses, parent la morte comme une madone et on l'ensevelit avec les bijoux qu'elle a tant aimés. Ce sont des fétiches qui lui porteront bonheur, après sa mort, dans la froide

LE BIJOU DE L'ANTIQUITÉ AU MOYEN AGE   43

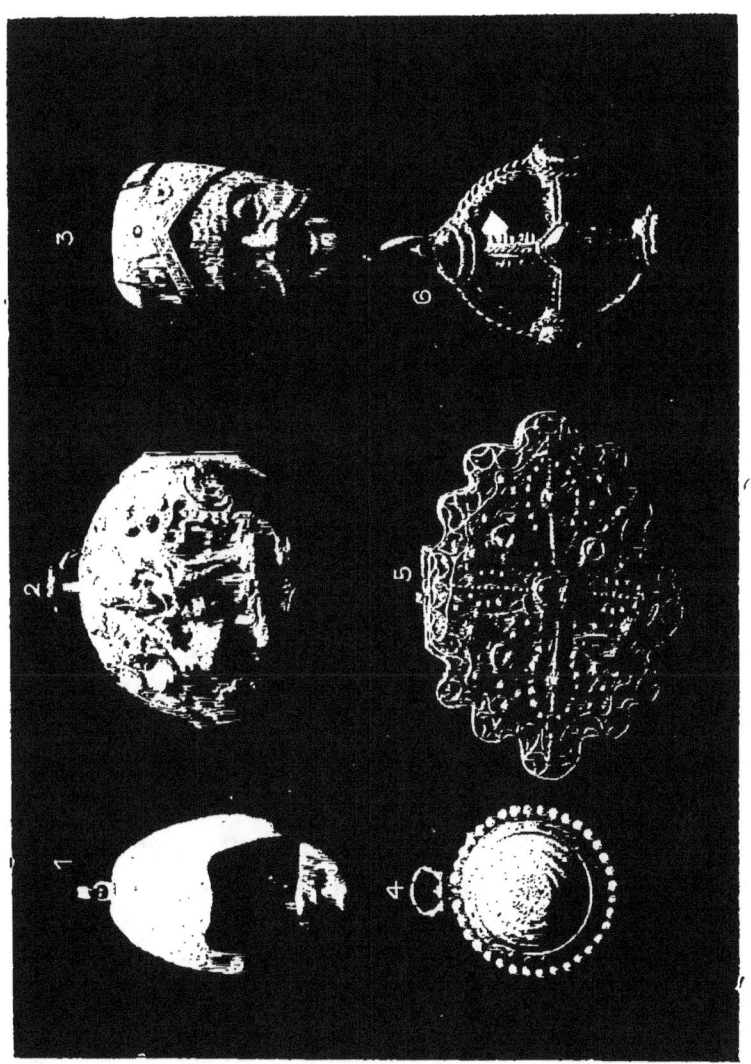

Planche IX. — *Saxe, Angleterre, Chine, etc.*

tombe où les mauvais génies peuvent venir troubler son sommeil. La croyance arabe veut même qu'un horrible dragon crachant le feu, et des serpents monstrueux, s'opposent par la force aux entreprises des voleurs qui voudraient s'emparer des bijoux enfermés dans les tombes.

« N'y a-t-il pas là une foi touchante et n'est-ce pas d'une douce philosophie consolatrice pour une coquette, que de reposer ainsi sous la protection charmante de ses bijoux préférés?... »

Si, pour la poésie, nous sommes avec l'auteur, nous relèverons en passant l'immoralité et l'égoïsme de cet enfouissement des richesses; enfouissement que l'Occident a imité de l'Orient, par piété. Rien que pour les dents aurifiées, un dentiste confia à E. de Goncourt que nos cimetières modernes recélaient des fortunes, et les violations de sépultures s'excuseraient presque de l'insolence à la misère vivante dont quelques squelettes parés de bijoux fastueux témoignent !...

D'ailleurs, l'art et l'archéologie ressuscitent les morts dans l'Idéal et l'Histoire; ils réhabilitent la profanation des tombeaux, malgré que la superstition, tout récemment, ait cru voir, dans le trépas quasi foudroyant de lord Carnarvon, le châtiment de Tout-Ank-Amon qu'il avait exhumé...

Mais, depuis, Mlle Cécile Sorel a rendu visite à la sépulture du pharaon (dont le sarcophage d'or, tout incrusté de pierreries, comme « neuves », semble « du soleil sculpté ») pour que cela lui porte bonheur...

Après quoi, nous reviendrons à l'historique du bijou.

La Bible nous montre Éliézer offrant à Rébecca des pendants d'oreilles pesant deux sicles et deux bracelets du poids de dix sicles; le souci du poids

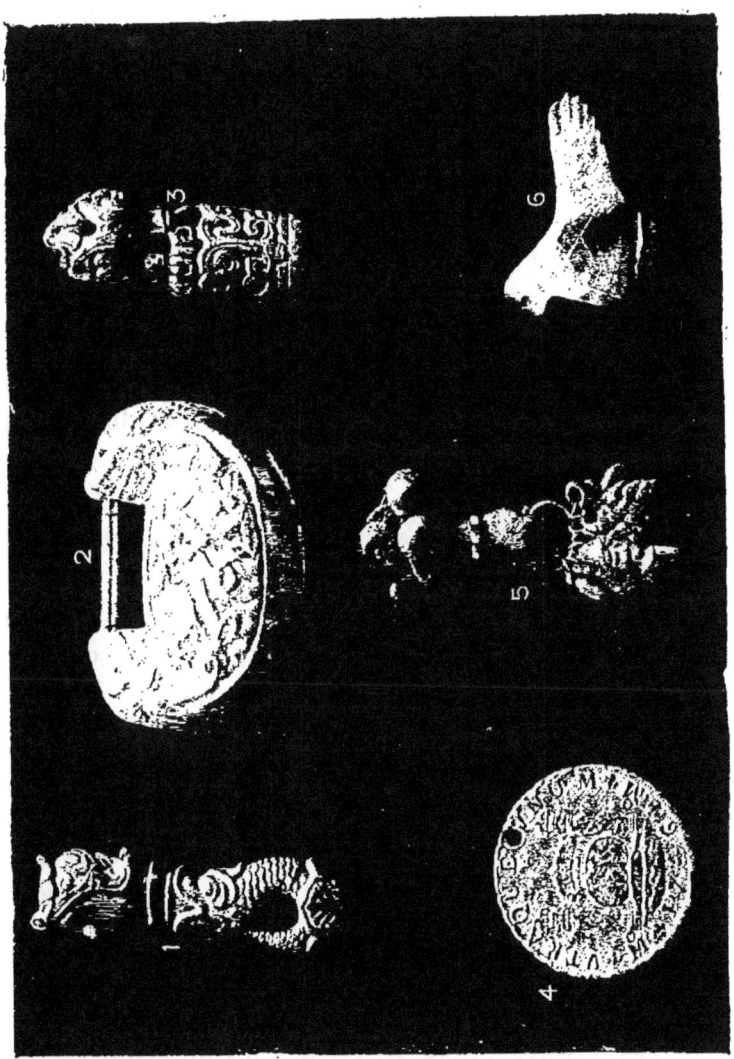

Planche X. — *Espagne, Italie, Thibet, etc.*

s'ajoute déjà, matériellement, à la qualité esthétique des dits bijoux sur laquelle, néanmoins, il ne nous éclaire point.

Sénèque dit encore que, de son temps, les femmes portaient jusqu'à trois perles à leurs oreilles, d'un prix si excessif que la moindre valait un ample patrimoine. Leur vanité en ce genre allait si loin, que leurs souliers en étaient brodés. Et César s'avantageait d'une perle rare qu'il avait payée 6 millions de sesterces, soit 1.200.000 francs.

En général, les perles furent toujours regardées par les anciens comme une des plus précieuses productions de la nature. Non seulement elles faisaient partie de la parure des riches, mais, par un raffinement de luxe très ridicule, on en servait dans les repas comme un mets rare !

Nous verrons même Cléopâtre s'en abreuver !

Ce luxe extravagant ne concerne en somme la bijouterie que de fort loin et, au cours de notre travail, nous signalerons bien d'autres insolentes magnificences propres à faire se pâmer d'envie Mme Nouveauriche, notre actuelle parvenue. Nous voici bien loin, cependant, des parures primaires, de la pierre brute à quelque autre matière que ce soit, non façonnée. Sans la taille et le polissage, les feux du diamant fussent demeurés ensevelis dans la gangue. La formule même du bijou ne date que de ses délicatesses de présentation; l'art ne vit que de formules. La littérature cristallise la pensée; le peintre réalise l'image : en dehors de ces concrétions, il n'est que divagation.

Les styles accusent ces formules en les résumant, et le bijou, monument minuscule, emprunta presque toujours aux expressions plastiques dans la préciosité. D'où la possibilité de déterminer le style, l'époque d'art d'un bijou, sa nationalité aussi.

L'examen technique facilite d'autre part l'investigation matérielle. On pourrait ainsi ordonner une classification générale édifiante, quant à l'éloquence caractéristique de la taille des pierres; de l'antiquité au XIVe siècle : taille *en cabochons ;* du XIVe au XVe siècle : taille *en table;* au XVIe siècle : taille aux *coins rabattus;* au XVIIe siècle : taille *en pointe;* au XVIIIe siècle, enfin : *multiplication des facettes,* et, pour le diamant, *arrondissement de sa forme extérieure.*

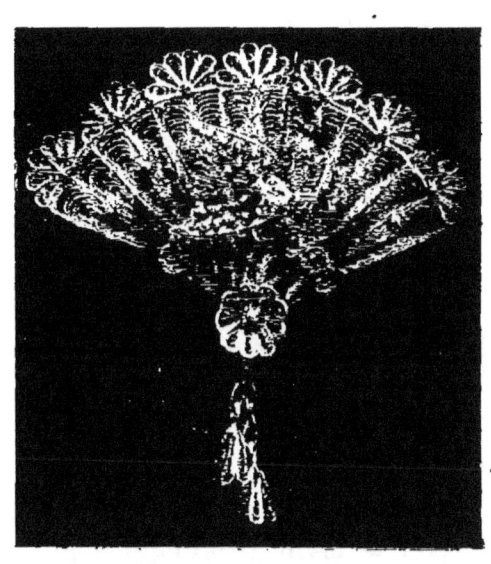

Éventail espagnol.

La taille, la monture d'une pierre, l'alliage, la nature même d'un métal révèlent un temps, une époque, sinon une origine. Et, au-dessus de ces réalités, souvent, plane la grâce d'une légende, l'émoi d'une signification qui achèvent poétiquement l'identification.

Malheureusement, la transformation des bijoux au gré de la mode, qui non seulement s'en prend à la monture mais à la taille des pierres, restreint le champ de notre étude. Nous verrons au surplus le bijou lutter contre la fonte et sauvegardé seulement au musée ou dans quelques rares familles, contre les caprices du goût et les avanies du creuset. La technique du bijou ancien, quasi inébranlable à travers les temps et que seul l'emploi maladroit de l'outil moderne démasquerait, diminue encore les chances de s'y reconnaître exactement, au delà de cet accent de vérité et d'autres signes extérieurs qui s'éclaireront au cours de notre travail.

Bornons-nous donc, pour en revenir à l'histoire du bijou, à le célébrer entre les mains de l'art, en Égypte, non sans l'avoir préalablement signalé dans l'éclaboussement du luxe où les Asiatiques, grands accumulateurs de richesses, étaient passés maîtres. Au fronton de la légende s'inscrit ainsi le trésor de Mithridate, et nous dirons que non seulement l'emploi des pierres précieuses remonte à la plus haute antiquité mais encore les procédés de la taille, sauf ceux du diamant datant de 1479.

Avec la civilisation égyptienne, la plus avancée de toutes au point que l'art moderne, parfois, y semble avoir puisé, nous admirerons donc les premiers joyaux ouvragés. Mais encore la minutie de l'ancêtre le plus lointain retardera-t-elle notre extase, puisque cette minutie révèle à notre esprit le premier bijoutier.

Le petit instrument méticuleusement fixé avec des nerfs d'animaux ou avec des lianes, qui servit d'hameçon pour la pêche, ou l'ingénieux dispositif du collet réservé à la chasse, rentrent dans l'ordre de la bijouterie initiale et situent le plus ancien des métiers précieux.

LE BIJOU DE L'ANTIQUITÉ AU MOYEN AGE   49

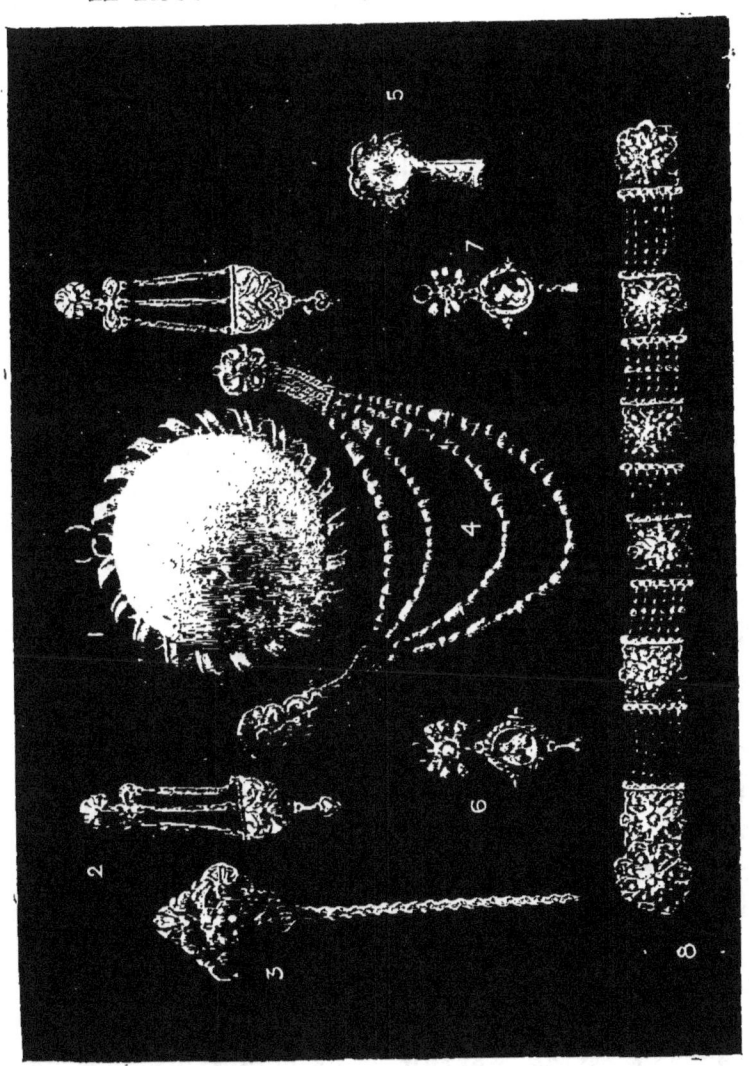

PLANCHE XI. — *Suisse.*

Revenons maintenant, après cette évocation, à la réalité des bijoux égyptiens. Ceux-ci s'inspirent naturellement de la fleur du lotus, des poissons sacrés, lézards, sphinx, etc., dont les mêmes symbole et hiératisme gravent leurs monuments et peignent leurs tombeaux. Chez les Égyptiens, la mort joue un rôle supérieur à la vie et leurs sarcophages nous procurèrent l'aubaine de leur art le plus somptueux, puisqu'il était destiné à servir le culte de l'au-delà avec une respectueuse et craintive ferveur.

Le décor des sarcophages autant que leur contenu nous édifia ainsi, sur une expression accomplie où l'or particulièrement en faveur — les bijoux en argent sont extrêmement rares, à cause de leur fragilité — célébrait une ingéniosité des diversités de parures auxquelles nos jours n'ont, en réalité, rien ajouté. Le scarabée et l'uræus, symboles de l'immortalité, marquent encore ces bijoux créés avec cette foi d'outre-tombe qui semble avoir exaspéré leur beauté comme leur espoir.

« L'axe de l'islamisme, écrit M. Louis Cros, est la pierre noire, la *Kaaba*, but du pèlerinage de millions de croyants; et si, à l'origine, Abou-Thaher ravagea La Mecque pour s'emparer de ce monolithe, c'est que sa possession devait lui donner l'empire du monde... »

En revanche : « Soliman le Magnifique est vêtu comme un fakir et mange dans une écuelle de terre. Ses pierres précieuses agissent dans leurs cassettes. Leur rôle est de prévenir et de garantir, jamais de rayonner sur son turban... »

Les voies idéales de la religion et de la superstition n'aboutissent point toujours à l'art, et, si nous en croyons notre auteur, à part quelques très rares exceptions, les joyaux des sultans d'aujourd'hui ont réintégré l'obscurité des gangues primitives : « ... Ce sont des talismans voués à l'arsenal de toutes les sorcelleries et qui n'ont de valeur que par leur pouvoir. Le diamant préserve du poison et chasse les soucis. Le rubis cicatrise les blessures. Le saphir permet les évasions heureuses. L'émeraude rend réfractaire aux venins. La calcédoine met à l'abri du vol. La chrysolithe chasse les mauvais esprits. La perle prolonge la jeunesse. La sardoine éloigne les sorts. La galactite donne du lait aux nourrices et fortifie les arbres fruitiers, etc.

« Comme autrefois, les princes musulmans paraissent aujourd'hui voués au mithridatisme et leurs peuples préoccupés de conjurations néfastes... les hommes et les animaux portent des colliers d'amulettes où des cailloux enveloppés dans des versets coraniques tiennent lieu de pierres précieuses. Les bézoards extraits des chèvres et des gazelles remplacent les saphirs et, des tessons de bouteilles érigés sur les coupoles saintes, jouent au soleil le rôle des blondes chrysolithes. La pierre est partout, ici votive et là mystique. C'est au volume du tas de pierres déposées sur la tombe d'un marabout que se mesure son degré de sainteté... Dans le Touat algérien, le météorite de Tamentit, situé sur la place principale de l'oasis, est vénéré des indigènes. Il évoque les lentes transmutations. A l'origine c'était un bloc d'or qui s'est nécessairement changé en argent, puis en pierre pour se soustraire à la cupidité des passants.

« Les superstitions et les préjugés relatifs aux pierres se rencontrent jusque dans les moindres manifestations de la vie civile et religieuse pour aboutir à la pierre noire de La Mecque rapportée du Paradis par Adam et dont le contact est un gage de l'éternelle félicité... »

A vrai dire, ce retour aux ténèbres si éloquemment exposé par M. Louis Cros *(Hier, Aujourd'hui, Demain)*, ce goût pour la superstition (dont nous avons d'ailleurs conservé la piété singulière en pleine conquête de la science), déconcerte le développement logique de la Beauté. C'est l'instant de revenir à l'art égyptien, le plus lointain mais aussi le plus jeune, dans sa religion féconde en toutes sortes de chefs-d'œuvre.

Voici des colliers à plusieurs rangs, composés de verroteries (constituant parfois de larges bandes qui couvraient la poitrine), d'amulettes, où l'œil d'Osiris, une tête d'épervier, des scarabées en terre émaillée de couleurs vives, varient leur agrément. Voici des bracelets incrustés d'émaux, dont un lion ou un griffon entre des bouquets de lotus forment souvent le décor; des bagues au caractère hiératique, insignes du pouvoir et de signification généralement importante dans l'histoire du peuple égyptien, ornées principalement du scarabée, soit moulé en pâte de verre, soit intaillé en l'onyx, la cornaline, le jaspe; des boucles d'oreilles, des bracelets à jours aussi caractéristiques.

L'emploi de l'or tend à dominer ces matériaux; des sujets découpés à plat dans ce métal aminci accentuent l'élégance et la noblesse précédentes, la curiosité aussi, dont certaines chaînes, ingénieusement tressées, à pendeloques, semées de figurines

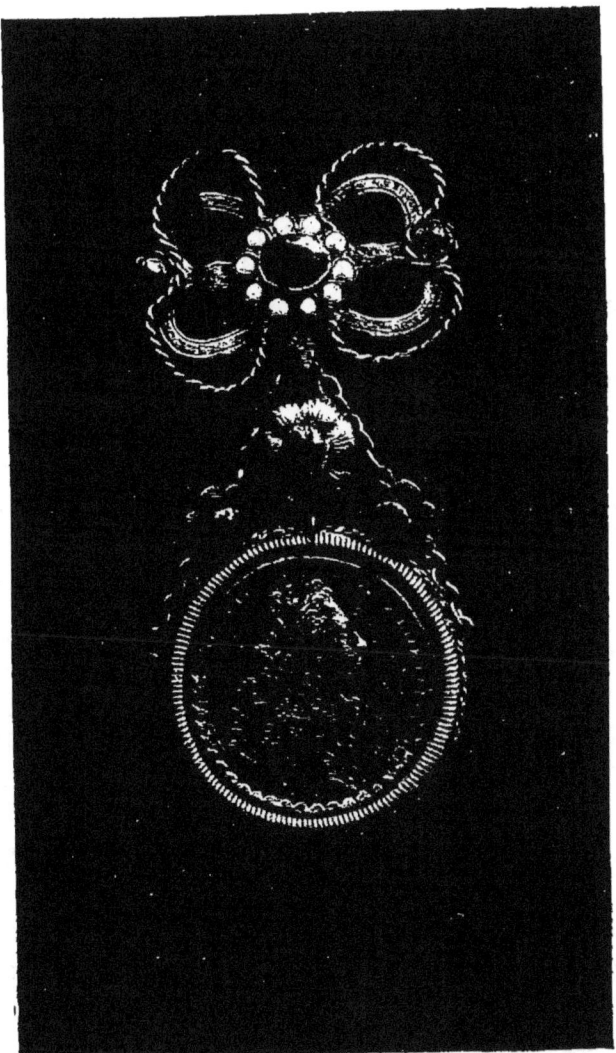

PLANCHE XII. — *Décoration russe.*

extrêmement fantaisistes, en lacets ou incrustées de pâte de verre, représentent autant la science accomplie que le goût délicat. La découverte du métal joue nécessairement un rôle bienfaisant dans l'histoire générale du bijou. L'art de le travailler ajoute au dédain des matières primitives; les pierres perforées et façonnées, les dents et les coquilles naïvement enfilées, chères aux Gaulois (avant les *torques* de fer, d'or et d'argent qu'ils connurent en dernier lieu et les perles bleues et d'émail que, plus tard encore, ils reçurent des Phéniciens, des Carthaginois et des Grecs), retournent au tombeau où on les découvrit.

Il est à noter, pourtant, que l'on trouva souvent de l'ambre en Danemark, en Grande-Bretagne, en Suisse, en Italie et en Germanie, dans les sépultures néolithiques et de l'âge du bronze. De telle sorte que la précieuse résine devance singulièrement l'or et l'argent dans l'application gracieuse qui nous occupe. En revanche, on rencontre déjà chez les Égyptiens, à côté du métal massif, des estampages d'ailleurs précieux. Mais il n'empêche que ces estampages indiquent la bijouterie creuse, à son avènement; c'est-à-dire, après un mode décoratif, le début de l'illusion, sinon du mensonge dont nos jours se sont avidement emparés.

On a découvert dans des sépultures égyptiennes des pectoraux, des colliers, etc., parfaitement ciselés, mais qui n'approchent point cependant de la bijouterie grecque. Les Grecs, en effet, excellèrent dans le travail strict du métal qu'ils repoussèrent et ne soudèrent pas, tandis que les Égyptiens furent des maîtres en matière de bijouterie pittoresque. Autre particularité technique à retenir.

Les Phéniciens et les Étrusques s'égalèrent aux

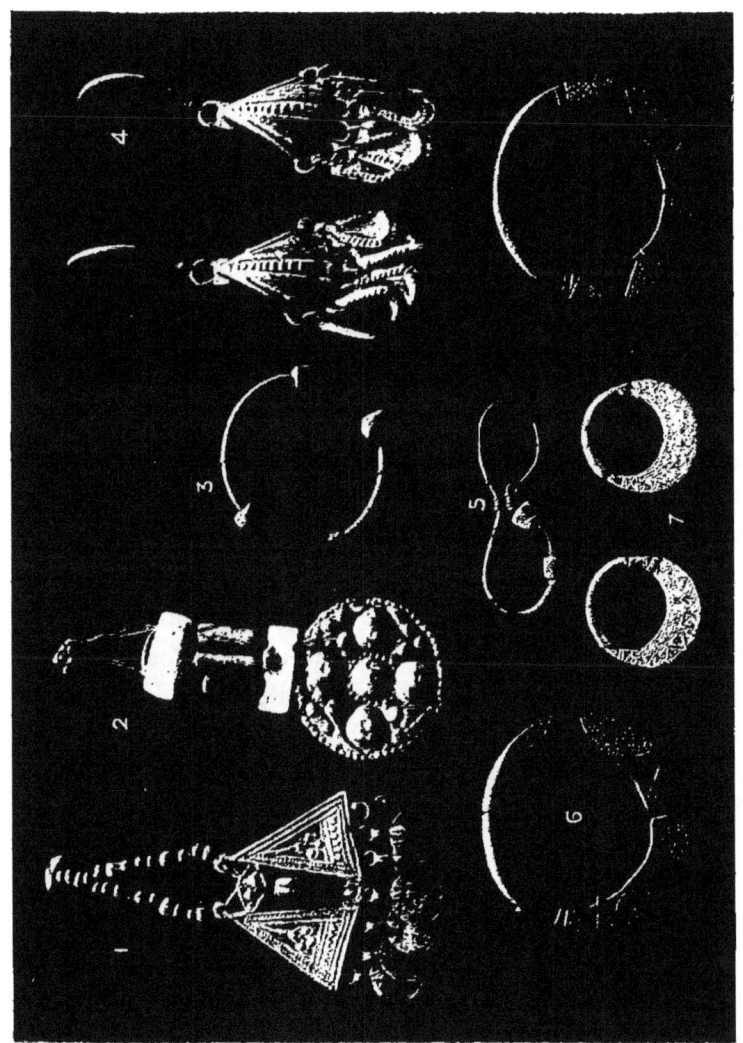

Planche XIII. — *Égypte, Soudan.*

Égyptiens dans le bijou non moins symbolique et aussi parfait. Ils tendent à en imposer, décorativement, par la terreur de leurs puissances divines ou par le contraste charmant des oiseaux, des abeilles, de la fleur de lotus encore, de fruits jaillissant de cornes d'abondance. L'ivoire, le verre sont conviés à broder les festons, les bulles et les pendeloques des colliers que varient encore la matière et la couleur des onyx, des cornalines.

Les bagues d'été et d'hiver, bracelets et pendants d'oreille, ciselés avec une finesse qui arracha à Benvenuto Cellini un cri d'admiration, valent autant par la force de la technique. Des pierres renouvelant parfois les motifs égyptiens, surchargent richement ces joyaux que les hommes et les femmes, à la fois, se disputent, et dont l'art, étudié en Grèce, se transmettra aux Romains.

A propos du bracelet, dont l'usage remonte à l'époque de la pierre polie et qu'un grand nombre de peuples non civilisés affectionnent encore de nos jours, on discerne deux sortes d'objets de ce nom. Le bracelet proprement dit, uniquement réservé à la parure des deux sexes, et les *armilles* désignant le bracelet des femmes ou des guerriers grecs, romains, gaulois, francs et autres, mais qui, plus encore que des ornements, servaient d'armes défensives ou offensives et de décoration militaire.

Nota bene. — Le bracelet des Celtes portait les différents noms de *varioles*, de *viries*, de *dardanien*, à cause, pour ce dernier, de sa contrée d'origine. C'est au bras gauche, à l'encontre des Romains, que les Sabins ceignaient le bracelet.

160 bracelets récompensent les exploits de Sicinius Dentatus, et une Romaine, Tarpéia, livra à l'ennemi la citadelle défendue par son père moyen-

nant un bracelet sabin qu'elle obtint de Tatius pour prix de sa trahison. Ainsi la valeur militaire et la trahison des armes se subordonnent-elles, bien que différemment, à une parure. Il est vrai que Tarpéia vit sa coquetterie comblée à tel point que l'ennemi, aussitôt la citadelle livrée, expira sous le poids non seulement des bracelets sabins qui lui furent jetés, mais encore de leurs boucliers !...

On suppose que, chez les Assyriens, la bijouterie dut répondre à la magnificence monumentale, mais c'est en Grèce que cet art prendra sa signification la plus élevée, dans l'ordre et le goût de la beauté unanime. Les bracelets qui, notamment, proviennent des sépultures de Kertch, affirment superbement ces qualités. Des sphinx féminins servent de fermeture à des sortes de *torques* en torsade. Les tombeaux des rois du Bosphore Cimmérien, découverts en Crimée, recélaient d'autre part des colliers en or admirables.

D'une manière générale, ces joyaux, avec les boucles d'oreilles, les fibules, diadèmes et bagues (que les Grecs enfilaient au quatrième doigt de la main gauche, garnies de pierres précieuses et de camées), affranchis du dogme hiératique, ornent leurs habiles alliages métalliques, leurs formes sobres et bien équilibrées, de génies, de masques, faunes et bacchantes, de fleurs, de feuillages et de figures ailées, finement ciselés et délicatement en relief.

La signification de l'anneau, qui finit par se porter à tous les doigts, même aux pieds, nous entraînerait bien loin, tant elle est éloquente ou gracieuse. Sans compter l'anneau nuptial dont parle déjà la Bible, l'anneau épiscopal des prélats catholiques (emblème de leur alliance avec l'Église), et celui dont s'orne l'annulaire de la main droite des religieuses (fiancées au Christ), évocateur de cet autre que les doges de Venise jetaient dans l'Adriatique (non pour prévenir la colère des dieux, à la manière de Polycrate, tyran de Samos, qui craignait de les voir jaloux de sa fortune et sacrifia « à l'onde amère » un chef-d'œuvre de Théodoros; mais en signe de leur union avec la mer), voici ce même anneau, que portaient au cou, souvent, les Phéniciens, les Mèdes et les Perses, sur la chaussure : le *Ricordini*, échangé par les amants.

Chez les Égyptiens, les Grecs, les Romains et les Francs, les anneaux étaient des sceaux véritables; ils conféraient la personnalité, l'autorité et la propriété. Alexandre remit son anneau à Perdiccas pour l'investir de son autorité et, dans la Rome primitive, le menu cercle d'or dont, par la suite, après les chevaliers et les sénateurs, les soldats et les affranchis furent autorisés à orner leur main, désignait les familles dont les membres avaient exercé des charges curules, tandis que le même cercle en fer était réservé aux chevaliers.

Puis, nous verrons les anneaux prodigués sous les Romains, comme tous les ornements du corps, avec un luxe inouï et débordant, d'ivoire, d'or, d'argent, d'ambre, enrichis de toutes sortes de pierres et d'émaux. Les anneaux magiques, enfin, talismaniques et miraculeux, aussi lointains que la pensée remonte et emportés par elle dans le domaine de la fable et de la légende, n'apportent rien de positif à l'esthétique.

LE BIJOU DE L'ANTIQUITÉ AU MOYEN AGE

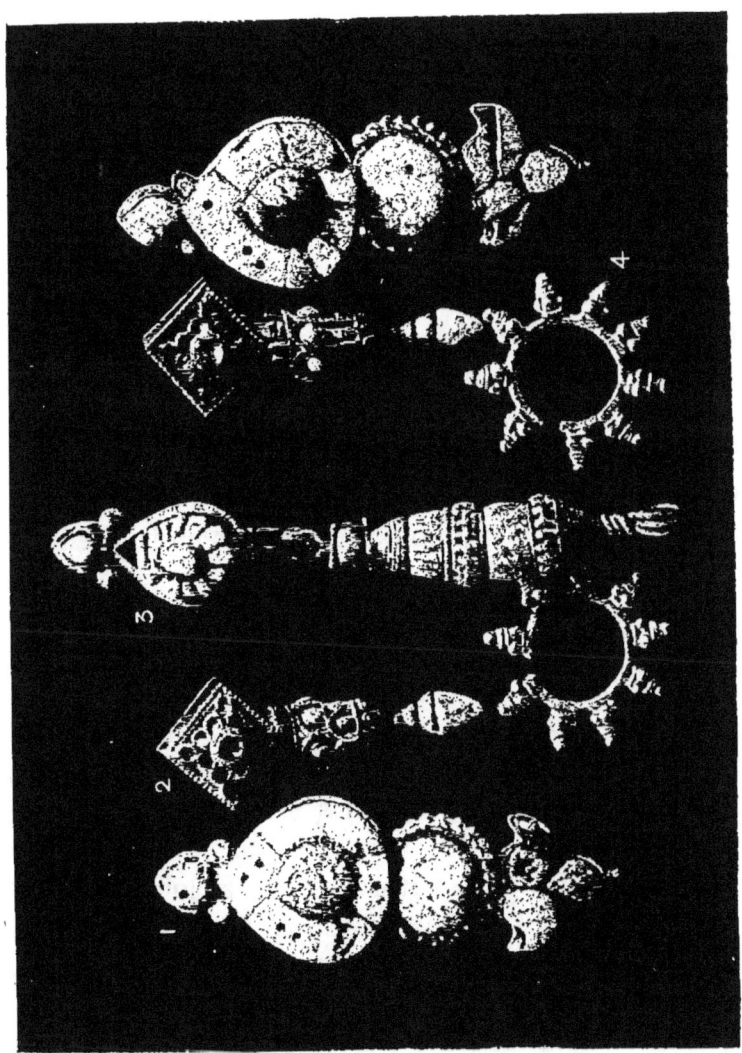

Planche XIV. — *Thibet.*

Les Romains, habiles spoliateurs des Grecs, dépassèrent la mesure du goût dans leur faste voluptueux et splendide. Au commencement de la République, leur art, éminemment national, reflète néanmoins cet éclat emprunté aux riches dépouilles du vaincu dont le triomphateur, avant de monter au Capitole, dispense les beautés.

On peut dire que cette révélation de l'art hellénique s'altéra généralement entre les mains d'Auguste et de César. Leurs bracelets, surchargés de pierres précieuses, de médailles et de camées, donnent la mesure initiale d'une riche pesanteur caractéristique. Ces camées que la Grèce exalta supérieurement et que connaissaient déjà les Égyptiens; ces camées figurant des scènes empruntées à la mythologie, des divinités, des portraits; ces camées, pures merveilles dont les bijoux, à l'envi, s'embellirent, à Athènes comme à Rome.

Mais à Rome répétons-le, la parure excessive n'atteint point à l'élégance raffinée du modèle.

Jugez plutôt de cette excentricité que plusieurs auteurs relèvent : non seulement les souliers romains furent, quelque temps, chargés de feuilles d'or, mais il y en avait même dont les semelles étaient d'or massif! Le luxe n'en demeura pas là : la vanité dans la parure des chaussures alla si loin que, non seulement on les garnissait de pierreries sur le dessus, mais on les en revêtait même entièrement. L'architecture, la voirie, n'échappaient pas davantage à la magnificence : « J'ai trouvé Rome en briques, je le laisse en marbre! » s'était écrié orgueilleusement Auguste, et Claude employa le premier à la décoration des murailles et des voûtes, la mosaïque qui, jusqu'à lui, avait été réservée pour les pavés.

Toutefois, le riche débordement des atours, des

pendants d'oreilles aux boucles des sandales, des bracelets, en haut des bras, au poignet, à la jambe et à la cheville, des fibules ou agrafes des chlamydes, ne laisse pas que d'impressionner.

Sous l'empire, les hommes disputèrent aux

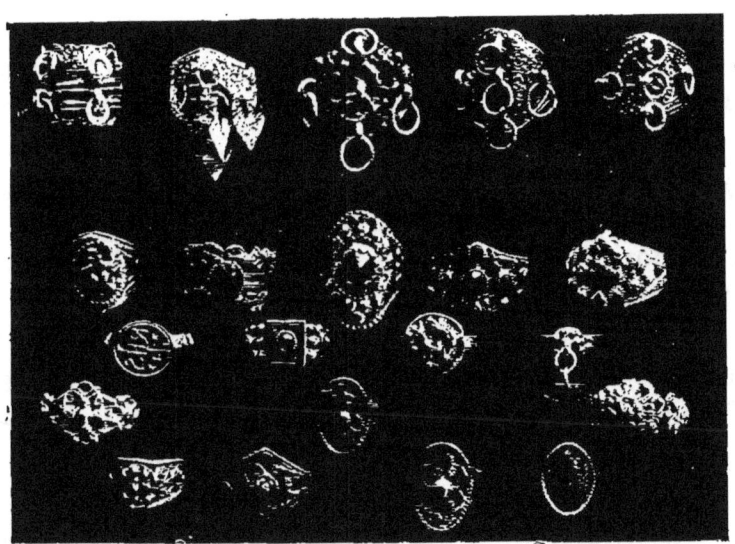

Planche XV. — *Norvège.*

femmes, après leurs fibules, les bracelets de leurs poignets et chevilles et depuis, ce dernier usage s'est étendu aux peuples germains et orientaux ainsi qu'aux Africains, antiques et modernes, où, souvent, le bracelet des jambes, chez les femmes, joue singulièrement le double rôle d'ornement et d'entrave.

Les enfants et les opulentes dames romaines agrémentaient leurs colliers d'une bulle ou sphère aplatie, tressée de fils et filigranes d'or rehaussés de pierres précieuses. Les Grecs et les Romains suspendaient aussi, au col de leurs enfants, des sortes de hochets composés de petites poupées, haches et épées, etc., servant autant à la parure qu'à reconnaître ceux d'entre eux qui étaient exposés ou mis en nourrice.

Au résumé, le bijou a, dès maintenant, conquis son caractère classique. Malgré qu'il s'égarât dans l'effémination, il réalisa une forme et un port typiques, sinon l'ingéniosité technique définitive dont nos jours même se complaisent. Lorsque, il y a quelques années, deux célébrités de la chirurgie se disputèrent la priorité inventive des pinces hémostatiques, un tiers les mit d'accord, en mettant sous leurs yeux des pinces hémostatiques identiques à celles qu'ils croyaient avoir découvertes. L'art moderne de la bijouterie ne se rencontre-t-il pas, non moins étrangement aujourd'hui, avec l'originalité des Égyptiens, des Grecs et des Romains ?

L'art ne progresse point, insistons sur cette constatation. Il évolue, il se renouvelle en retournant souvent, à la base de l'invention. Il s'inspire, il démarque au gré de la fantaisie et de la mode dont le masque seul change sur un visage éternel.

Pour terminer somptueusement et par un contraste cet exposé, voici que, sous les empereurs de Byzance, l'amour de l'or travaillé et des pierreries, particulièrement développé chez les Romains, va s'accroître, tandis que le christianisme revient humblement au symbolisme et à l'allégorie.

La rigidité symétrique du décor byzantin, l'hiératisme de ses figures constituent, dans l'accord des

LE BIJOU DE L'ANTIQUITÉ AU MOYEN AGE   63

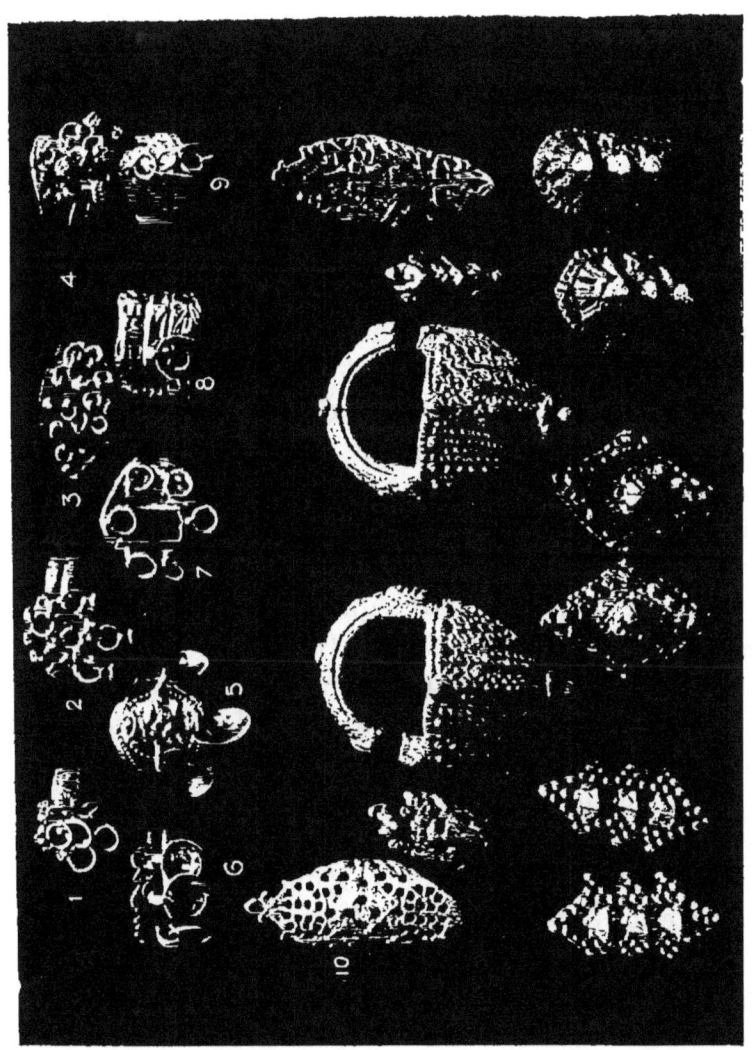

PLANCHE XVI. — *Norvège, Indes.*

pierreries largement distribuées, et des émaux cloisonnés sur fond d'or, une éclatante splendeur. L'influence de l'Orient et de l'esprit barbare du Nord préside à cette manifestation furieuse du luxe et de l'effet : « Fouillis éblouissant, s'extasie Théophile Gautier, d'émaux, de camées, de nielles, de perles, de grenats, de saphirs, de découpures d'or et d'argent», tempéré cependant par la discipline d'un style. Le cabochon domine ici la pierre précieuse, et le bijou que l'on porte sur la poitrine ne se différencie point comme forme, relief et ornementation (et si peu par le volume !) des magnifiques reliquaires.

La robe convient aux deux sexes, les mêmes gemmes lui agréent pour une ornementation presque identique : agrafes, fermails, serre-tête, couronnes, diadèmes et tiares, alors que la colombe, l'agneau, avec des scènes dogmatiques, gravent les monuments comme les bagues des premiers chrétiens. Le poisson symbolise le Christ, parce que les initiales des mots grecs signifiant Jésus-Christ, Fils de Dieu, Sauveur, forment le mot *ichtus* (poisson).

Avec le moyen âge enfin, l'art de la bijouterie, sans s'éclipser, mesure ses excès. Et cette restriction coïncide singulièrement avec l'introduction des variétés de gemmes, à l'époque des Croisades. Les pierres sont réservées aux femmes, et l'art de la bijouterie s'exerce particulièrement sur les châsses, reliquaires, mitres, crosses et croix. Les émaux du moyen âge sont célèbres, et il est à noter que les *vilains* n'avaient point alors le droit de porter des bijoux. On assiste cependant, à cette époque, à une curieuse transformation de la fibule en boucle. Étant donnée l'importance de la ceinture dans l'ajustement chez les hommes comme chez les femmes, les boucles qui, dès l'époque mérovingienne, étaient fort belles, poursuivirent leur éclat au moyen âge. En cuivre ou en bronze, émaillées ou rehaussées de pierres précieuses, elles prenaient tout l'intérêt d'un bijou véritable, et les fermails n'étaient pas moins flattés. Ceux-ci, sous Louis IX, furent fort souvent offerts en présents. La reine Clémence, femme de Louis Le Hutin, laissa par testament au comte d'Alençon son fermail qui était le plus beau et le plus riche qu'il y eût, dit-on, en France. Et c'était autrefois une règle de discipline parmi les anabaptistes, de ne point porter d'agrafes à leurs habits. Cette défense ne fut probablement dans l'origine qu'une mesure somptuaire; elle nous éclaire sur le luxe en question, non moins éloquemment que les autres *veto* dont nous parlerons plus tard.

La multiplication du bijou relève, en dehors de la coquetterie, de ses diverses applications au costume. Les épingles à cheveux, dont l'antiquité nous fournit des exemples si délicats, les broches, agrafes et fermails, les boucles de ceinture et de souliers, les chaînes, etc., répondent à un besoin de la toilette qu'il faut suivre sur l'histoire du costume pour la situer en beauté. Car l'art se chargea essentiellement de fleurir l'utilité; la preuve en est que les moindres ustensiles du passé sont devenus nos bibelots.

Pareillement l'historique de la matière précieuse ne saurait être dissocié de l'essor parallèle de l'orfèvrerie. La magnificence ne sépare point les deux expressions dont le goût ne s'évalue jamais au poids du métal coûteux ni au nombre des pierreries. Certains colliers romains et gallo-romains ne nous séduisent pas par leur pesanteur opulente, non plus que tant de vaisselle et d'aiguières en or succombant sous le faix des ornements. Notre admiration devra toujours estimer simultanément la sobriété décorative et la qualité de la dépense dans une pièce d'orfèvrerie et de bijouterie.

En cette fin de chapitre où nous avons parcouru les temps anciens, nous accrocherons la croix moyenageuse, symbolique d'une grande simplicité imposée généralement au bijou religieusement tempéré.

Des croix, dites *pendants*, ornent les colliers et tombent sur la poitrine; des armoiries et devises parent les bagues marquées de croix, encore. Et, comme la superstition s'ajoute à la religion, souvent, dans les époques ténébreuses, il y a aussi des pendants suspendus à des colliers dont le faste s'excuse d'écarter les sortilèges. « Les perles, relève M. A. Broquelet, conservent la vue, l'émeraude guérit les palpitations de cœur, l'hyacinthe préserve de la peste, l'agate des serpents, etc... »

Les Grecs avaient bien baptisé : *améthyste* la jolie pierre violette que nous savons (de *a* privatif et *metheô*, être ivre), parce qu'une croyance populaire lui attribuait la faculté de préserver de l'ivresse ou de la dissiper.

L'éternelle humanité retourne à toutes époques, aux similaires errements. Un besoin d'idéal, l'exaspération du désir que l'on prend volontiers pour une réalité, la flatterie du mensonge à la base de tout commerce de coquetterie, précipitent la tentation vers des satisfactions très souvent saugrenues. Et cela ne serait point un mal si la pacotille ne s'était glissée parmi l'éclatante vérité de l'art pour des illusions frelatées.

Mais nous n'en sommes point encore arrivé à l'artifice du bijou, qui rabaisse la délicatesse du goût de nos jours en bornant d'autre part son rehaut au costume féminin. Ce costume réduit aux ressources du décolletage, largement pratiqué, pour que la chair uniquement s'avantage.

Au couchant du moyen âge, en 1414, les textes nous montrent le duc Charles d'Orléans paré d'un manteau sur lequel 960 perles figurent les notes d'un air de musique brodé en or. Quelle aubaine que ce ruissellement lapidaire pour le décor masculin! Alors reparaissent, il est vrai, les sanctions économiques, et les seigneurs, désormais, verront leur prodigalité taxée suivant leur titre...

Aujourd'hui, Mlle Mistinguett, au dire des journaux, part en tournée théâtrale en Amérique où elle exhibera ses pieds menus dans des escarpins que 5.000 francs de bijoux constellent! Demain, les bagues, rigoureusement proscrites par la mode, seront ordonnées après-demain, non moins capricieusement, à tous les doigts, comme à la fin de la Restauration...

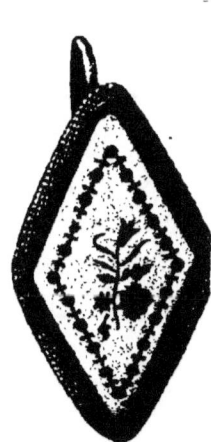
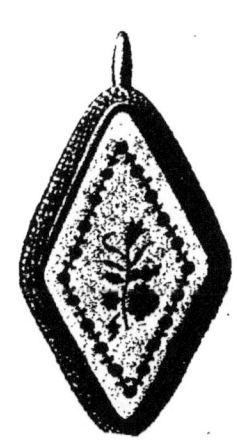

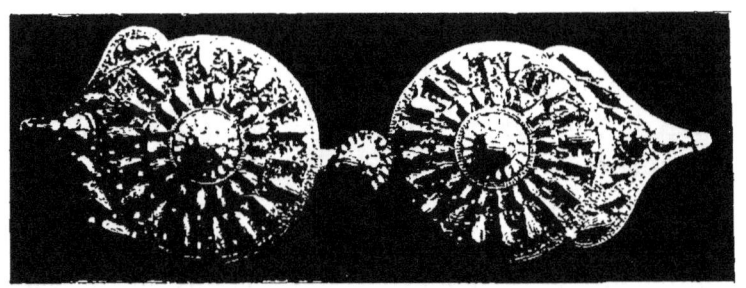

CHAPITRE III

Quelques mots sur l'historique du Bijou, de la Renaissance à nos jours.

Lorsque le costume masculin lutte d'élégance avec celui de la femme, à moins que la robe, comme à Athènes, à Rome et à Byzance, soit l'apanage des deux sexes, on peut être assuré à la fois du triomphe de la parure et des mœurs alanguies. Le bijou profite de l'équivoque. Sa grâce éperdue distribue des pendants d'oreilles à des princesses et à des « mignons », sous la Renaissance. La profusion de la beauté, sa légèreté et sa fantaisie semblent, à cette époque éclatante, autoriser le désordre dans l'éblouissement.

La Renaissance qui, dans le monument, avait rompu avec le caractère massif en innovant des gracilités, étend à toutes ses créations un charme précieux. Elle brode à fleur de pierre, et le bois comme le métal se partagent ses ciselures; autant de sourires de la matière traitée généralement comme un bijou.

La Renaissance marque l'éveil brillant de l'ébénisterie, de l'orfèvrerie, de l'émail appelé au rôle de la peinture, de la céramique, du vitrail, des quintessences enfin. Avec elle triomphent la bijouterie et la serrurerie au point que leurs préciosités se confondent; le tissage et le brochage aux fils de soie et d'or associés, appartiennent, encore, au filigrane.

La vogue des dessins et gravures d'un Du Cerceau soufflent à la fois au monument et au moindre objet une inspiration ornementale des plus typiques qui, notamment dans la bijouterie, commence à valoir par soi-même; c'est-à-dire que le poids de la matière, amenuisée, ne s'impose plus exclusivement, et que la qualité du travail, maintenant, vaut d'être examinée de plus près.

Après avoir développé son luxe en Italie, la bijouterie pénètre en France. Déjà, sous Louis XII, les bijoux témoignaient d'une élégance raffinée. On relève à cette époque des anneaux d'or ciselés, émaillés et ornés de perles en forme de poire, dits « unions d'excellence ». « Jusque dans les étoffes et les harnachements, les pierres précieuses s'empressent à embellir, au point de rendre jalouse la vaisselle, ai-je écrit, par ailleurs. C'est César Borgia qui, en 1499, donnera cette mode fastueuse aux seigneurs et, dans l'entrevue du Camp du Drap d'Or, Henri VIII offrira à François Ier le riche collier qu'il portait au cou, tandis que le roi de France détachera de son habit un bracelet plus riche encore qu'il passera lui-même au bras du roi d'Angleterre. »

Les bijoux alors, dominaient dans le costume, et Françoise de Foix, comtesse de Châteaubriant,

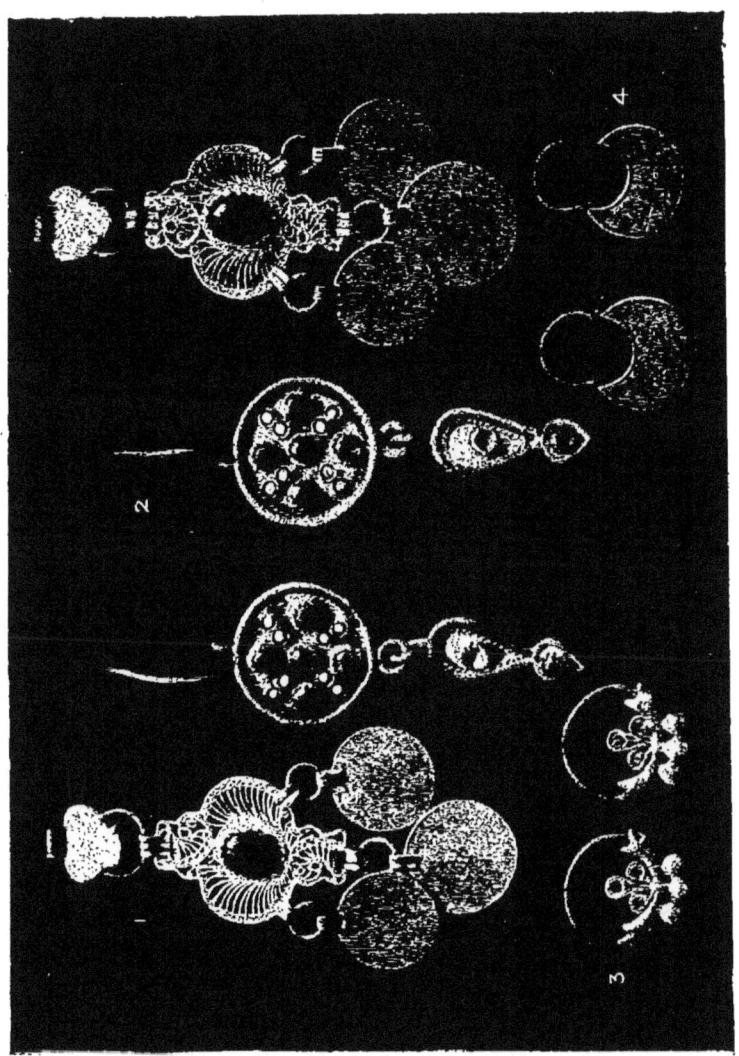

Planche XVII. — *Russie.*

n'ayant pas de diamants dans ses splendides parures, lorsque François Ier lui donna l'ordre de remettre tous ses bijoux à la duchesse d'Étampes, sa rivale, les aurait fait fondre en un seul lingot qu'elle lui envoya (1).

Ce dernier geste, de la part du roi galant, annule la munificence du précédent, au bénéfice du dépit d'une jolie femme, et le cardinal de Guise ayant proposé à Marie Stuart de laisser ses pierreries lorsque cette reine partit pour l'Écosse après la mort de François II, eut au moins le bon esprit de se contenter de la réplique de la reine : « Quand j'expose ma personne, craindrais-je pour ma parure? »

La description du luxe ostentateur d'un César Borgia, dépasse l'imagination du plus averti des parvenus... « César Borgia, écrit Claude Seyssel, était monté sur un coursier ferré d'or massif, harnaché fort richement avec une robe de satin rouge et de drap d'or mi-partie brodée de fort riches pierreries et de perles. A son bonnet étaient doubles rangs de cinq ou six rubis gros comme une grosse fève, qui montraient une grande lueur. Sur le rebras de sa barrette, il y avait aussi une grande quantité de pierreries; jusqu'à ses bottes qui étaient toutes lardées de cordons d'or et bordées de perles et un collier qui valait bien trente mille ducats.

« Son cheval était tout chargé de feuilles d'or et couvert de bonne orfèvrerie avec force perles et pierreries. Outre cela, il avait une petite mule, pour

---

(1) Mais Brantôme prétend que François Ier retourna les bijoux que la comtesse n'avait convertis en lingot que pour détruire les belles légendes qui y étaient empreintes. Il constata simplement que l'ancienne maîtresse du Père et Restaurateur des lettres avait montré plus de courage et de générosité qu'il n'en eût attendu d'une femme...

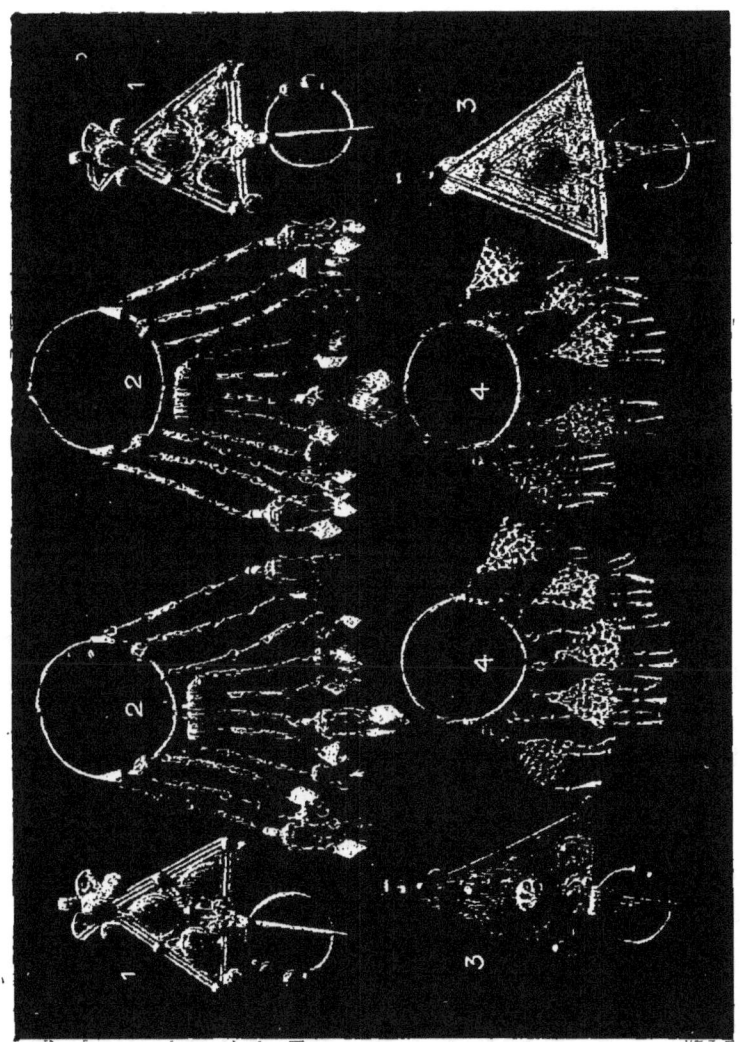

PLANCHE XVIII. — *Algérie, Kabylie.*

se promener en ville, qui avait tout son harnais, comme la selle, la bride et le poitrail, tout couvert de roses de fin or épais d'un doigt... »

Rutilant étalage, en vérité très opposé à l'expression même de la bijouterie, autant que le luxe insolent et similaire de la fameuse actrice de l'Opéra, Deschamps, qui, si elle n'ornait que de strass les harnais de ses chevaux, bordait les bourrelets... de sa chaise percée, de dentelles d'Angleterre !

Mais on ne peut demander à un Borgia de se parer, comme une romantique bergère, de sa seule vertu, et l'épouse de Caligula se couvrant, pour un dîner, de 40 millions d'émeraudes et de perles, se rencontre harmonieusement dans le... meurtre, avec le sanguinaire empereur.

Pour retourner à la Renaissance, Henri II, dont le style est plus grave, tempère légèrement le ruissellement de joie et de luxe précédents. Il s'enjolive pourtant de boucles d'oreilles, ainsi que les seigneurs de la cour, et Catherine de Médicis, constellée de bijoux, ne contredit pas moins aux répressions austères de son époux. Les boucles d'oreilles, pourtant, aggraveront leur effémination sous le règne de Henri III, mais, en attendant, et malgré les querelles religieuses, les femmes de l'époque Henri II sont surchargées de bracelets, colliers, bagues, d'après les modèles de Du Cerceau, de René Boyvin. Flattée par l'art de tailler les pierres précieuses, la bijouterie, si florissante depuis la fin du XIIe siècle, s'épanouit alors. Les colliers, le plus souvent, se composent d'une simple chaînette d'or où pend un ornement, un médaillon ou un animal fantastique, émaillés. Benvenuto Cellini cisèle, entre deux épées, des bagues à chatons, des broches et des pendentifs merveilleux ; les bijoutiers de la Renaissance, d'ailleurs, sous l'égide de saint Éloi, ne font qu'un seul corps avec les orfèvres.

« Michel-Ange lui-même, et Jules Romain, ne dédaignent pas de donner des modèles de bijoux où, pour satisfaire au goût païen de l'époque, en réaction de l'art chrétien, des figures humaines rentrent dans le caprice de l'ornementation. Les bagues, un peu lourdes, animent leurs rinceaux d'émaux, de cartouches, de banderoles et devises, tandis qu'un Ghiberti de Pollomollo cisèle de superbes miroirs agrémentés par Piera di Mona de précieux filigranes... »

En dépit toujours, des édits répressifs contre le luxe intempéré, Marie de Médicis éblouira avec une robe où 32.000 perles et 3.000 diamants figureront, et le bas de la jupe en dentelle de Venise de la reine Anne d'Autriche, bordée de pierres précieuses, narguera la robe rouge de Richelieu. Nous constaterons simplement, avec un chroniqueur du temps, qu'il faut à la femme, sous Louis XIII, « des carcans, chaînes et bracelets, diamants, affiquets et montants de collets, pour charger un mulet, et même davantage... »

L'Histoire nous montre Sully paradant avec des chaînes et des bracelets de diamant délaissés depuis plus de vingt-cinq ans, et plusieurs seigneurs de la cour du fils de Henri IV affectionnèrent, dit-on, la *cadenette*, ou longue mèche de cheveux pendant sur un des côtés de la face, parce que cette cadenette, dégageant l'oreille, permettait d'y admirer une boucle d'oreille.

L'anneau que Joseph reçut de Pharaon pour lui

conférer la puissance, ne sera porté sous Henri IV. (ainsi que les bracelets) que par les gens du peuple dont l'aristocratie tiendra à se différencier par le luxe des pierreries, et la coiffe de veuve de Marie de Médicis, encore, s'égayera singulièrement de ces mêmes perles qu'elle adora jusque dans sa douleur...

La suppression des édits modérateurs ne surprendra point au siècle du Grand roi. La somptuosité sera générale, nettement tranchée même au bénéfice de l'homme dont la perruque déjà, relevait solennellement la façade à l'égal des coupoles qui couronnaient majestueusement les édifices. Néanmoins la femme veillait, dont les grâces ne devaient point être délaissées en dépit de l'omnipotence masculine triomphante. Le bijou resta lourd, pourtant, plus puissant que gracieux, plutôt majestueux et enflé en sa somptuosité, à l'égal du décor d'alentour où évoluait le Roi Soleil.

Le goût, néanmoins, s'épura dans la parure, les modèles de Gille Légaré, entre autres, publiés en 1663 et 1692, l'attestent. Les pierres précieuses et les riches étoffes rapportées par Tavernier et Chardin, de leurs voyages en Europe, viennent bien à leur heure, de même que la civilisation et les arts de l'Italie avaient fécondé à point la Renaissance française. Le diamant, alors, sera le joyau préféré, tandis que le métal n'offrira plus qu'un intérêt secondaire.

Mazarin se plaît à réunir des gemmes splendides; il léguera les plus remarquables à la Couronne de France (le « Mazarin », notamment, à cinq pans,

LE BIJOU DE LA RENAISSANCE A NOS JOURS   77

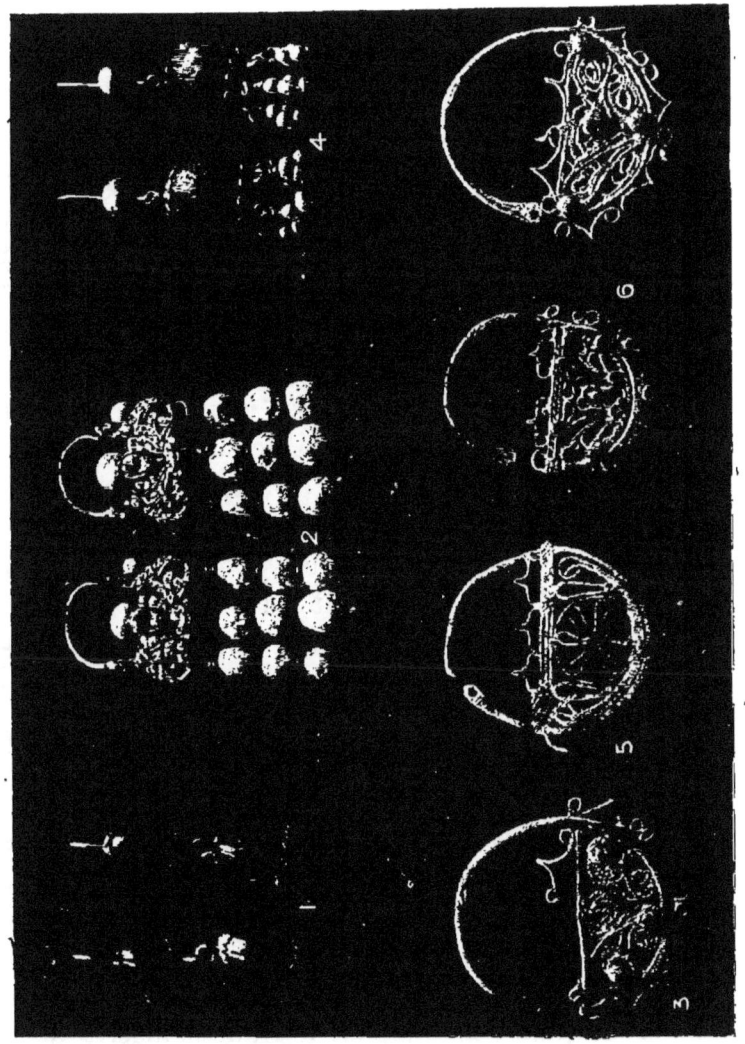

PLANCHE XIX. — *Turquie d'Asie, Tunisie.*

d'une eau incomparable, au Louvre), à la reine et au duc d'Anjou.

Dans les cheveux et dans la parure de la femme, ce

ne sont que bouquets et nœuds de rubans sertis de diamants et de pierreries; même, le roi, les princes et les dames de la cour en couvrent leurs vêtements. C'est ainsi que s'achève, dans une opulente et massive manifestation de la fortune, la confusion des bijoux élégants et ciselés de la Renaissance. Le goût de paraître a détruit certaine délicatesse purement artistique du passé, mais on y gagne un coup d'œil étonnant. Au surplus, ce luxe massif offre le mérite et l'excuse du bijou vrai, de la matière franche; il n'a rien de comparable à la richesse équivoque de tant de bouchons de carafe, de tant de rubis de synthèse et de perles X d'un volume exagérément menteur, portés aujourd'hui par le vulgaire.

L'étude des styles rapproche l'expression d'un art des mœurs comme de l'esprit d'un temps. Les plafonds de Le Brun sont écrasants autant que les monuments d'un Philibert Delorme sont légers; le ciel italien mûrit un idéal affecté comme le ciel espagnol inspire l'emphase et le ciel anglais la froideur. D'où que vienne l'exemple, la personnalité des peuples le corrige suivant son tempérament. Les arts, ainsi, ne vivent que d'emprunts qui ressortissent tous à une formule caractéristique. Le bijou n'a point échappé à la loi commune; il représente un diminutif des chefs-d'œuvre de la plastique assimilée.

Mais toujours le modèle antique s'inscrit à la base du génie, à la façon du croquemitaine dont on menace l'enfant indocile. C'est l'antiquité qui suggère à l'Italie, puis à la France, sa fantaisie charmante et originale; c'est l'antiquité encore qui ramena le XVIIIe siècle (sous Louis XVI) à la tenue classique,

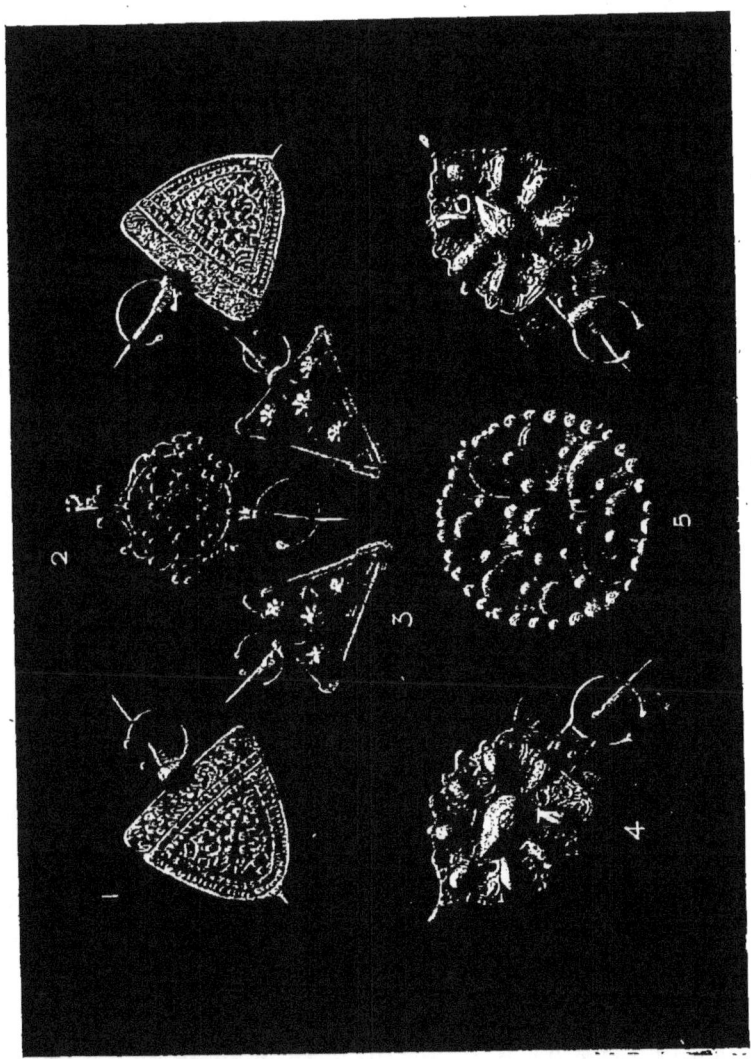

Planche XX. — *Algérie, Kabylie.*

à la ligne droite qu'une Régence et qu'un Louis XV avaient tordue. Napoléon Ier, au début du XIXe siècle, commandera le retour de l'art gréco-romain, avec

Louis David, autre Le Brun, et notre xxᵉ siècle peine à se libérer du spectre traditionnel...

Néanmoins, ce n'est pas encore Louis XV qui appellera à l'aide le chef-d'œuvre antique, mais son fils, et si Louis XIV avait traité de « sauvageries » les expressions d'art antérieures, Louis le Bien-Aimé, avec Mᵐᵉ de Pompadour, se contenta de mettre en ordre le tarabiscotage de la Régence. Or, le tarabiscotage de la Régence et la pureté du Louis XV, de même que la grandiloquence du Grand roi et, auparavant, la grâce de la Renaissance en remontant jusqu'aux temps les plus reculés, se sont condensés dans le bijou. Le bijou est un miroir rapetissant (dans le sens opposé à grossissant); cette observation nous dispensera d'indiquer les moyens d'en discerner le style autrement qu'en renvoyant le lecteur au monument et à son diminutif : le meuble. Aussi bien la peinture se réfléchit à chaque époque, dans l'émail et la mosaïque dont les bijoux italiens, surtout, furent friands, et la sculpture trouve son équivalence dans le camée et tous autres reliefs. Reste à démêler, dans ce dernier cas, l'époque du camée s'il reproduit un sujet d'époque ou si, d'époque lui-même, il a été transposé. Ce dernier souci doit se dissiper à l'examen de la monture, car si la ligne, le dessin, la forme demeurent éloquents, l'esprit de la monture ne l'est pas moins avec le mode de la taille de la pierre, dans l'étroite mesure, cependant, que nous avons indiquée.

Pour l'instant, nous constaterons que malgré le mépris de Louis XIV pour tout l'art qui n'était point le sien, pour les « magots » de Téniers, par exemple, il subit quand même ces magots sous le pinceau de

Watteau, et le style d'un Claude Perrault, d'un J.-A. Gabriel, en architecture, est moins original, à tout prendre, que celui d'un Oppenord ou d'un Cressent.

L'expression *rocaille* confirme l'originalité de la Régence, ses formes chantournées, enroulées, dont le bijou se fit une fête de réunir les cabrioles dans un concert de végétations fantaisistes.

Le diamant continue à régner; des roses et des cailloux d'Alençon l'accompagnent. Il se porte aussi en *chatons*, c'est-à-dire monté séparément et enchaîné en dessous, tantôt formant des colliers, tantôt attaché à des rubans pour orner les robes.

Puis naît le *strass*, du nom de son inventeur, en 1758. Le bijou d'illusion fait ainsi son apparition, l'artifice de ses feux contribuant à l'éclat de bijoux en forme d'aigrette, de bouquets et de nœuds de ruban. Mais auparavant, en 1717, Philippe d'Orléans se mirera symboliquement dans les mille facettes d'une pierre extraordinaire à laquelle il donna son nom : le *Régent*, l'un des plus gros diamants qui soient et qu'il acheta 2.500.000 livres.

La dissolution excessive des mœurs prodigue les atours; la ligne de conduite suit les débordements de la forme, elle chavire; et, lorsque, à la fin du règne de Louis XV, Mme de Pompadour, avec une vertu singulière pour une courtisane, refrénera le décor, des grosses perles fines, montées en forme de pendeloques, des guirlandes et des fleurettes imposeront silence à la tapageuse rocaille.

Une profusion de boîtes à tabac, à mouches, à poudre, à savonnettes, enrichies de diamants, d'émaux, de miniatures folâtres, évoque autant de gestes affectés, en harmonie avec la préciosité des gemmes que le joaillier Pouget, dont l'établissement s'intitule « Au bouquet de diamants », dispense, appuyées d'un *Traité des pierres précieuses et de la manière de les employer.*

Nous allons maintenant voir le style Louis XVI se pencher sur des ruines, celles de Pompéi, en 1755, pour y puiser son originalité, sous la conduite des philosophes. Jamais la technique du bijou n'aura été plus fine et plus sensible. De Louis XIV à Louis XVI, la bijouterie atteignit à son apogée, avant la catastrophe de la Révolution...

Sous Louis XVI le bijou assagi, s'imprègne de simplicité et de sobriété. Il est plat, ses ornements sont grecs; il cherche le caractère dans une mélancolie de grand ton et le camée, ressuscité, réintègre le chaton des bagues, concourt jusqu'à l'orfèvrerie où les Duplessis, les Auguste et le grand Gouthière (dans la ciselure du cuivre) font merveille.

La chimie vient d'innover des bleus de roi et de turquoise, des violets pensée, des jaunes jonquille, des roses chair qui, accompagnés par des cristaux de couleur, jouent délicatement avec l'éclat lunaire de l'argenterie. Malgré l'insistance de l'heure, le camée, pourtant, ne parvient pas à détrôner les joyaux brillants si français, en dépit d'une bijouterie dite « renouvelée », lancée par Lempereur et poursuivie par Pouget, son élève. De fines gravures sur pierres fines, même, qui avaient l'avantage du sourire sur le camée, lui font la nique, à cette époque pimpante.

Avec Marie-Antoinette, l'émail et la miniature encore triomphèrent, et cet art national résume le bijou le plus typique du temps où, tout en dissertant, on aimait à reposer ses yeux sur un sujet galant offert par quelque broche, par quelque pendeloque, par quelque boîtier de montre ou de tabatière, par quelque pomme de canne.

L'émail bleu, notamment, entre dans la composition de nombreuses parures et des bagues dites *mar-*

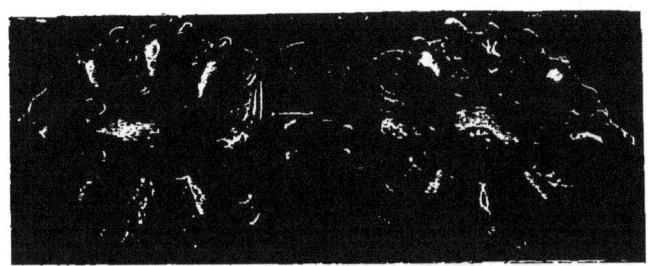

B'Zaïms (assemblées horizontalement).

quises, formées d'un grand chaton allongé qui recouvrait la phalange du doigt, tout entière. Les bijoux de cette fin du xviiie siècle, enveloppée de grisaille, d'émotion contenue et sensible, participent de la philosophie ambiante. Les colombes amoureuses, les nœuds de ruban, les bouquets de fleurs, les blanches brebis, les flèches et carquois, les parent à foison. Pour jouer à la simplicité, l'or, aux diverses couleurs, apaise son brillant dans une matité jugée de meilleur ton et plus en rapport avec le costume.

Les tables, vases, candélabres, etc., en or et en argent massif, chefs-d'œuvre de l'orfèvrerie du xviie siècle, n'avaient pas tardé à disparaître, dans la pénurie du trésor royal, envoyés qu'ils avaient été à la Monnaie pour y être fondus, et un pareil sort guettait le riche métal sous la Révolution.

La faillite des arts somptuaires coïncide avec l'avènement de la démocratie ; l'or retourne au creuset, anéantissant un passé détesté, toute une expression réactionnaire; le symbole prétend régner au nom de la beauté et du luxe prohibés. La peur, aussi, fait qu'on s'en débarrasse... à moins qu'on ne vienne tout logiquement puiser dans un trésor d'épargne.

C'est ainsi que l'entendait Chilpéric, royal représentant du goût des Francs pour l'orfèvrerie, constitutive à leurs yeux d'une sorte d'amour-propre national mais moins encore que d'une richesse en réserve. « C'est moi qui l'ai fait faire, disait le barbare à Grégoire de Tours, en montrant un large bassin d'or incrusté de pierreries, pour orner et rehausser la nation des Francs. Ah! je ferai encore, si je vis, bien des choses ! »

Sous la Révolution, nous voyons donc les sculpteurs sollicités de tailler des encriers dans des pierres de la Bastille et des bijoutiers présenter des bijoux où des fragments de ces mêmes pierres figurent. Ce sont là les bijoux de la *Constitution*, et des bagues en cuivre orneront leur chaton d'un « Œil », celui du Comité du Salut Public (1793), lorsque ces chatons ne contiendront point des portraits, par exemple en vulgaire bois sculpté, s'ils ne sont point « à secret ».

Au cou de Mme de Genlis pendait un médaillon fait d'une pierre de la Bastille enguirlandée de lauriers en émeraudes et suspendue par une cocarde nationale en pierres précieuses; le mot *Liberté*, en diamants, scintillait sur le tout. Le bonnet phrygien inspirait généralement le bijou comme les *alliances civiques* accaparaient les devises fraternelles et égalitaires. Dites *à la Patrie* ou *constitutionnelles*, des boucles d'oreilles en verre blanc côtoyaient des *pendans* à la guillotine, sanglants...

Bonnets phrygiens, mains égalitaires, faisceaux de licteurs, triangles, décorent des pendants d'oreilles comme des boucles de souliers, taillés dans une matière sans valeur que le patriotisme et le civisme d'un peuple souverain veulent ennoblir. En 1792, les diamants de la couronne sont volés, et si, illégalement, Louis XVI en avait retiré (en 1785) une parure de brillants et de rubis dont il fit cadeau à Marie-Antoinette, sans préjudice de quelques pierres valant plus de 100.000 livres données en paiement à des joailliers, les tribulations de ce trésor national, bientôt récupéré, ne s'arrêtent point là... Nous les conterons à la suite. En attendant, le magot sert, sous la République, à contracter des emprunts.

Après l'orage de la Révolution qui avait tout anéanti, le bleu du ciel reparut; la vie reprit sa marche régulière. Même, d'avoir été longtemps réprimé, sous le joug de la peur, le luxe prit une intensité singulière. Jamais les femmes n'ayant été plus séduisantes, la galanterie masculine, distraite des affres de la guillotine, flatta excessivement la coquetterie. Voici le Directoire et l'Empire.

Percier et Fontaine, lieutenants du peintre Louis David, coiffent le casque grec et s'assoient sur le trône de César, en jurant de faire revivre Sparte et ses lois austères, à la française, dans une contrefaçon du goût antique.

Ce qu'il importe de retenir pour notre objet, c'est le retour de la toilette et des atours qu'elle commande. La plus grande preuve d'élégance qu'une femme puisse donner, alors, c'est d'imiter, dans sa tenue, les figures des camées antiques et des pierres gravées. Semblables à des déesses, les Merveilleuses s'avancent, pleines de majesté, sous leurs tuniques vaporeuses et très échancrées; la belle Mme Tallien résume cette beauté peu farouche dans une quasi-nudité où, sous un léger linon, on aperçoit des bracelets multiples, tant aux bras qu'aux jambes, jusqu'aux cuisses. Des bagues au pied complètent la vision, d'une hardiesse d'ailleurs éphémère mais caractéristique. Comment décrire ces théories de courtisanes franco-athéniennes à peine vêtues, imitées de Lucien, se déroulant parmi des architectures plus ou moins romaines, dans des mobiliers plus ou moins grecs; arborant des parures en corail et en mosaïque, mariés à des émaux bleus ou noirs, à des cornalines et lapis; les plus ruisselants diadèmes « à la Cérès ». Les peignes de diamants de la plus belle eau dans des chevelures mêlant, non moins richement, les plumes, les perles et les pierreries, tandis que des sautoirs-serpents en tissus d'or, comme des ceintures à camées énormes, tandis que les plus lourds pendants d'oreilles rivalisent de brillants avec les colliers et les agrafes de ceinture!

Le premier Consul, lui-même, n'a-t-il pas l'idée de faire enchâsser le *Régent* entre les deux quillons de son épée! Et, paré par son joaillier Margueritte, qui attache à son chapeau de cérémonie une boucle de plus de 300.000 francs, il se dirigera vers la salle à

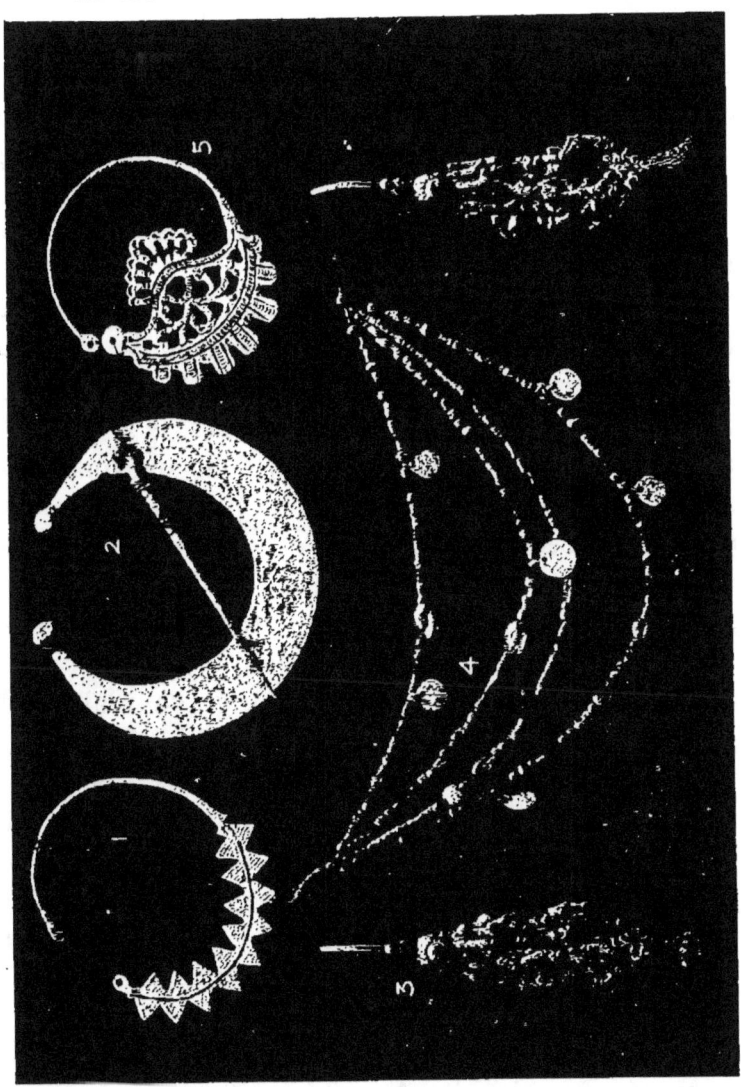

PLANCHE XXI. — *Algérie, Tunisie, Maroc.*

manger pour s'asseoir à une table chargée de services en argent, de vaisselle en vermeil, couverte du linge le plus fin...

Prud'hon, Chaudet, Moreau, contribuent par le dessin à garnir merveilleusement l'armoire à bijoux de Marie-Louise que lui vendit 53.000 francs le célèbre ébéniste Jacob Desmalter, et le joaillier de la cour, retiré des affaires après le sacre, Foncier, avec Nitot, contribuent, d'autre part, à l'éclat de cette magnificence.

Figures de femmes aux ailes éployées et arrondies (Victoires, Muses, Grâces, etc.), couronnes et palmettes, bucranes, oiseaux, cygnes, trépieds à encens, caducées, griffons, chimères, sirènes, s'acharnent à la décoration générale avec un délicieux anachronisme qui cédera quelque temps sa place aux sphinx, aux scarabées, obélisques et autres symboles d'immortalité, finement ciselés par les Odiot et Biennais, que l'expédition d'Égypte et la victoire des Pyramides avaient mis à la mode.

Cependant, le camée pesant et grave n'abdique point, et le filigrane se marie au corail, dans le bijou populaire qui affectionne aussi les croix « à la Jeannette », les chaînes dites « Jaseron » composées de petits cercles en fil d'or très mince, les bracelets en forme de serpents et tant d'autres gracieuses futilités en or mat comme les « Mathildes » pour décorer les corsages et les robes, comme les hauts-de-tête dits « tempéraments », etc.

Après cette ère de majesté et de luxe véritable, l'art unanimement devait pâtir. L'esprit bourgeois s'installa au chevet de l'esthétique et, pour « paraître », le simili s'imposa à l'économie. Le romantisme venait de vaincre le classicisme, l'acquisition de la collection Campana présenta ses ruines au goût du second Empire qui, lui, exhumera un style pseudo-Renaissance.

Après la pauvreté, le clinquant; deux mensonges, en somme, attentatoires à la riche sobriété. Et néanmoins, la mode qui varie comme la température, sans plus de raisons, s'impose fantaisiste et contradictoire, toujours agréable jusque dans sa laideur et sa folie mêmes. La curiosité, à travers le prisme du passé, consacre certaine beauté. Prudente donc doit s'énoncer la critique, d'autant qu'il y a toujours une beauté, inaltérable et évidente à dégager dans un fatras, dont parfois l'exception confirme presque la règle...

L'idée sentimentale du retour à la Nature, préconisé par un Jean Jacques Rousseau, au XVIIIe siècle, s'effondre, sous la Restauration, dans la sensiblerie, et le décor de fleurettes des champs orne des diadèmes et des

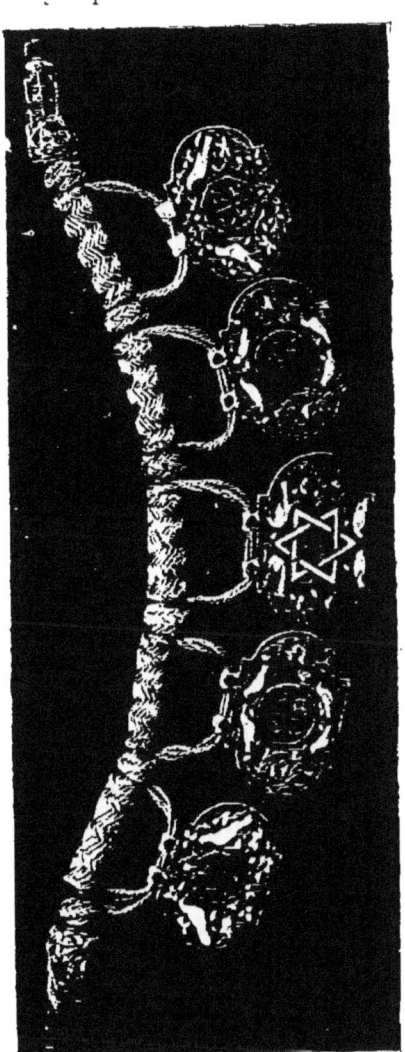

Collier hindou.

broches montés lourdement « à la gothique ». La banalité règne sur le bijou tandis que l'orfèvrerie dégénère. Il n'est pas jusqu'à la présentation des pierreries ajourées, si délicate sous le premier Empire, qui ne subisse l'altération. D'opaques enchâssements dans du métal épais, satisfont. L'ostentation remplace la modestie de grand ton ; c'est la matière largement employée qui compte.

Depuis la Révolution, la tradition du style français a disparu ; l'art vit sur sa grandeur passée ; on copie et démarque ; on amalgame. La Restauration, les règnes de Charles X et de Louis-Philippe, pourtant, ont conservé la vertu d'une technique excellente ; leurs bijoux (pour ne parler que de cette expression), tout clinquants qu'ils soient, sont « confortablement » *estampés*. Mais quelle disproportion entre la destination et l'emploi de la matière ! Voyez les pesantes boucles d'oreilles de ces époques bâtardes et leurs vastes médaillons ornés de cheveux, sous verre ! Les compositions en cheveux sont très à la mode chez les « lionnes »..., qui portent aussi des joyaux capillaires abondants, tandis que les « lions » piquent leurs vastes cravates avec une épingle non moins imposante, et que le romantisme, passionné du décor « cathédrale », s'offre des bagues à exergues : « don d'un ami », « amour », échos poursuivis de cette tendresse dont les boucles de ceinture (« l'amitié la donne »), notamment, offraient des exemples sous le premier Empire et même sous Louis XVI, comme l'atteste certaine bague, au sujet incisé, que les paroles : « ainsi gravé dans mon cœur » accompagnent symboliquement.

LE BIJOU DE LA RENAISSANCE A NOS JOURS   91

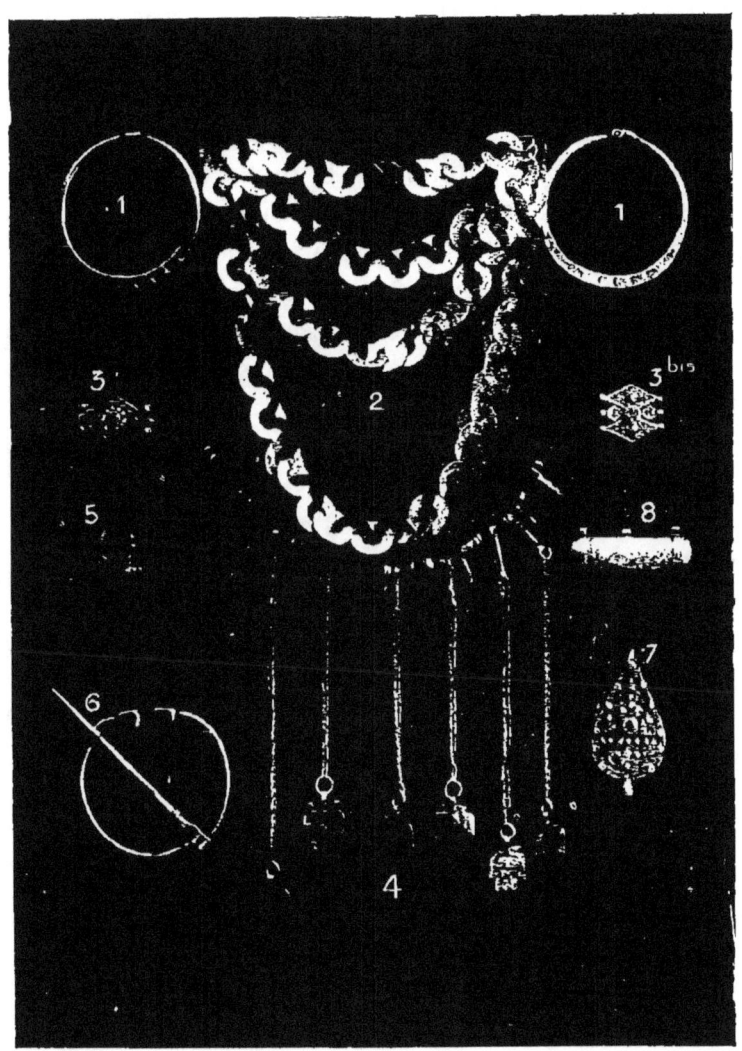

PLANCHE XXII. — *Algérie, Tunisie, Tripoli.*

Bagues à devises et à calembours, très à la mode aussi sous le fils de Philippe-Égalité, de même que les boucles d'oreilles forme « créole » et à camées faisaient les délices de Napoléon III.

Quant à l'orfèvrerie, elle partage les déboires précédents. La Restauration, en 1848, précipite au creuset le métal précieux, vivement transformé en argent monnayé. Nombre de bijoux d'or n'échappent point à ce sort, et l'on saisit ainsi la rareté, tant de l'argenterie que de la bijouterie anciennes dont la petite bourgeoisie économe a seulement arraché aux tourmentes politiques les pièces ordinaires.

Sous la Restauration sévissent des peignes énormes dits *à la girafe* et *à la Caroline;* ils couronnent la chevelure qu'ils illuminent de toutes sortes de pierreries, lorsque les cheveux, très à plat, ne sont pas retenus par une chaînette d'or d'où pend, sur le front, une « ferronnière ». La duchesse de Berry, qui possédait une collection de bagues estimée plus de 200.000 écus, règne alors sur la mode, et, dans les dernières années du second Empire, le peigne Metternich, en écaille surmontée de boules d'or, succédera à ces atours de la tête que les Incroyables avaient portés !

Avec Charles X, le poids des bijoux s'exagère encore. La chaîne de montre s'égalerait volontiers à celles du prisonnier, et, d'ailleurs, les femmes s'avantagent de colliers très exactement dits *forçats,* pour leurs mailles massives. De lourds cachets et clefs de montre solidaires d'une volumineuse pierre, ajoutent à l'effet immodeste.

L'ingéniosité, encore, des bracelets « à crémaillère », affirme un souci pratique bien caractéristique de l'âge de l'armoire à glace. Grâce à cette fermeture, cet ornement que le *similor* ou *chrysocale* ou *chryso*

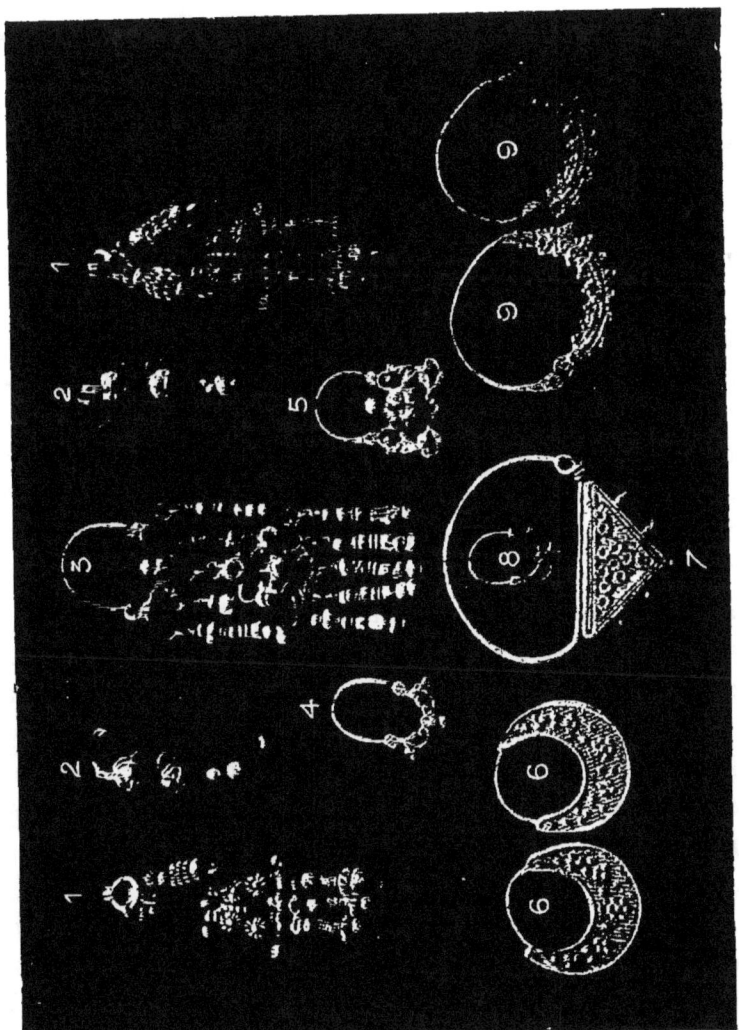

PLANCHE XXIII. — *Algérie, Tunisie, Maroc.*

(alliage de cuivre, de zinc et d'étain jouant l'or, l'or vert si l'on y ajoute une faible quantité de plomb) présente économiquement à côté de l'or et de l'argent, peut se porter à toutes hauteurs du bras. C'est la monotonie dans la forme et le poids, qui continue la simplicité antique, surannée et rabaissée, avec quelque commodité bourgeoise.

Vers 1830, les conditions économiques et sociales changèrent donc; les classiques furent écrasés; le peuple voulut jouir des atours auparavant réservés aux familles riches, aux privilégiés de la fortune.

Cependant Antoine Vechte ressuscitait les procédés précieux du « repoussé » et François Froment-Meurice ne s'opposait pas moins à la décadence, avec un goût rare. Ses bijoux à figurines, dues à Feuchères, à Cavelier, obtinrent, notamment, le même succès que les miniatures d'Augustin, d'Isabey, de Mansion, destinées auparavant à prendre place dans de larges bracelets. Nos maîtres orfèvres devaient, d'autre part, combattre la vogue persistante d'une orfèvrerie anglaise où l'ornementation de la Renaissance s'exagérait dans le mauvais goût et la maladresse avec le tarabiscotage de la Régence. Néanmoins, la raideur de la bijouterie anglaise plut encore au second Empire.

Mais, généralement, c'est en propre l'aube du « toc »; car, pour être abordable à toutes les bourses, le bijou doit résoudre l'aride problème de séduire à un prix « raisonnable », d'où l'introduction des procédés mécaniques dans sa fabrication et la présentation de l'or « pelure d'oignon », symbolique.

Parallèlement les formes se vulgarisent dans l'exécution en série, et le simili, l'estampage, la galvanoplastie (introduite au second Empire), se donnèrent libre cours, pour répondre à tous les goûts, jusqu'à nos jours même...

O. Massin estime que les parures de la Restauration « lui ont toujours laissé, en dépit de l'insignifiance du dessin, le meilleur souvenir de la main-d'œuvre, du serti, du poli, de la mise à jour, qui étaient très soignés », et M. G.-Roger Sandoz juge avec non moins de compétence que son célèbre confrère, le grand bouquet exécuté chez Bapst, en 1820, pour la duchesse de Bordeaux, à l'occasion de la naissance du duc de Bordeaux, et composé de 2.637 brillants pesant 132 carats, et 860 roses, représentant un assemblage de roses en fleurs et en boutons, de marguerites et de myosotis, caractéristique pour l'époque. Dans ce bouquet « toute la joaillerie est faite à plat, c'est-à-dire sans pièces rapportées ou superposées; les fleurs sont traduites, qu'elles soient petites ou grandes, de la même manière, sans établir de différence dans leur aspect, leur légèreté, leur nature, en un mot. C'est somptueux, solide, mais cela n'a pas les grâces vivantes qu'il faudrait... »

Il est à noter que l'épi de blé détermine l'ornement préféré de la Restauration, et que les croix, vers 1830, sont *anglées*, c'est-à-dire « qu'entre les branches égales de la croix, il y a des ornements, au nombre de quatre, qui, réunis aux branches de la croix, font comme une étoile à huit pointes ».

Mais l'évolution du « toc » n'a point été très rapide, et l'effort noblement réactif des orfèvres Morel, Vechte et François Froment-Meurice, doit être rappelé, en même temps que le retour du luxe véritable des pierreries dont les fêtes impériales marqueront l'apothéose. L'épouse de Napoléon III instaure néanmoins un style « Louis XVI-impératrice » qui est tout un programme de pastiche, et, tandis que diadèmes et aigrettes rivalisent d'éclaboussement avec les meubles dorés « genre Louis XV » et capitonnés, surchargés d'ornements, on contemple des boucles d'oreilles en écaille incrustée de topazes, en cristal taillé, de style antique, de goût étrusque; des broches de cachemire corail et or, des bracelets Impératrice en malachite, composés de rubans en or, à camées, ornés de grenats, d'or et d'améthystes, souples avec agrafe en émail bleu, etc.; des « châtelaines » avec une lyre d'argent niellé, etc.; des colliers serpent en or, des pendentifs en or, de style antique, toujours.

A vrai dire, ces bijoux ont retrouvé la bonne tradition technique s'ils se sont trop inspirés directement du passé pour la forme et le décor. La monture sur griffes est alors en vogue, parmi d'autres enchâssements aussi délicats, et l'on fait fête à certaines boucles d'oreilles originales qui sont des chutes de pierreries sur les épaules. Ces pierreries, maintenues par des chaînes très fines dites « illusions », représentent le « genre lustre », à côté des « dormeuses » (à un seul diamant), et les colliers « à pampilles » ne foisonnent pas moins sur la chair alors que les camées, à haut relief, demeurent inébranlables dans les broches-portraits ovales. Entre temps, la collection Campana tempère la gaîté de ces gemmes par la rigidité de son modèle grec et étrusque dont la génération de la guerre de 1870 symboliquement

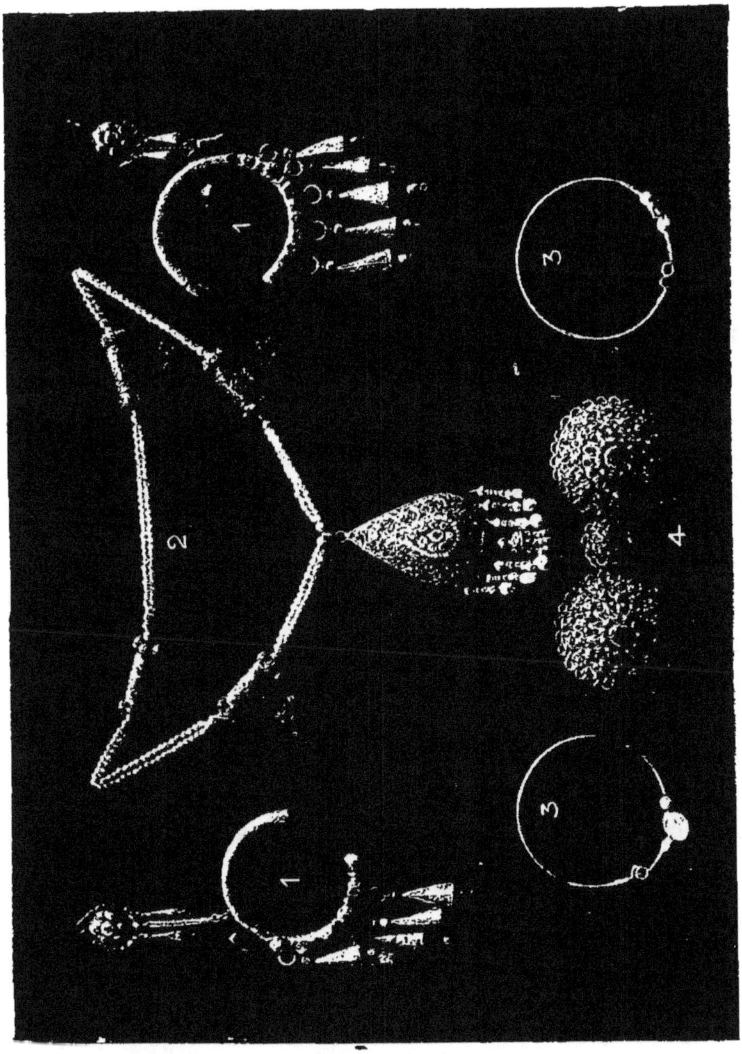

LE BIJOU DE LA RENAISSANCE A NOS JOURS   97

PLANCHE XXIV. — *Maroc, Tunisie, Damas.*

s'endeuilla. Dans toutes sortes d'expressions jusqu'à nos jours modernes, le bijou a montré, enfin, des qualités d'exécution et de grâce qui n'ont pas démé-

7

rité malgré qu'elles aient pourtant failli au respect de la belle matière et à l'inspiration originale.

Il appartenait à l'art moderne de réagir contre cette impersonnalité et cet avilissement dont la collection Thiers, au Louvre, témoigne abondamment (1). Depuis 1889, la bijouterie s'est orientée vers la nature en remontant aux sources de la vérité. Elle a sapé, à sa base, la tige étiolée d'une fleur lasse d'avoir inspiré et au pied de laquelle des bourgeons neufs et vigoureux jaillissent, ouvrant de nouveaux idéals. Nous assistons ainsi à un printemps, à l'éclat de notre personnalité reconquise. Mais notre programme se borne au bijou ancien qui suffit à l'éloge.

Pour clore ce chapitre d'exposition et en attendant les précisions à suivre, nous renouvellerons au lecteur notre recommandation essentielle : la connaissance des styles d'art, sans quoi l'atmosphère d'une beauté unanime ne saurait être captée.

D'autre part, la vision générale des chefs-d'œuvre de la bijouterie ancienne s'impose, aux musées du Louvre, du Trocadéro, de Cluny et Cernuschi; aux musées d'Artillerie et des Arts Décoratifs; sans oublier la Collection Grandidier et, à Nice, au musée

---

(1) Une loi, votée ces temps derniers, vient de décider la vente d'un collier de perles ayant appartenu à Mme Adolphe Thiers et qui se trouve dans la galerie d'Apollon parmi la collection hétéroclite du « libérateur du territoire ». Composé de 145 perles pesant 124 carats 1/4 ou 2.097 grains, ayant pour fermoir un rubis entouré de 12 gros brillants, ce collier, en dépit de sa qualité d'art, représente au taux actuel des pierres précieuses une valeur marchande considérable. Même observation pour d'autres bijoux du même legs dont le Louvre retirera une somme importante, 5 à 6 millions, affirment les experts...

Masséna, celle de Georges Chapsal, comme à Saint-Germain-en-Laye, le musée du Château.

La consultation des ouvrages érudits d'Eugène Fontenay *(Bijoux anciens et modernes*, notamment), de M. Henri Vever *(La Bijouterie française au XIXe siècle)*, de M. G.-R. Sandoz (*Bijoutiers-Joailliers et Expositions*, 1789-1870) accentuera, enfin, les remarques et déductions visuelles, en les ordonnant historiquement.

Il importe de se familiariser avec toutes les expressions du bijou avant de l'analyser, car les différences ne s'éclairent entre elles que par comparaison. Au surplus, nous conseillerons des études préalables d'histoire et de géographie, indispensables au discernement de certains matériaux comme de certaines fleurs et plantes, propres à un sol ou esclaves d'un costume ou d'un geste d'époque. Joints à l'examen technique, ces éléments d'investigation situeront, sinon toujours en propre le bijou, sa nationalité et son époque, du moins son origine vraisemblable; ils doubleront ainsi l'intérêt de sa beauté, quitte à prêter de la beauté à un joyau n'ayant d'autre valeur que la piété d'un souvenir ou le charme d'une légende.

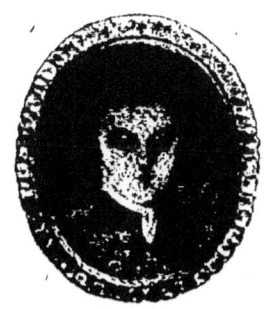

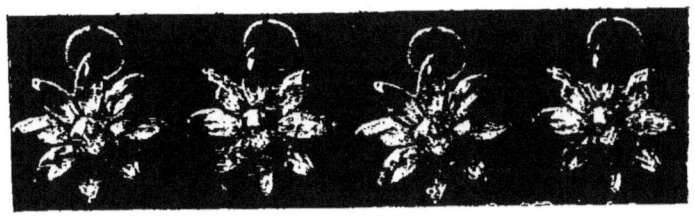

CHAPITRE IV

Le Bijou à l'Étranger.

Nous avons indiqué, en leur généralité, les expressions typiques du bijou ancien; nous les compléterons ici, dans la limite des modèles qui survécurent, soit que leur matière n'ait point été convoitée, soit encore que leur matière ait résisté aux intempéries. Car si les bijoux en or pur, et même contenant quelque alliage, nous sont parvenus presque intacts, il n'en est pas de même des bijoux d'argent qui s'oxydèrent au point d'être détruits.

Au delà du désir de reconnaître les bijoux, la curiosité, semble-t-il, s'évapore, et l'art de l'Occident s'est répandu, néfaste, pour la personnalité de celui de l'Orient, depuis le milieu du xixe siècle. La camelote a traversé le désert et pénétré jusque dans la brousse. Nos verroteries modernes luttent d'avantages avec celles du sauvage; elles les surpassent. L'emporte-pièce, l'estampage du simili, procurent des satisfactions primaires, supérieures et fâcheuses.

Force nous est donc de nous rabattre — hors les pays dits civilisés — sur le génie imperturbable de l'indigène, sur sa trouvaille naïve, sur un art heureusement réfractaire à certain prétendu progrès de fabrication.

Cette superbe inertie du bijou chez les peuples nomades ne masque point, pourtant, sa conception utilitaire, en cas de besoin. L'indigène porte sa fortune, sa dot, sur soi; mais il ne spécule pas sur le placement de son art; du moins nos subtiles tractations n'ont-elles point encore contaminé ses mœurs. On se transmet encore, dans certains pays, le bijou de père en fils. Ce bijou ignore les lubies de la mode; en demeurant héréditairement jeune, enfin il nous parvient intact, admirablement patiné, au surplus.

« ... Le contraste est frappant des motifs orientaux et occidentaux. D'un côté les gemmes ont une puissance surnaturelle, de l'autre, ils ne possèdent qu'une valeur vénale que l'on peut faire servir à des buts matériels.

« On conçoit, dès lors, l'hésitation que les musulmans éprouvent à se séparer de leurs écrins et l'empressement qu'ils apportent à rentrer en possession de leurs gages. Les jolies pierres jaunes et bleues, blanches ou roses sont leur sauvegarde personnelle. La sécurité de leur existence, le maintien de leur santé, la tranquillité de leurs États, la fidélité de leurs femmes, la loyauté de leurs sujets; c'est tout cela qui est inclus dans les pierres précieuses et non leur réalisation éventuelle en un matelas de chèques dont apparemment ils ne se soucient pas plus que de leurs premières babouches... »

La collection Georges Chapsal, dont notre travail

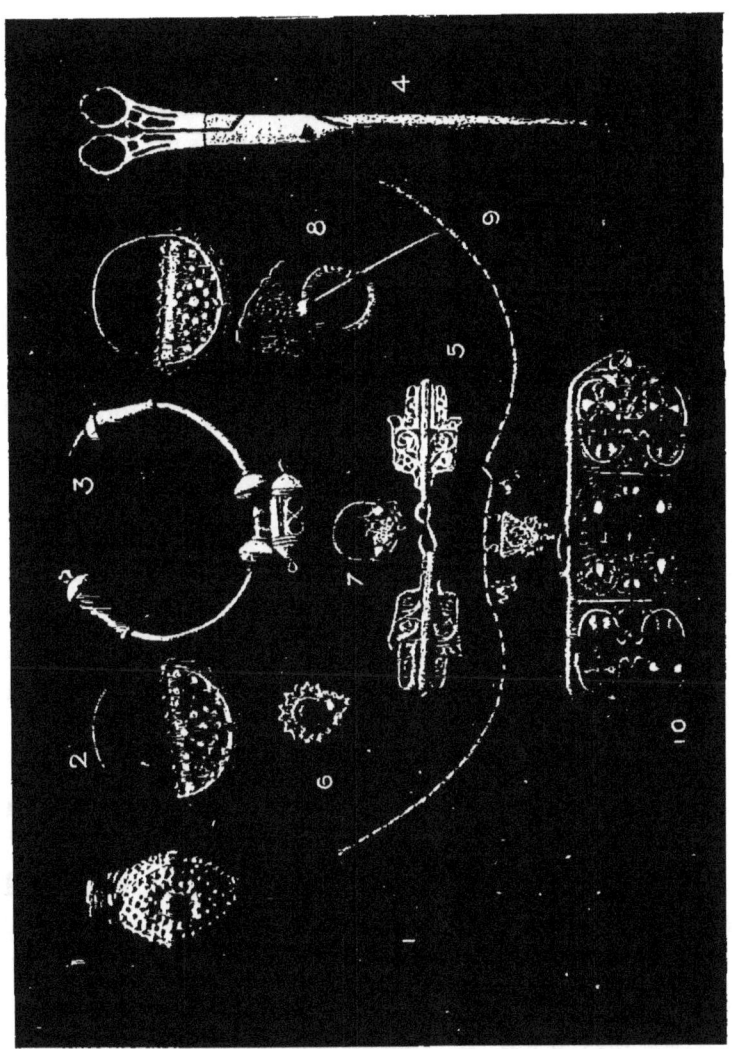

Planche XXV. — *Serbie, Turquie, Tunisie.*

s'enrichit et dont le musée Masséna, à Nice, s'honore, bénéficie de cet esprit conservateur, de ce respect des reliques désormais à l'abri de la destruction et de la cupidité. Les éloquents documents qui échoient à notre démonstration, offrent, en outre, l'avantage de permettre une étude générale, puisqu'ils traitent de la bijouterie pittoresque (et même de la joaillerie précieuse) et de ses types, partout.

Pendant vingt-cinq ans, M. Georges Chapsal a couru le monde et il s'est attaché à recueillir les bijoux les plus caractéristiques, les plus beaux à son sens et au nôtre : ceux qui ne se réclament point impérativement de leur vertu marchande au bénéfice d'un prix supérieurement rare : celui où domine la qualité d'art. Du point de vue historique, encore, cette collection d'un homme de goût est inestimable, et le lecteur, en se référant aux images de notre texte, partagera notre enchantement tandis qu'il s'instruira visuellement. Toutefois, nous ne traiterons en ce chapitre, pour répondre à son titre (les chapitres précédents s'inspirèrent un peu, déjà, pour la France, du trésor de M. G. Chapsal), que du bijou étranger, préfacé cependant par les expressions de l'Algérie, de la Tunisie, du Maroc, qui constituent aujourd'hui la seconde France.

Ce qui frappe dans ces bijoux, en général, c'est la robustesse de leur construction alliée à la saveur de leur exécution où se suit le travail de l'outil; tout l'intérêt de leur beauté sans mièvrerie.

Des larges agrafes dites B'Zaïms (pl. XX, page 79) ou encore, Khellâlâts (renouvelant la disposition de la fibule antique soudée à une plaque d'argent repoussée ou ciselée, garnie d'émaux et de corail, que des chaînettes d'argent parfois relient, pour fermer l'*izar*, ou vêtement des femmes de la cam-

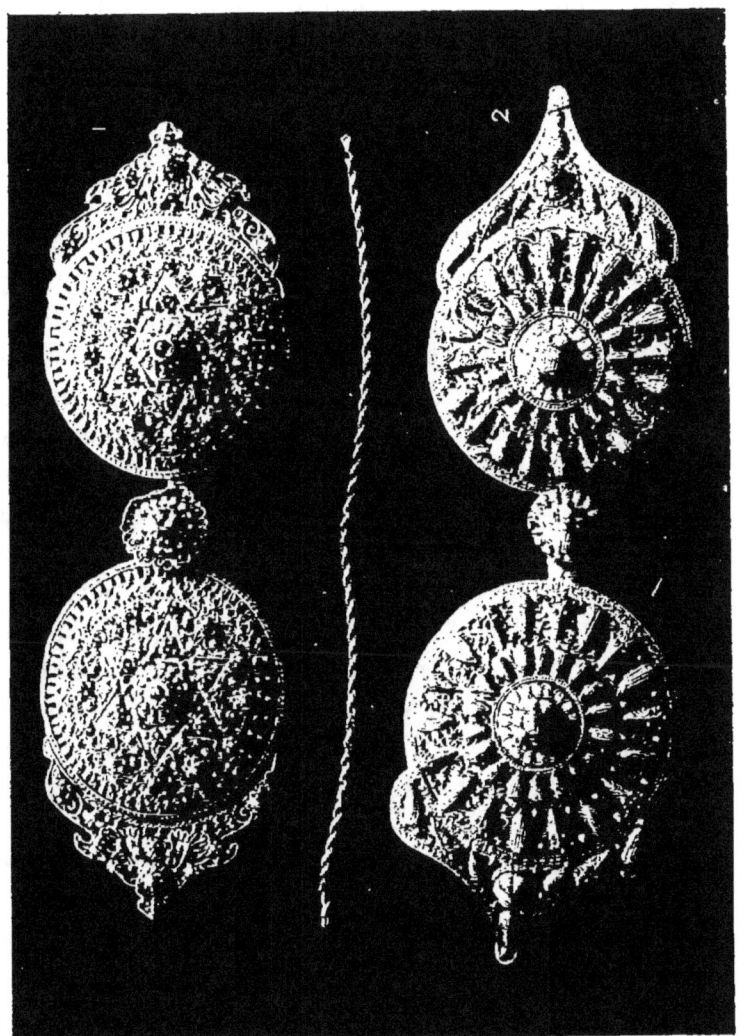

Planche XXVI. — *Albanie, Turquie.*

pagne, par exemple); des boucles d'oreilles composées de pendeloques à chaînettes aussi, de pendentifs en corail, de boules en argent; des broches en cuivre émaillé, etc., chantent une puissance qui séduirait autant la force masculine que la grâce. Cela représente le caractère, non moins que le mépris de la matière, singulièrement mésalliée, ne nous est démontré par des boucles d'oreilles tunisiennes faites avec des crottes de gazelle parfumées et des perles fines. Des crottes de gazelle, taillées en triangle, maintenues par des perles de nacre, sur cinq rangs, et coupées par de grands coulants d'argent doré, entrent encore dans la confection de tels colliers tunisiens à l'extrémité desquels pend une plaque en métal gravé de caractères arabes (pl. LX, page 203). L'effet est pittoresque, il ne choque point, d'autant que le musc émane de la matière déplaisante et que le parfum, si estimé des Orientaux en général, leur suggère d'autre part de gracieux bijoux porte-parfum. Mais le charme revient après l'originalité, avec les fines grappes frémissantes de perles, enfilées avec des coraux, par exemple, qui, avec les colliers d'argent plaqués de filigrane et de pendeloques non moins filigranés, prodiguent des atours plus favorables à la chair.

Bracelets, boucles d'oreilles entr'ouverts; bagues en argent massif; larges bracelets de cheville en métal fin, comme ceux de La Mecque, qui pèsent jusqu'à 725 grammes (pl. LXXIV, page 249)! Ces bracelets de chevilles dont le symbole douloureux de l'esclavage s'efface maintenant devant l'idée d'attachement au maître aimé. Colliers, diadèmes, faits de pâte parfumée, ou bien tout bruissants de pièces de monnaie, d'or ou d'argent.

Il se dégage du bijou oriental populaire une com-

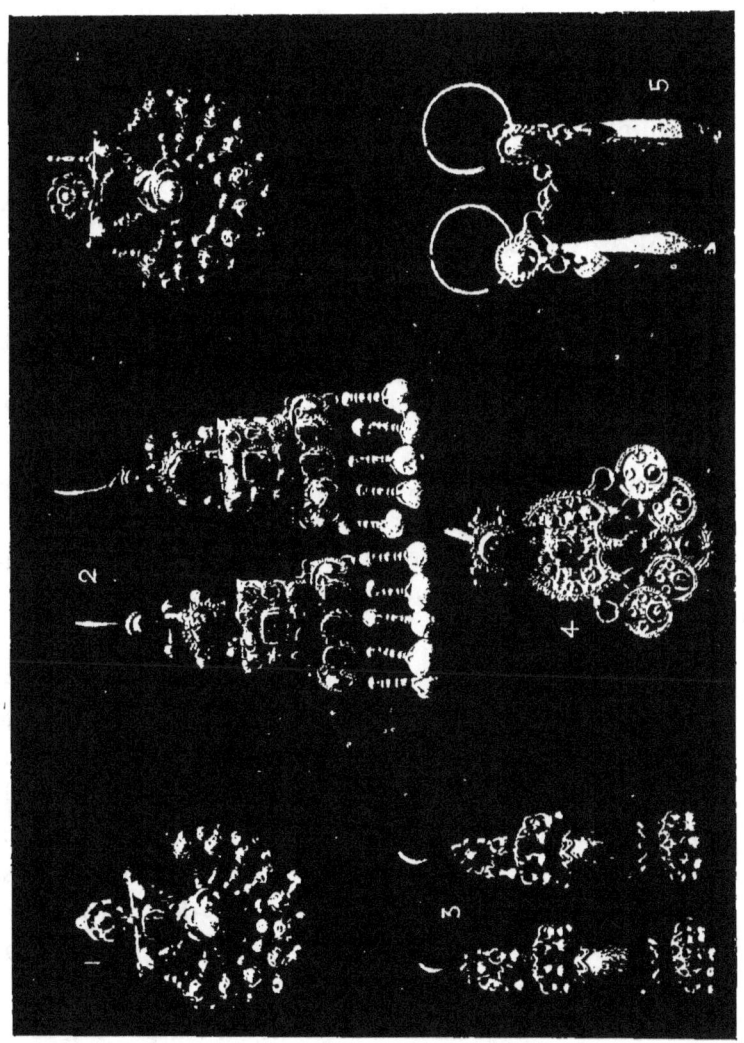

Planche XXVII. — *Turquie d'Asie.*

paraison qui n'est point avantageuse pour le nôtre : sa richesse opposée à notre pauvreté. Ici, de la matière franche, largement dispensée et décorée; là de l'imitation ostentatrice, sans goût ni caractère.

L'ingénuité dont nous disposons ne se traduit point par de l'esthétique. Notre bijou commun est touchant, rarement beau, alors que, par exemple, la grande broche que les femmes kabyles portent au front, lors de la naissance de leur premier-né, exprime avec art — un art âpre et vigoureux — son symbole.

Jusque dans le bracelet terrible dont s'arme le poignet des femmes de Biskra pour se battre, se poursuit la beauté farouche et volumineuse : les larges clous-cabochons propres aux déchirures les plus sanglantes, qui les ornent, sont encore agréables. Bijoux à fonte rude, à ciselures brèves, à décor ample; cette constatation nous entraîne à vanter des accords orientaux unanimes que nous laissons au lecteur le soin de sérier d'après nos images.

Dans ce concert d'ingéniosité, sans discrétion plutôt, mais indiscutablement décoratif, le génie de l'arrangement appartient à l'Oriental; l'œil peut seul démêler des particularités qui désarment la meilleure intention des mots. Aussi bien, la démarcation reste vaine et difficultueuse entre les décors primaires, et la vision sommaire, d'où résultent des graphiques rudimentaires, aboutit à l'expression synthétique qui est la stylisation indigène.

De telle sorte que notre champ s'élargit et, nous passerons en Perse après avoir constaté en Turquie un goût moins délicat, plus de finesse mais moins de caractère peut-être, dans l'originalité, malgré tant d'exceptions déconcertantes. Les boucles de ceinture turques, par exemple, largement cabossées pour faire mieux goûter le contraste des filigranes, sont d'une préciosité, d'un fini somptueux qui peut s'opposer sans déchoir à la grandeur rude des bracelets de pied anciens du Maroc. D'autre part, les boucles d'oreilles dites : queue de paon (pl. XXVII, page 107) ont bien de la grâce sous leur lourdeur ! Elles sont arméniennes, d'ailleurs, et les différentes races qui composent la Turquie subissent, en somme, l'influence persane. Pourtant, tous ces joyaux turcs pèchent par le manque de simplicité et la tendance à la mesquinerie. Ces défauts se préciseront en Italie et en Grèce, d'où ils ont sans doute gagné la Turquie.

Ne confondons point, cependant, le bijou de l'Islam dans ce discrédit qui s'attache en toute justice à la pacotille célébrée par le bazar et la rue de Rivoli. Les soi-disant lampes de mosquée, à cabochons de verre coloré encastré à la va vite dans de grossiers estampages de cuivre, non plus que tant de bracelets aussi lamentablement fabriqués, ne sauraient atteindre à l'exemple. Il n'est pas jusqu'aux crottes de gazelle qui ne soient falsifiées. On débite volontiers, sous ce nom, des comprimés où il n'entre que des « pastilles du sérail » associées à des poudres quelconques, de charbon, notamment. Le pastiche de l'Islam ne vaut pas davantage que certaine musique « orientale » hâtivement bâtie sur des thèmes ou sur des cadences d'un exotisme banalement consacré.

Il y a « danse du ventre » et « danse du ventre ». Les bijoux que nous célébrons n'empruntent rien au commun; ils proviennent d'une source directe;

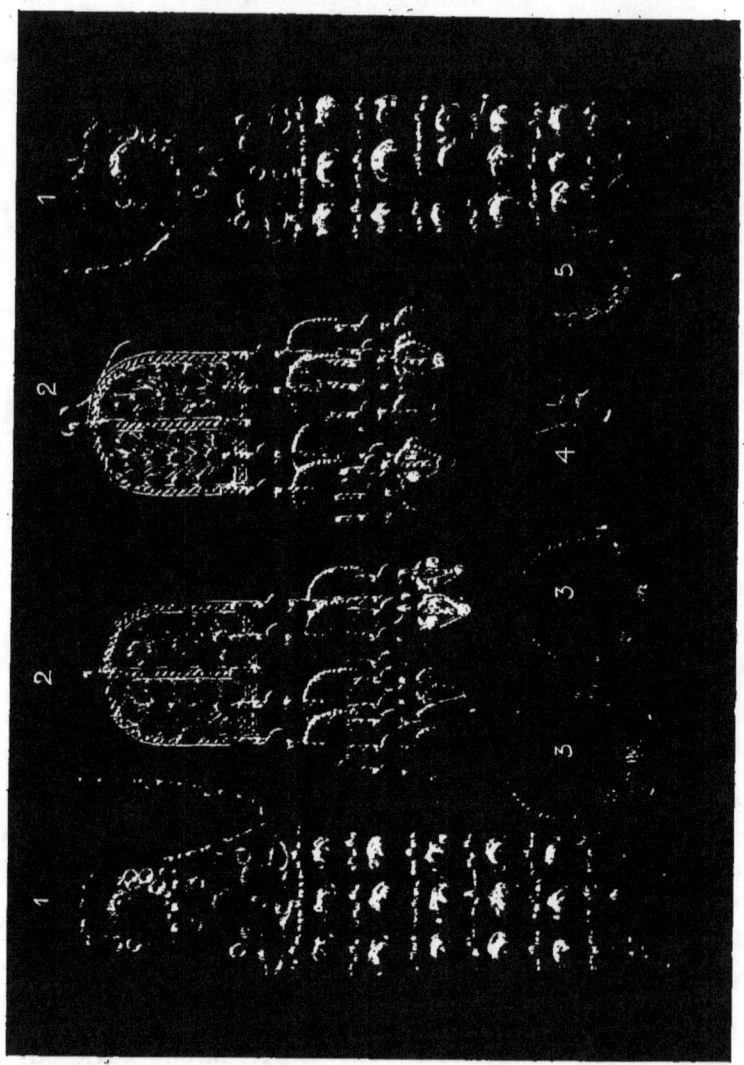

PLANCHE XXVIII. — *Turquie d'Asie, Arabie.*

ils représentent des modèles tout moites encore du bras ou du cou qui les portèrent. Observation essentielle, pensons-nous, avant de poursuivre.

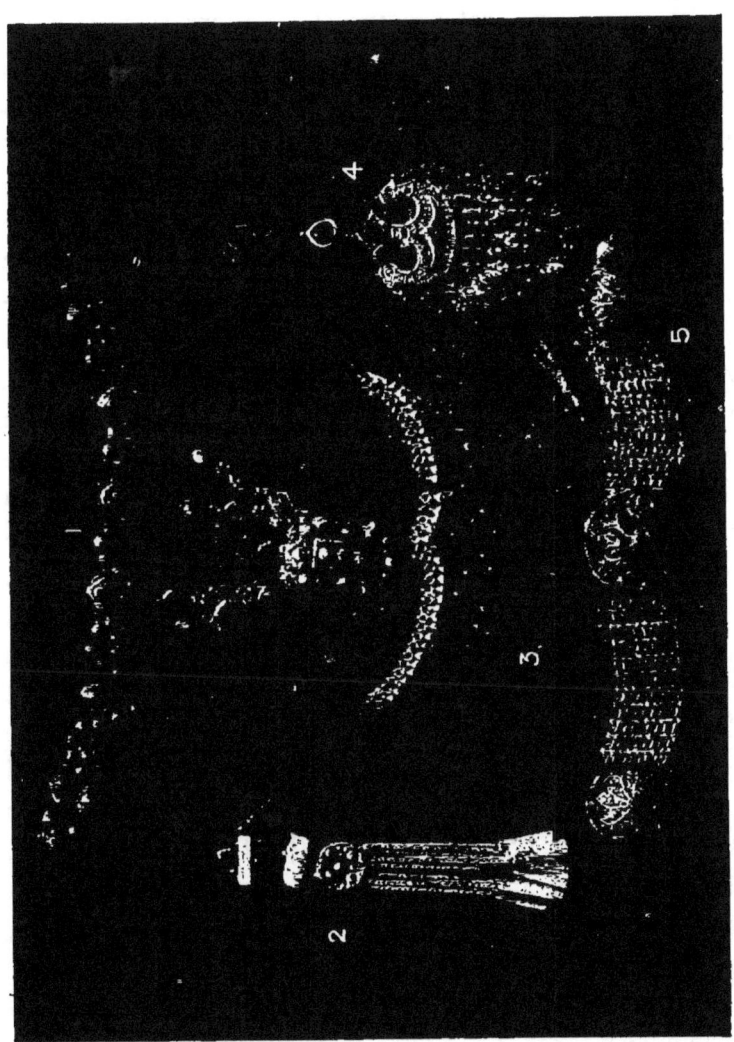

Planche XXIX. — *Turquie d'Asie, Turkestan, Égypte.*

La munificence musulmane et son caractère vont s'éclairer dans ce nouvel emprunt fait à M. Louis Cros *(Hier, Aujourd'hui, Demain)*. « ... Le trône du seul roi de Perse est recouvert de pierreries estimées 100 millions de francs. L'empereur de Turquie décédé, le « sultan rouge », possédait pour 15 millions de joyaux et, en estimant à 5 millions de francs ceux du sultan actuel du Maroc, on demeure au-dessous de la réalité... »

Et l'auteur, ayant établi un parallèle entre le luxe d'un Louis XV et d'une duchesse de Berry (le premier revêtant, au retour d'une chasse, un habit couvert de 15 millions de francs de diamants et la seconde arborant une parure de 18 millions au mariage du prince de Conti avec Mlle de Bourbon) avec le grossier fétichisme des princes musulmans qui, au contraire, entassent les gemmes à profusion, s'exprime ainsi : « ... Hayder-Ali, père de Tippo-Saïb, possédait des perles et des pierres précieuses qui, mesurées au boisseau, formaient deux tas d'une hauteur supérieure à celle d'un homme à cheval. Ce fastueux souverain n'en portait aucune et se contentait de les abandonner à ses astrologues qui avaient pour mission de les faire servir aux succès du redoutable potentat. Jezdedjerd III, roi de Perse, fils de Sheheriar, est, lui, si convaincu de la vertu des gemmes dont il possède de véritables monceaux, qu'il abolit les dénominations usitées des jours et des mois pour leur substituer des noms de pierres précieuses.

« Mahmoud, l'un des plus fameux conquérants de l'Asie, grossit son trésor des cinquante colonnes d'or massif incrustées de perles et de diamants qui supportaient la voûte du temple de Sousmenah, mais jamais il ne se montra paré d'un bijou. Moghaït-ed-

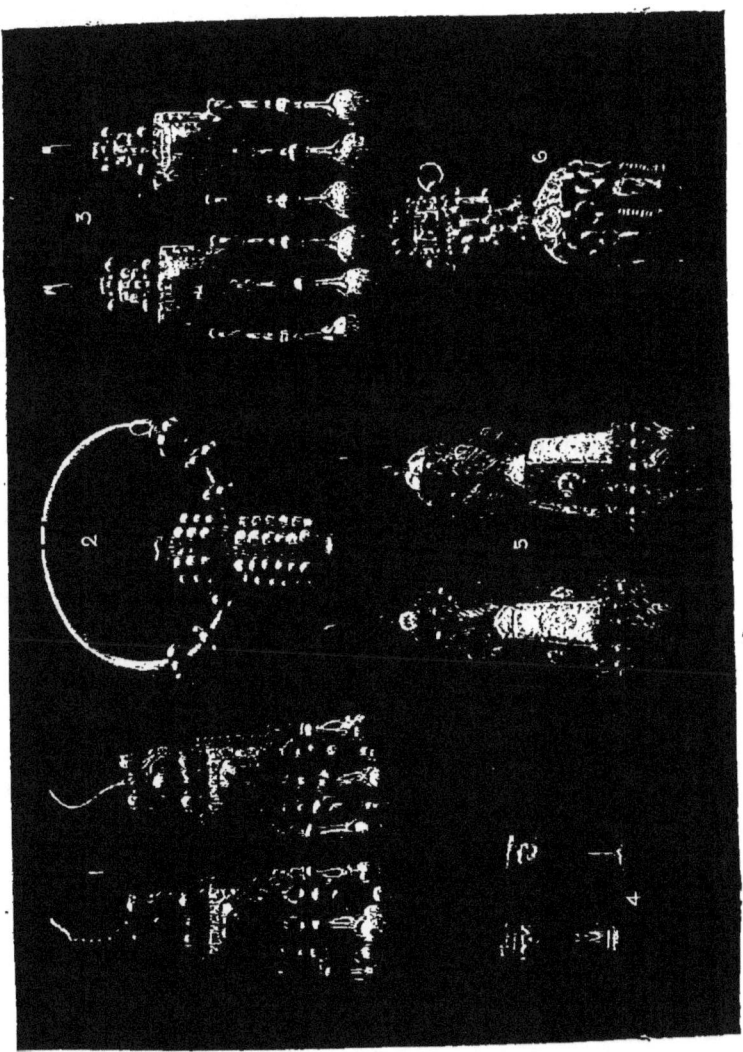

PLANCHE XXX. — *Turquie, Arabie, Perse.*

Din, sultan de Perse, ne portait aucune pierre, mais les laisses et les colliers de ses quatre cents chiens de chasse étaient criblés d'émeraudes et de rubis... »

Les parfums violents, les bijoux excessifs, la superstition, quoi de plus oriental et de plus attentatoire à la qualité du goût? La littérature même ne craint pas d'y ajouter, lorsque G. Flaubert crée pour Salammbô ces pendants d'oreilles : « ... deux petites balances de saphir supportant une perle creuse, pleine d'un parfum liquide... » d'où, de moment en moment, une gouttelette qui tombait mouillait son épaule nue...

Mais aussi quelle ressource pour le luxe, après sélection, que ce débordement de magie et de mystère qui convertit, dès la décadence de l'empire romain, les camées en amulettes et les médailles en talismans, exaspérant l'art dans le merveilleux!

Le goût persan, auquel nous revenons, dut exercer une influence sur l'art byzantin, désordonné mais somptueux après l'exemple de la mesure à Athènes, dégénéré à Rome. Les pendeloques, les « queues de paon » persanes rappellent celles dont se para Théodora; les plaques et les colliers avec les bagues, sont inséparables des personnages hiératiques couverts d'or et de pierreries fulgurantes que le christianisme du premier âge a immobilisés sur les murs de Saint-Vital de Ravenne.

La Birmanie, l'Afghanistan, le Thibet poursuivent l'art oriental sans trop de caractéristiques.

La Birmanie, avec le Thibet, ne représentent guère qu'un art chinois dégénéré. Leur bijou opulent montre davantage de force que de finesse, tandis que l'Inde offre une grâce et une distinction supérieures. Certaines boucles d'oreilles et des anneaux de nez, notamment, de provenance hindoue, ont le

LE BIJOU A L'ÉTRANGER

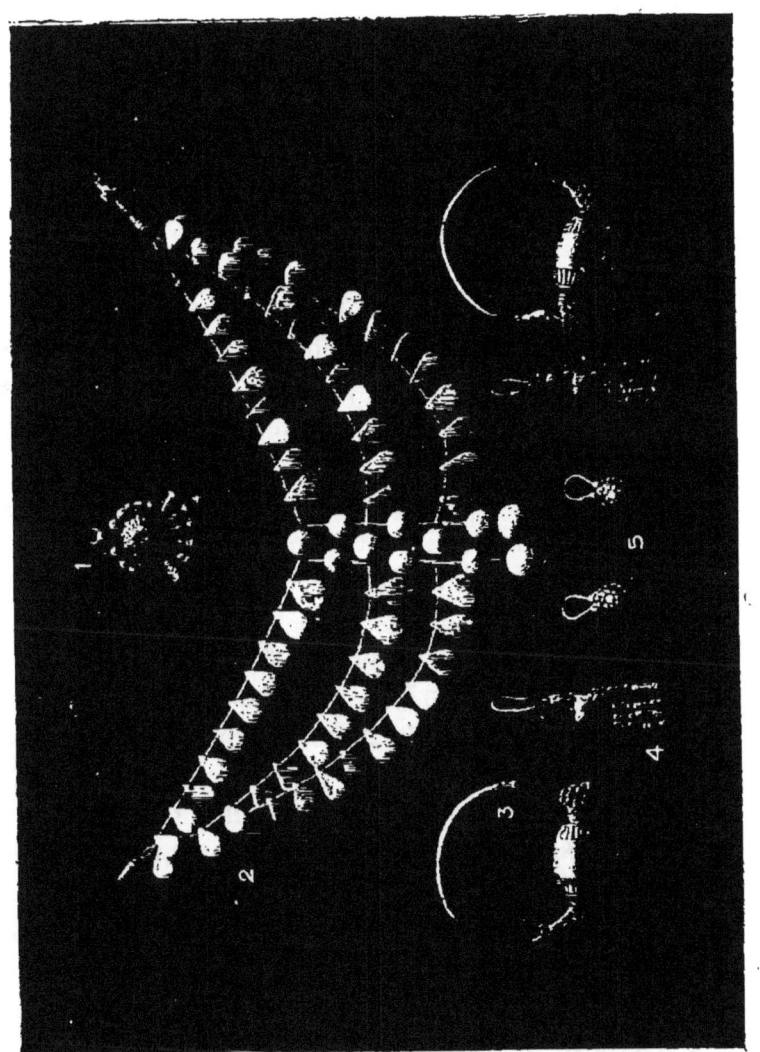

PLANCHE XXXI. — *Turquie, Arabie, Indes.*

charme d'une fleur, si d'autres tombent dans l'originalité intempestive; et les bagues de pieds sont remarquablement fouillées (pl. XVI, page 63).

A côté de l'aigrette en diamants qui jaillit, comme un feu d'artifice, du porte-aigrette persan — toute une poésie de lumière — la bague des fiancés persans d'un sentiment si tendre dans sa simplicité : deux mains qui s'étreignent lorsque le bijou est fermé, et, alors qu'il est ouvert : un cœur entre les mains conjuguées.

Non moins expressives les boucles d'oreilles en argent des jeunes filles de Boukhara, avec leur décor de poissons. Les yeux des poissons voient à travers l'eau claire, d'où la pureté qu'ils signifient.

Et, pour l'originalité, la bague ingénieuse des femmes de Lahore n'a pas tardé à inspirer nos modernes bijoutiers : un simple anneau dont le chaton s'épanouit à l'intérieur de la main, sertissant un miroir.

La sensibilité de l'art hindou, plus féminin, s'oppose agréablement aux lourdes et solides agrafes de haïk, marocaines. Les énormes boucles d'oreilles des Indes, qui atteignent jusqu'à vingt centimètres de longueur, accusent dans l'étirage l'élégance à laquelle résistent, par leur masse élargie, les plaques et broches algériennes et turques où revit le caractère du bijou gallo-romain.

Les bézoards (antidotes contre les venins, neutralisateurs des poisons), extraits des chèvres ou des gazelles, qui dégagent sur la chair l'odeur du musc, reviennent ajouter à ces notes diverses l'intérêt — en dehors de la matière vile — d'une curiosité pittoresque et malgré tout poétique, à comparer sans honte aux tubes d'argent porte-parfums et autres bijoux à senteur enrichis de pierreries.

D'une manière générale, l'Orient resplendit, comme son soleil, du feu des gemmes les plus éclatantes, mais surtout dans la Perse, dans l'Inde et en Chine où la fantaisie ne se borne point à la riche éloquence des joyaux.

Nous avons parlé du quasi-supplice enduré par les oreilles des petites filles, à Ceylan et dans le sud de l'Inde. Nous reviendrons à cette dernière région en empruntant au carnet de notes de M. Georges Chapsal : «... Les femmes (du sud de l'Inde) ont la narine droite, la cloison nasale, surchargées d'un bijou qui pend sur la lèvre inférieure. Aussi, lorsqu'elles prennent leurs repas, elles sont obligées de tenir cette pendeloque élevée avec une main, tandis qu'elles mangent de l'autre. Elles ont souvent, aux chevilles, des bracelets d'argent du poids de deux et trois livres.

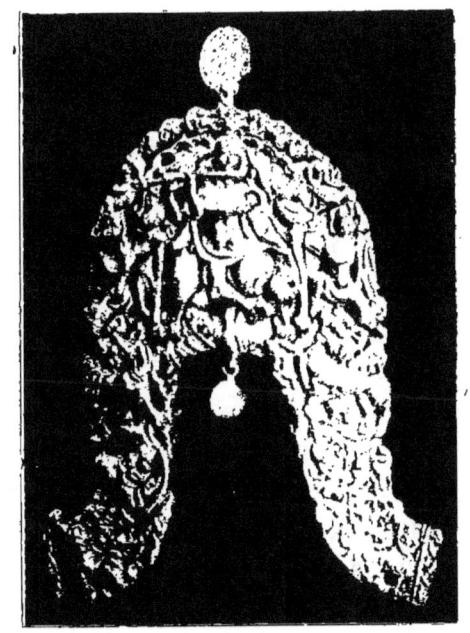

« Les pendants d'oreilles, quelquefois d'une grosseur démesurée, sont un témoignage de la persévérance des Hindous dans leurs antiques habitudes, car les auteurs sacrés et profanes attestent que les ornements semblables existent de temps immémorial. D'ailleurs, les colliers d'or ou d'argent du sud de l'Inde et de Ceylan sont absolument semblables à ceux qui ornent les statues des rois et des divinités...

« A Ceylan et dans le sud de l'Inde encore, les fillettes jusqu'à cinq ou six ans sont complètement nues et portent autour de la taille une chaînette en argent terminée par un pendentif en forme de cœur, avec des bracelets d'argent souvent ornés de grelots, aux bras et aux chevilles.

« Quant aux Hindous pauvres, ils se contentent de bracelets faits avec une sorte de pâte recouverte de clinquant... »

Que l'on juge de l'imagination qui préside à la composition du col d'apparat et à l'ornementation de coiffure de femme chinoise, aux pages 237 et 239 !

112 motifs différents exécutés en or, jade, ambre, filigrane, pierres précieuses, ornés de plumes bleues d'oiseaux de Chine, figurant des crabes, papillons, dragons, vases de fleurs, oiseaux, insectes, fruits et autres ornements groupés et appliqués sur du satin noir !

C'est là le col, et l'ornement de coiffure ne captive pas moins notre admiration avec ses deux gracieux thèmes sur lesquels jouent des formes diverses et indépendantes, en or vierge, et revêtus de plumes de martin-pêcheur, dont le coloris ravissant s'agrémente de pierres précieuses et de perles fines. Les antennes qui couronnent cet ornement ne sont-elles pas une trouvaille de légèreté symbolique ?

LE BIJOU A L'ÉTRANGER

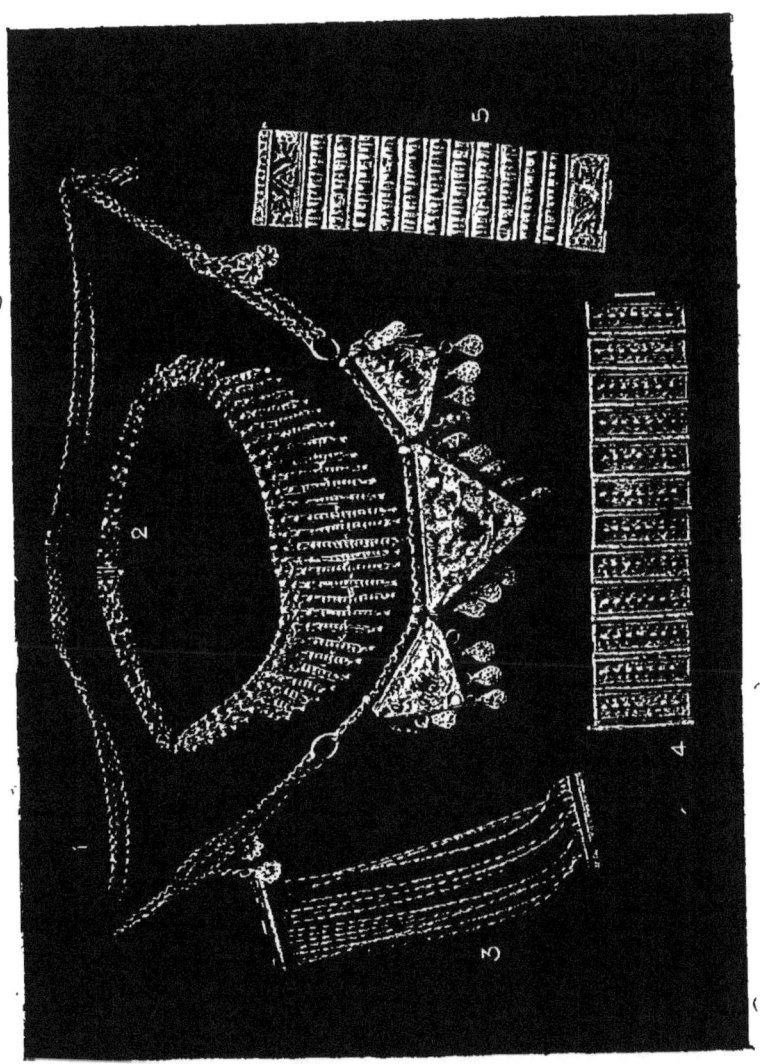

Planche XXXII. — *Turquie d'Asie.*

Le Siam, le Thibet s'opposent encore, avec la finesse de leurs créations, aux mâles bijoux du Soudan et de la Birmanie, et la Bosnie rappelle, pour ses boucles d'oreilles, celles des Mérovingiennes.

« Au Thibet, observe M. Georges Chapsal, la quantité de bijoux portés par les femmes est prodigieuse : lourdes boucles d'oreilles, colliers, en or ou en argent alternant avec du corail; amulettes pour conjurer les mauvais sorts, boules d'or allongées symbolisant les trois grandes idées bouddhistes : Vertu, Suavité, Science. Ceintures d'argent souples, multitude de bracelets, de bagues et ornements de nez, de narine, etc... »

Mais nous n'avons point la prétention de suppléer par des mots à l'éclatante vision de nos gravures qui donnent de la parure de l'Islam une idée magistrale autant par le choix du décor que par la valeur technique. Il semble que la coquetterie parle, dans les atours à elle destinés, une langue universelle et éternelle.

Nous parcourrons maintenant le bijou européen que notre civilisation a simplifié : car si les bracelets n'ornent guère que des chevilles excentriques, les ornements de tête, derrière lesquels le regard brillant des Orientales s'abrite, ont été écartés avec les anneaux des narines, de l'élégance de nos blanches. Aussi bien les pendants d'oreilles que portent les Hindous, n'ont point encore tenté nos snobs qui, en revanche, ne dédaignent pas un bracelet et dont les mains se noient volontiers sous des bague...

Les petites boîtes à Coran, décorées d'émaux, de la Perse, non plus que les porte-parfums, ne persistèrent davantage dans le bijou européen, et pourtant, si ces breloques se justifiaient par un but, que dire de ces inutilités cliquetantes appendues le plus

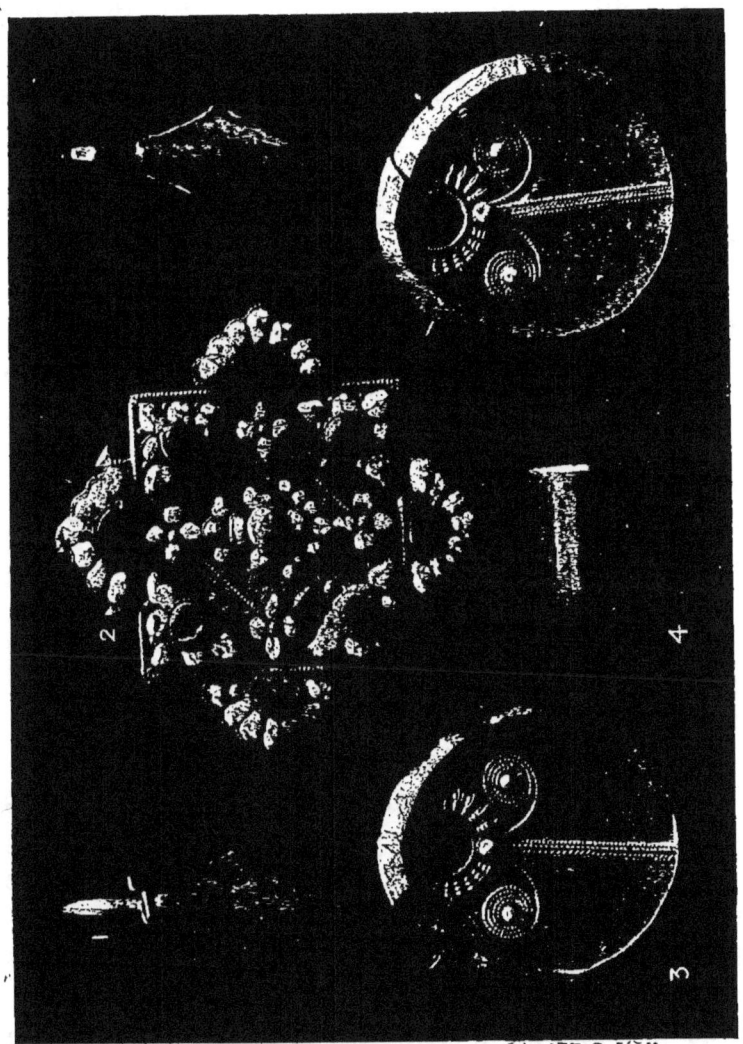

Planche XXXIII. — *Thibet.*

souvent en surnombre au moderne sautoir féminin !
En Italie, la souplesse du filigrane vénitien entraînera la fantaisie du bijoutier vers des réalisations

de corbeilles et paniers minuscules, de petits dômes et vases délicieusement ouvragés. Beaucoup de coquetterie, de manière, dans ces bibelots évocateurs aussi de grappes de raisin et de fleurs frémissantes au naturel.

D'une élégance même qui ne bannit point la longueur des pampilles, ces boucles d'oreilles reflètent bien le goût précieux italien, de même que ces mêmes joyaux, particulièrement originaux en Sicile, cousus sur un paillon doré et abondamment semés de petites perles fines, à la manière de ceux qui, appliqués sur cuivre, représentent des glands, des paniers ou des nœuds de rubans.

Non moins amoureux du bijou sont les Espagnols, aussi vibrants et enthousiastes que les Italiens. Moins d'afféterie cependant et plus de grandiloquence. Il ne faut jamais perdre de vue l'expression générale d'un art, reflet des mœurs et de geste unanime.

Les boucles d'oreilles espagnoles (dont l'écume de mer [magnésite], sculptée, compose certaines fois les pendeloques) sont plutôt vastes, compliquées, et pareillement celles du Portugal, d'une moindre ingéniosité peut-être. La forme éventail pèse singulièrement à leur base, de même que les médaillons ponctués d'une frange de perles débordante. Ce défaut dans la proportion semble contrarier la chute de ces pendants, d'une richesse fort compensatrice d'ailleurs.

Quelle fantaisie dans ces joyaux qui semblent proposer à la variété infinie du visage leurs dessins les plus divers ! Et avec quel goût cette fantaisie

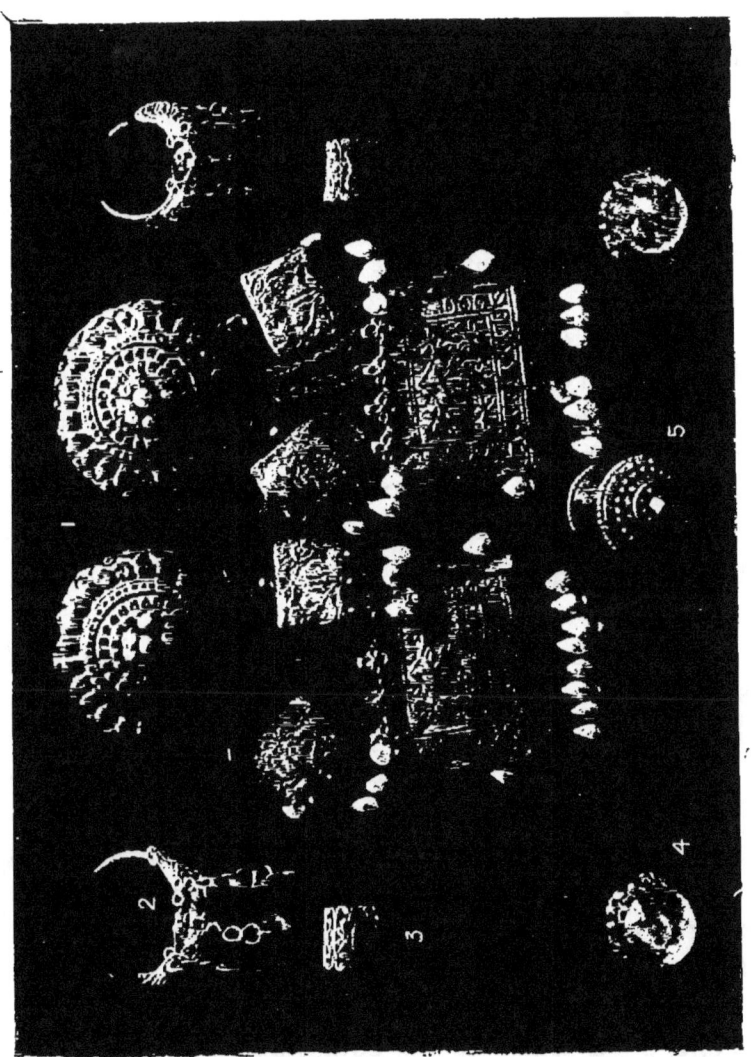

Planche XXXIV. — *Birmanie, Afghanistan.*

enclôt une vierge dans un pendentif ! Vierges d'Avila, de Murcie ou de la Paloma; autant de prétextes décoratifs à servir la piété avec déférence. (On sait que plusieurs madones, en Espagne, sont recouvertes de bijoux).

Mais, pour la profusion, il nous faut retourner en Italie, à Brianza, où nous remarquerons un peigne composé de 60 épingles dont 54 à boules, 4 d'argent ciselé à jour et 2 en forme d'œuf (pl. LXIV, page 219). Une véritable queue de paon éployée sur la tête !

Le cristal de roche, les pierres de couleur, l'argent, l'or et le cuivre doré; les dessins filigranés, les formes bilboquet, les coraux sculptés, les sujets en mosaïque, évoquent encore l'expression italienne comme l'écaille et l'ambre incrustés d'or, avec certain « Saint-Esprit » hispano-mauresque, nous ramènent en Espagne, ainsi que les coruscations des bijoux catalans.

La Suisse attire ensuite par ses parures personnelles et rares. De meme que la France, elle a respecté le costume régional sur lequel, suivant les différents cantons, s'étalent des garnitures caractéristiques : agrafes et broches garnies de chaînettes en filigrane d'argent, plaques de cheveux. Mais les croix paysannes sont lourdes; elles s'accompagnent de reliquaires et s'embarrassent excessivement de filigrane. Un collier d'origine zurichoise rachète néanmoins une invention plutôt pauvre, généralement, par l'attrait de ses boules de corail spirituellement alternées avec des glands d'or formant coulants.

A noter l'intérêt vif des parures de corsage hollandaises qui répondent si harmonieusement aux ornements de la coiffe.

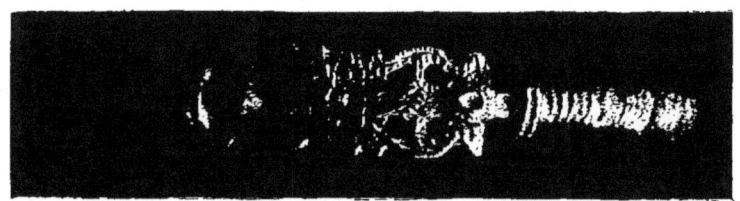

CHAPITRE V

Les Pierres précieuses.

Notre tâche pratique désirerait se borner à des renseignements d'ordre visuel pour justifier essentiellement son but. Nous nous débarrasserons donc le plus possible d'une chimie sans grand intérêt pour nos lecteurs, davantage préoccupés de reconnaître que d'approfondir une beauté. Toutefois, malgré que le diamant s'amoindrisse ici de n'être que du pur carbone, et que le corindon parle moins aux yeux et à l'esprit que le rubis, l'émeraude, la topaze, etc., encore faut-il, en dépit de l'alumine, tantôt pure, tantôt altérée, qui compose matériellement ces gemmes, démêler la valeur abstraite de leur éclat, pour l'apprécier davantage.

L'aridité de cette énumération se corrigera d'ailleurs par l'attrait de l'anecdote appuyant strictement le sujet et amorçant indirectement la technique.

DIAMANT, carbone pur cristallisé, incolore, éclatant, le plus dur des minéraux. Sa beauté comme son prix dépendent de sa limpidité et de sa grosseur. Le diamant inférieur est coloré en rose, en bleu, en vert, en jaune. On l'appelle *rose* ou *brillant* suivant la forme définitive donnée par la taille. Il est dit *rose* lorsqu'il est taillé à facettes (24 facettes) pointues sur le dessus et laissé plat sur le dessous, et *brillant* lorsqu'il est taillé à facettes (48 facettes) dessous et dessus. Le brillant est particulièrement réputé, il raye tous les autres corps sans être rayé par eux.

Lorsque, sous Louis XIII et Louis XIV, la joaillerie débordera la bijouterie, le diamant (et la perle) surtout, sera généreusement employé.

Diamants célèbres : le *Régent*, le *Koh-i-Noor*, le *Grand Mogol*, le *Sancy*, l'*Orlov*, le *Florentin*, l'*Étoile du Sud*, celui du rajah de Bornéo, etc.

Voici l'histoire du *Régent :* « Un ouvrier libre des mines du Mogol ayant trouvé cette énorme gemme, se l'insinua secrètement, puis il se tailla à la cuisse une large incision d'où le sang jaillit par torrent. La gravité apparente de cette blessure fit qu'on sortit l'ouvrier de la mine sans avoir pris les précautions ordinaires, relatives à l'expulsion des diamants qu'il aurait pu avaler. Le mineur étant resté seul après le pansement de sa cuisse, retira le diamant et lui trouva une autre cachette. Bientôt, cet homme feignant de ne pouvoir plus travailler, réclama le paiement de ce qui lui était dû pour ne pas déceler sa richesse, et passa en Europe. Arrivé en Angleterre, le possesseur du diamant le vendit à Pitt, oncle du célèbre chancelier de l'Échiquier qui

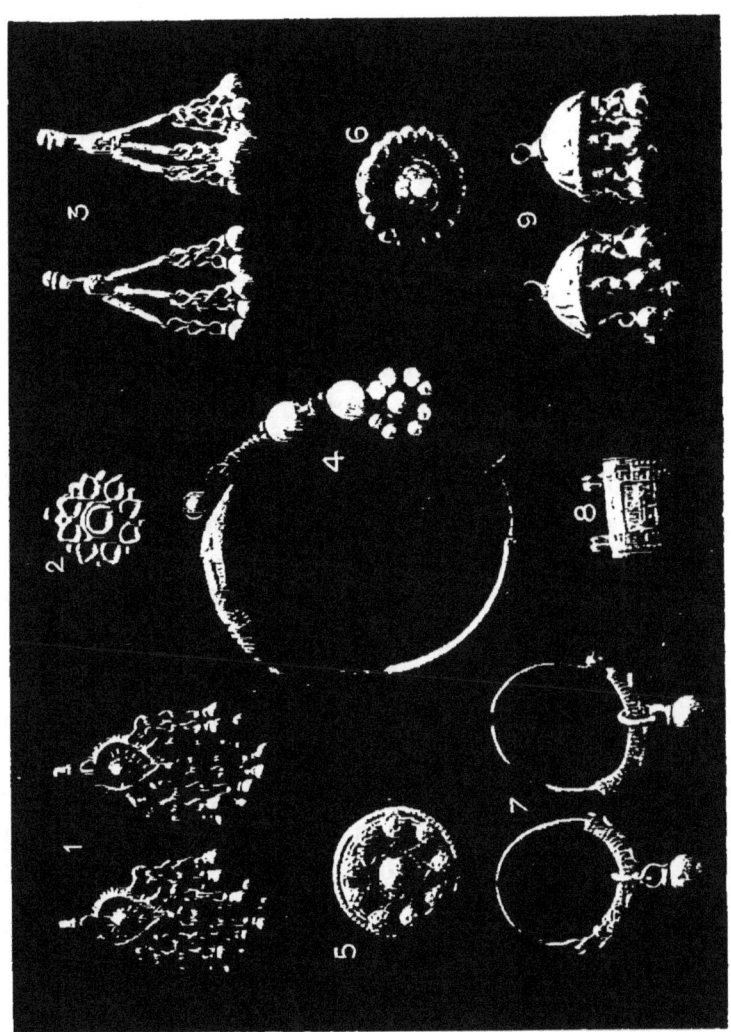

Planche XXXV. — *Indes.*

dirigea longtemps la politique de l'Angleterre et beau-frère du secrétaire d'État Stanhope. Puis un agent chargé de le revendre en France en demanda quatre millions et le régent Louis-Philippe d'Orléans l'acheta 2.500.000 livres, en 1717. »

Mis en gage pendant la Révolution et retiré sous le gouvernement consulaire, le *Régent*, qui fut volé en 1792 et retrouvé l'année suivante, est un des diamants les plus connus et réputés. Il figure aujourd'hui parmi les joyaux dits « de la Couronne » conservés au Mu ée du Louvre, et dont l'État vendit une partie en 1887. On l'estimait, avant la guerre de 1914, une vingtaine de millions.

Le *Koh-i-Noor*, lui, autre rare joyau, tient à briller dans l'équivoque. Il n'est peut-être que le *Grand Mogol*, et il figurerait alors sous le nom de *Deria-i-Noor*, dans le trésor du schah de Perse.

A moins que le *Koh-i-Noor*, sans se soucier du *Grand Mogol* disparu, soit l'admirable diamant que les Anglais ravirent aux rajahs de Lahore pour l'offrir, en 1850, à la reine Victor a.

Toujours est-il que, parmi les joyaux de la couronne de Perse que l'on va prochainement vendre à l'encan (estimés 7 millions de livres sterling, soit plus de 550 millions de francs), figure notamment le *Deria-i-Noor*, ou « Océan de Lumière », du poids de 186 carats, et qui, d'après la tradition, aurait formé, en compagnie du *Koh-i-Noor*, les yeux d'un paon sacré.

Avec le *Sancy*, nous reprenons le chemin de l'aventure.

Henri IV se trouvant fort gêné après la mort de Henri III, ce fut Nicolas de Sancy, son ambassadeur auprès des cantons suisses, qui le secourut le plus efficacement en mettant en gage, chez des usuriers de Metz, le superbe diamant connu plus tard sous le nom de *Sancy*.

Perdu sur le champ de bataille de Granson par le duc de Bourgogne dans la précipitation de sa

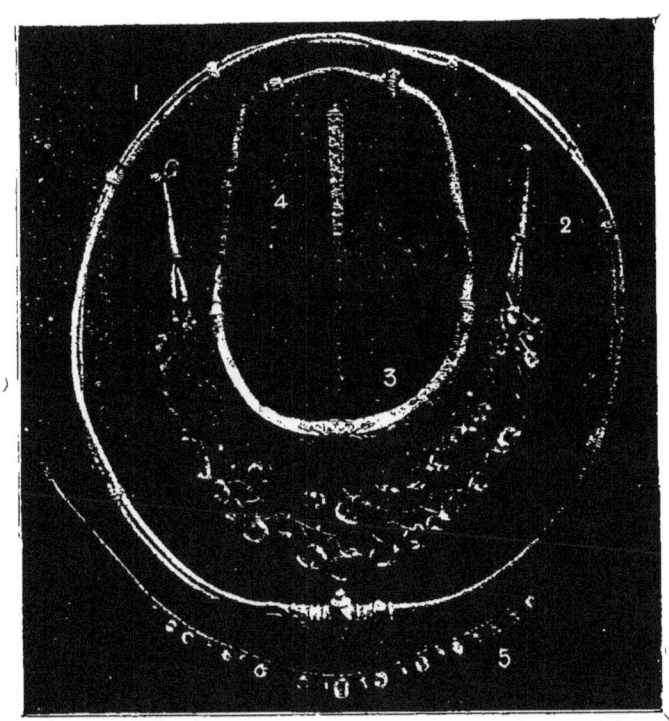

Planche XXXVI. — *Indes (Ceylan)*.

fuite pendant sa défaite, en 1746, ce diamant avait été cédé à un curé moyennant un écu par le soldat qui l'avait ramassé, et ce fut le malheureux roi de Portugal, Dom Antoine, réfugié en France, son possesseur après le duc de Florence, qui le livra à Sancy pour une soixantaine de mille francs.

Sancy désirant emprunter pour le Béarnais sur

cette magnifique pierre, la confia à son domestique en lui recommandant bien de prendre garde aux voleurs. « On m'arracherait plutôt la vie que votre diamant, » répondit le fidèle serviteur, faisant entendre qu'il l'avalerait, quelle qu'en fût la grosseur.

Or, il arriva que Sancy ne voyant point revenir son valet de chambre, et ayant appris qu'un homme assassiné avait été enterré dans la forêt de Dôle, fit exhumer le corps, qui n'était autre que celui de son domestique, le fit ouvrir par un chirurgien et retrouva le diamant qu'il mit enfin au service de la détresse royale.

Le *Sancy* échut successivement aux rois Antoine de Portugal et Charles Ier d'Angleterre, puis à Mazarin qui le légua à son souverain.

Quant à l'*Orlov*, ce fut un grenadier français qui l'arracha de l'orbite d'un Brahma décorant le temple indien de Scheringam.

Le *Florentin*, enfin, tandis que l'*Étoile du Sud* figure placidement parmi les bijoux de la Couronne d'Angleterre, a fait encore parler de lui récemment, parce que l'ex-impératrice d'Autriche, Zita, désirait le vendre et que l'Italie s'y opposa.

Le *Florentin*, du poids de 139 carats et demi et estimé aujourd'hui 30 millions de livres, est le célèbre diamant qui ornait le chaton de la bague de Charles le Téméraire et qu'un paysan prit sur le cadavre du dernier duc de Bourgogne, retrouvé nu et à moitié dévoré par des loups sous les murs de Nancy, il y a près de quatre siècles et demi. Le paysan en obtint quelques écus et il devint la propriété des Médicis, jusqu'au moment où, de

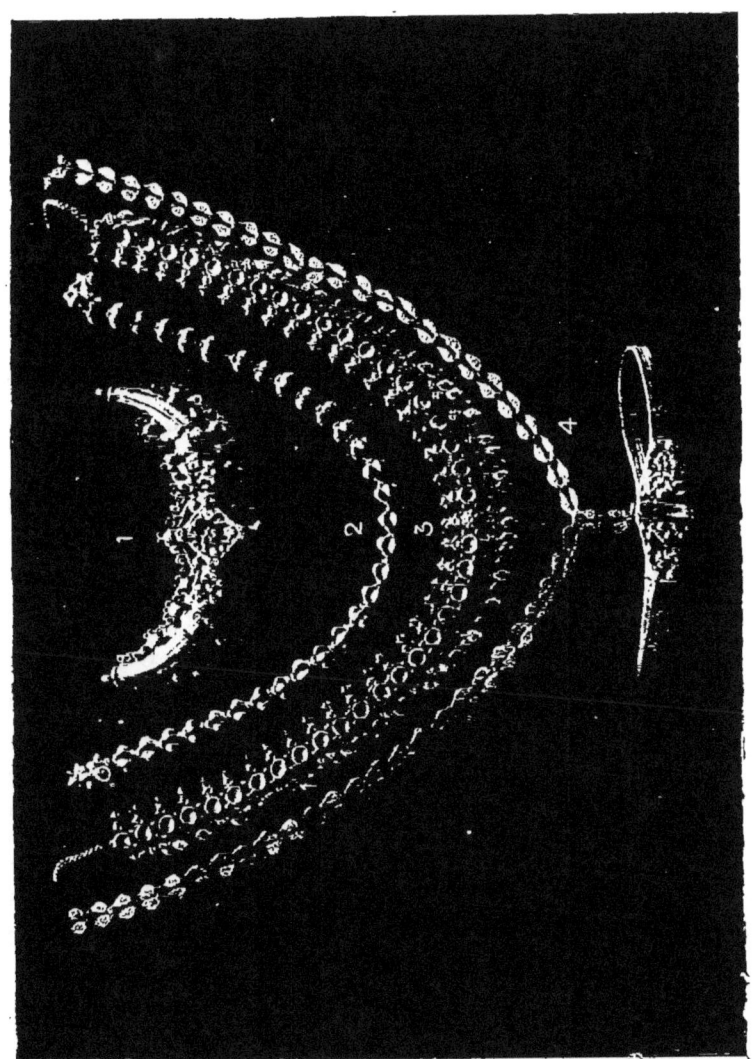

Planche XXXVII. — *Indes (Ceylan)*.

façon assez illégale, il échut à la famille des Habsbourg. L'Italie l'avait réclamé, mais il n'a pas fait partie des objets d'art et des joyaux que l'Autriche dut restituer en vertu du traité de Versailles et qui figurent actuellement à Rome, au Palais de Venise, ancien siège de l'ambassadeur d'Autriche.

Le *Florentin*, emporté par feu l'ex-empereur Charles, avait été engagé dans une banque suisse.

Autres diamants réputés : le *Schah*, le *Léopold*, le *Nassak*, le *Pacha d'Égypte*, etc. Curieusement, autrefois, le diamant était un talisman contre les charmes et nous l'avons vu porter malheur !

Nous ne quitterons point le diamant sans indiquer qu'il se taille au moyen de sa propre poussière dite *égrisée* (voir le mot *taille* au chapitre de la Terminologie), et nous noterons ici, d'après M. G. Chapsal, que « ... la taille des pierres précieuses de Ceylan est effectuée assez rapidement, grâce à la poudre de saphir. Toutes les pierres précieuses de Ceylan sont trouvées dans les alluvions et taillées avec le moyen très primitif de la roue à main ou à archet. Quelquefois la pierre est maintenue par de la poix sur du bois ou sur une pierre, et on la retourne pour faire les facettes. Mais cette opération exige une grande fermeté de main... »

On trouve le diamant dans les alluvions, dans les sables micacés et dans les grès supérieurs. Les principaux gisements sont aux Indes, dans le Dekkan, et surtout dans les vallées du Pannar et de la Krichna, à Bornéo, au Brésil, au Cap, etc.

Rubis oriental (corindon ou alumine cristallisée), rouge cramoisi, transparent, que seul raye le diamant et plus rare que lui. Autres pierres rouges du genre « spinelle » (aluminate de magnésie), moins

LES PIERRES PRÉCIEUSES 137

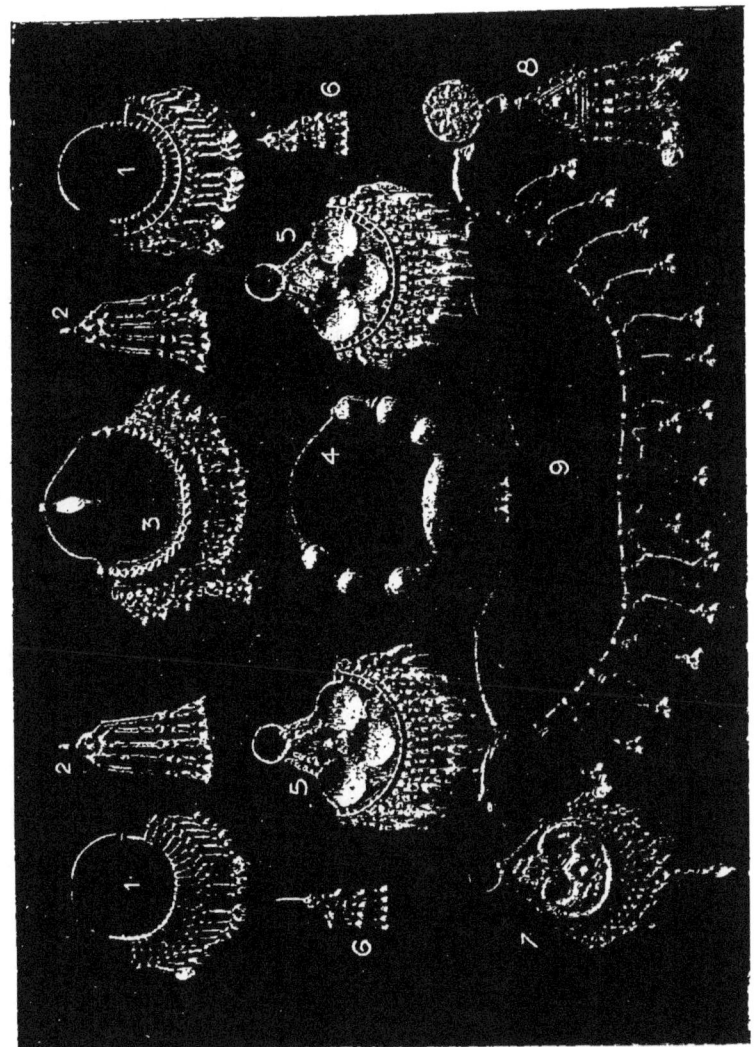

PLANCHE XXXVIII. — *Indes.*

précieuses et moins dures que le précédent corindon :
le rubis *spinelle* (couleur pelure d'oignon); le rubis
balais (rose); le *rubicelle* (jaune rose); le rubis de

Bohême (quartz rose); le rubis de *Siam* (rouge grenat).

Louis le Débonnaire reçut du pape Étienne IV un rubis pesant 123 carats et la femme de Charles IX, l'archiduchesse Élisabeth d'Autriche, possédait un rubis valant soixante mille ducats. Le trésor des tsars s'enrichissait autrefois d'un rubis offert par Gustave de Suède à la tsarine, en 1777, évalué 80.000 francs. La dureté du rubis est supérieure à celle de la topaze.

L'Inde, le Thibet, recèlent du rubis. On en a trouvé aussi en France, sur les côtes de Piriac (Bretagne).

Topaze orientale (silicate et fluate d'alumine). Nom généralement donné par les lapidaires aux pierres jaunes, de même qu'ils qualifient de « gemmes orientales » les corindons. La topaze orientale, qui raye l'émeraude, le grenat, le béryl et le quartz, est un corindon. Autres variétés de topazes : la topaze du *Brésil* (couleur paille); la topaze de *Sibérie* (verdâtre et bleuâtre); la topaze *brûlée* ou rubis du *Brésil* (rose, jaune orange, roussâtre après calcination); la topaze de *Bohême* (quartz jaunâtre).

Le Field Museum, de Chicago, possède une topaze pesant 48 kilos !

Émeraude orientale (alumine pure); corindon vert, le plus précieux. Malgré que l'on donne généralement le nom d'émeraude ou de *béryl* à plusieurs variétés de gemmes vertes, on désigne plutôt par *béryl* les variétés incolores, jaunes, roses, vert teinté de bleu ou pierreuses, genre aigue-marine. L'*aigue-marine* est une émeraude de qualité inférieure, striée de glaces, de fissures, jardinages, etc. d'un vert bleuâtre. On appelle improprement *aigue-marine orientale* une sorte de topaze bleu verdâtre. Autre sorte d'émeraude : la *cymophane* ou *chrysobéryl* ou *béryl doré* (silicate d'alumine renfermant de la glucine), jaune et vert jaunâtre. Une variété de fluorine donne la *fausse émeraude*, dite encore *émeraude de Carthagène, chlorophane*, etc.

On remarque déjà l'émeraude dans la parure des Étrusques et des Égyptiens; elle était également très prisée au moyen âge. Elle couronne, à cette époque, la tiare du pape, et Pline parle d'une émeraude à travers laquelle Néron contemplait les jeux du cirque. L'histoire même prétend que le dédain rencontré auprès de Charles-Quint, vers la fin de sa carrière, par Cortez, ne fut point tout à fait étranger au ressentiment que lui garda le roi, parce qu'il avait préféré offrir en cadeau à sa fiancée les belles émeraudes rapportées du pays des Aztèques, et convoitées par la femme du souverain.

D'ailleurs, l'émeraude célébrée par l'occultisme et les mages est, en outre de ses vertus médicinales, la gemme par excellence de ceux qui portent le signe astral de Vénus et, en tant que pierre de chasteté, elle se montre impitoyable, en se brisant à toute faillite des sens...

L'émeraude se rencontre dans les Indes orientales, au Brésil et en Colombie. Les roches granitiques, les terrains de cristallisation de la Bretagne, de la Vendée, du Limousin en renferment aussi.

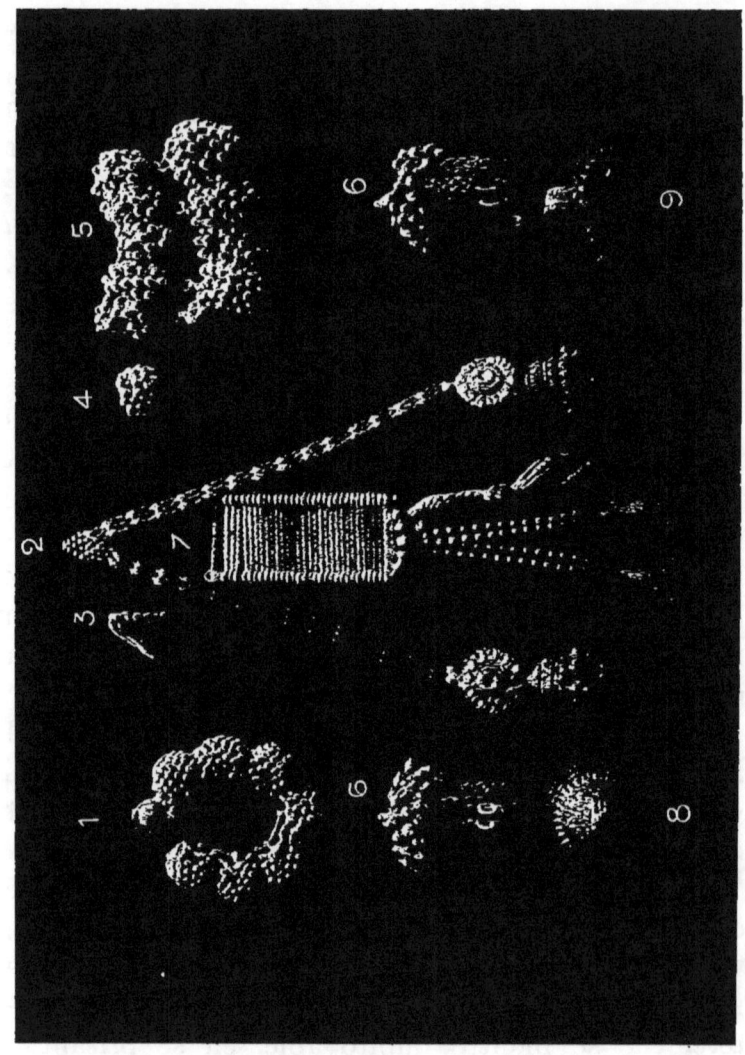

Planche XXXIX. — *Indes.*

Saphir oriental, corindon; couleur bleu franc. Le saphir *mâle* est d'un bleu indigo; le saphir *femelle* n'est qu'une sorte de fluorine bleue transparente, et

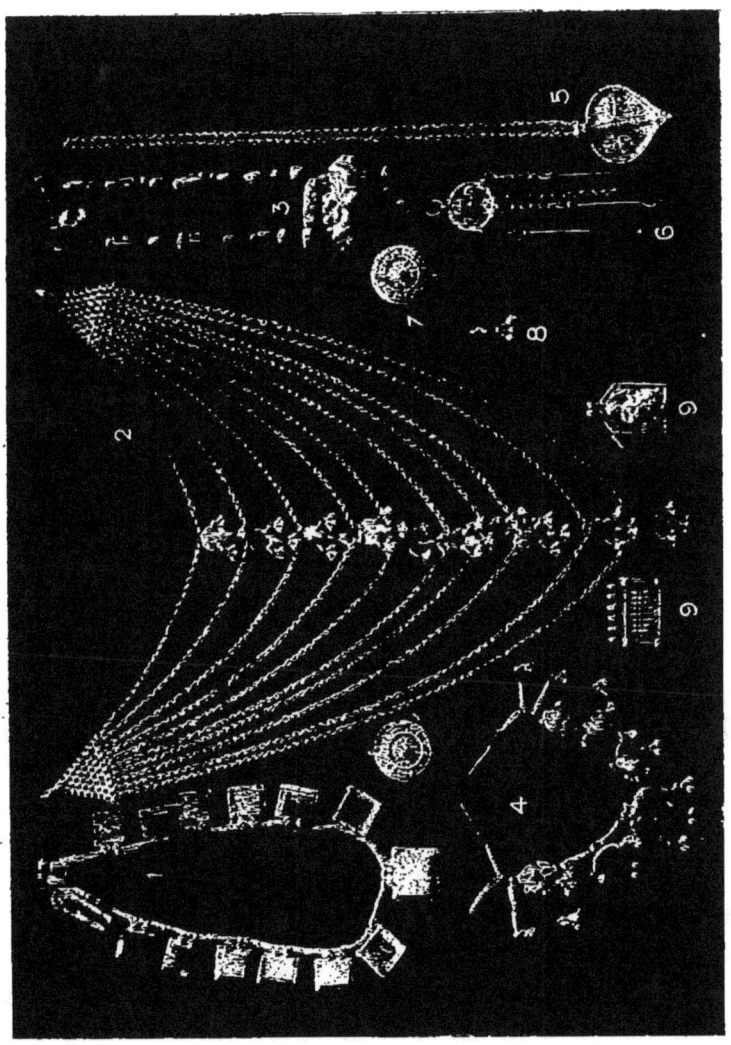

Planche XL. — *Indes*.

le saphir du *Brésil* une tourmaline bleue indigo-
lite), tandis que la rubellite est une tourmaline rose
(il y a aussi des tourmalines noires, vertes, etc.); la

tourmaline de Madagascar se rapproche de l'opale. La fluorine sert plutôt à confectionner des coupes et des vases (voir fausse émeraude); malgré qu'une variété de faux saphir emprunte à sa matière. Autres sortes : le saphir *spath* (silicate naturel d'alumine, bleu transparent); le saphir *d'eau* ou cordiérite (silicate d'alumine et de magnésie, d'un bleu violâtre), le saphir *électrique* (sorte de topaze et de tourmaline), etc.

Les bijoux de la Couronne de France comptaient autrefois un saphir oriental qui pesait 32 carats et valait 100.000 francs. Trouvé au Bengale par un ouvrier indigène, il voyagea en Allemagne pour venir échouer au musée minéralogique.

Les saphirs sont généralement originaires de l'Inde et de Ceylan.

OPALE (silice hydratée), dont les plus belles variétés sont l'opale *irisée*, ou opale *noble*, la plus recherchée, et l'opale *de feu*, où la couleur laiteuse générale de sa matière délicate s'accompagne d'un rouge orangé, parfois d'un jaune verdâtre. D'autres genres d'opale commune sont le silex résinite, l'hyalite, l'hydrophane etc ; il en est aussi de vineuses, de noirâtres et de jaunâtres.

La maison d'Autriche possède une opale réputée pour sa grandeur et la beauté de ses irisations. On l'évalue 4 millions.

GRENAT (silicate double d'alumine et de chaux, ou de fer de manganèse), le plus communément de teinte rouge. Mais il y a aussi des grenats jaunes ou verdâtres, des verts émeraudes, des bruns et des noirs. Le plus estimé est l'*almanpin*, ou grenat *oriental*, d'un beau rouge, avec le grenat *syrien*, d'un beau violet velouté. Autres espèces types : le *grossulaire* (vert pâle ou jaune); le *pyrope* (rouge ardent, utilisé plutôt comme pierre d'ornement); le *spessartine* (jaune clair ou rouge brun), le *mélanite* (noir).

Le grenat est disséminé dans les gneiss, les micaschistes et autres roches de cristallisation.

AMÉTHYSTE ORIENTALE (variété de quartz coloré par l'oxyde de manganèse); couleur transparente violette.

TURQUOISE OU CALLAÏTE (formée de phosphate d'alumine, de chaux et d'oxyde de cuivre), opaque, d'une couleur variant du bleu céleste au bleu vert. Inattaquable par les acides et infusible au chalumeau, elle raye le verre. On donne aussi, mais très rarement, le nom de turquoise *osseuse* ou *odontolithe*, à une matière offerte par certaines dents fossiles colorées en bleu verdâtre par un peu de phosphate de fer. Une odeur animale se dégage de ces sortes de turquoises lorsqu'on les dissout à l'acide nitrique.

La turquoise *orientale* est particulièrement estimée; ce qualificatif d'*oriental*, d'ailleurs, désigne généralement la variété de pierre la plus précieuse (corindon). Les turquoises jouissaient de vertus mystérieuses au moyen âge, et l'on prétend qu'elles *meurent* à la longue.

La turquoise arrive en France par la Turquie, d'où son nom, sans doute. L'Inde et la Perse, principalement, la produisent.

Hyacinthe (silicate de zircon), teinte cannelle veloutée. Autres variétés : l'hyacinthe de *Compostelle* (sorte de quartz rouge); l'hyacinthe *blanche* uniforme; indépendamment du *zircon*, lui-même, dont l'éclat gras offre quelque analogie avec le diamant, lorsqu'il est dit de Ceylan (jaune pâle ou incolore). Les variétés de zircons ou *jargons*, sont transparentes ou translucides, jaunes, rouges, hyacinthes, bleues, vertes ou roses, et incolores parfois.

Dans cette dernière énumération où la préciosité s'éloigne, nous trouvons encore le *péridot* (silicate de magnésie et de fer) qui forme deux espèces : la *chrysolithe* ou *péridotgemme* (vert jaunâtre) et l'*olivine*, ou *péridot granulaire* (olivâtre). La chrysolithe orientale est naturellement préférée en joaillerie. Le quartz ou *cristal de roche*, offrira ensuite les ressources variées de sa matière limpide ou diversement colorée (quartz jaune ou jaune topaze de l'*Inde*, quartz rose ou rubis de Bohême, quartz violet ou améthyste, etc.). Quartz hyalin (cristallisé, incolore, vitreux); quartz *enfumé* (coloré en brun ou en noir).

D'accidents curieux relevés dans le quartz hyalin, filets de rutile, aiguilles d'épidote et autres veinures et taches singulières, résultent l'*œil de chat* et l'*aventurine* lorsque certains morceaux présentent des reflets dorés et scintillants sur un fond rougeâtre.

Les cailloux roulés du quartz, formés de cristal

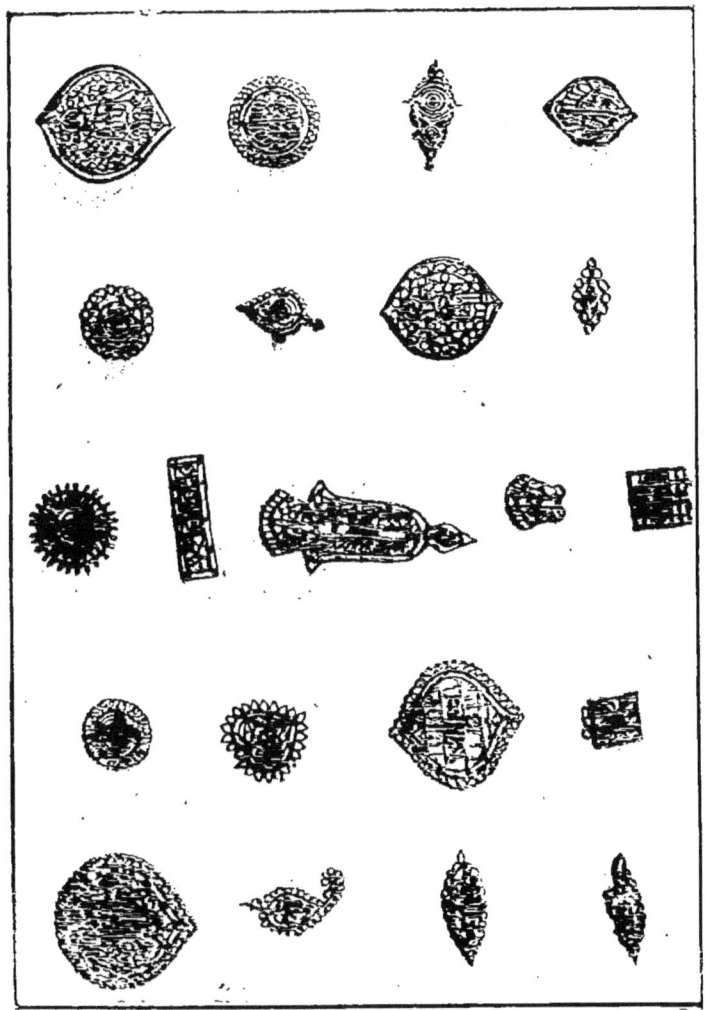

Planche XLI. — *Empreintes en bronze* (Indes).

de roche, sont dits *cailloux du Rhin,* et le *girasol* est un quartz hyalin qui fait miroiter au soleil des reflets bleus et rouges, sur fond laiteux, proches de ceux de l'opale. La calcédoine, plus loin nommée parmi les agates, et l'*iris*, de même que le quartz, l'*hématite* (1), d'un gris métallique éclatant (excepté, pour cette dernière pierre, lorsque ses variétés compactes sont rouges et ses variétés terreuses, d'un rouge vif), et le *labrador* (feldspath), sous certaines incidences, présentent aussi des effets irisés (verts, bleus, jaune d'or pour le labrador).

Puis, les variétés de quartz non cristallisées donnent naissance aux agates, qui se décomposent en agate incolore ou *calcédoine*, en agate colorée en jaune ou *sardoine*, rouge incarnat *coralline* ou *cornaline*, vert pomme ou *chrysoprase*, en bleu ou *saphirine*.

Du quartz opaque dérivent encore l'*onyx*, le *jaspe* et le *silex* (qui ne diffère de l'agate que par la matière moins fine). Sans parler du silex, rejeté par la joaillerie, l'onyx est une agate formée de rubans concentriques (la variété d'onyx *héliotrope*, au fond vert tacheté de rouge, est particulièrement appréciée), et le jaspe une agate colorée en rouge, en vert, en jaune, etc.

IDOCRASE (silicate d'alumine), variété de grenat (brun rougeâtre), mais aussi verte, jaune et brun rougeâtre. L'idocrase de *Sibérie* est d'un vert obscur; l'idocrase du *Vésuve* est brune et se trouve dans les laves.

---

(1) Au xviie siècle, une pierre de ce nom avait la réputation d'arrêter les hémorragies et de préserver les femmes enceintes, en même temps qu'elle favorisait leur délivrance suivant où on la plaçait et comment on la portait.

Lapis-lazuli ou lazulite, couleur bleue; aspect vitreux que des paillettes de pyrite jaune d'or égayent.

Malachite ou vert de montagne (hydrocarbonate de cuivre), couleur émeraude avec éclat soyeux provenant de sa composition fibreuse. L'*azurite* se rapproche chimiquement de la malachite, mais elle en diffère par la couleur bleue. Il y a des azurites *compactes* (poires d'Arménie), *granuleuses* lamelliformes, terreuses (bleu de montagne), etc.

Subitement, notre énumération précieuse va maintenant relever le niveau de son intérêt, en rejoignant la splendeur des corindons.

La perle fine marquera donc son entrée avec le charme caressant de sa matière qui s'égale aux étincelles du diamant.

Perles fines. — Les perles fines sont, à vrai dire, des joyaux vivants; loin de la chair elles meurent. Elles partagent la moiteur de la gorge comme ses émois, du rire aux larmes. Et, associant leur épiderme nacré à celui du bras, à la douceur des mains, les perles fines constituent une préciosité sobre qu'affectionne le diamant, par amour du contraste avec le tapage de son ruissellement.

Et cependant, prosaïquement, les perles ne sont que les sécrétions calcaires de certains mollusques bivalves (huîtres, moules (1), etc.), et cependant,

---

(1) On nous annonce une nouveauté : les perles pailletées d'or ! Une récente communication à l'Académie des Sciences

pour faillir encore à la poésie, elles vieillissent et meurent comme elles naquirent, des sécrétions : de celles de la peau, de la sueur notamment, victimes encore, des eaux souillées...

On distingue les perles véritables à leur *orient* ou jeux particuliers de la lumière sur les inégalités de leur forme sphérique. On dit un diamant *d'une belle eau* et une perle d'un *bel orient*. Alors que le diamant se pèse au *carat*, la perle s'évalue *au grain*. (Il y a quatre grains dans un carat et quatre carats dans un gramme.) Les plus belles perles sont dites *vierges* ou *parangons* ; celles qui ne sont point rondes, dénommées *baroques*, se vendent au poids; alors que les belles perles se vendent à la pièce, les plus petites constituent la *semence de perles* ou *perles d'apothicaire* ou *perles d'Écosse*, qui, encore de nos jours, en Chine, servent d'électuaires. Quant aux perles du Japon, si elles représentent quelque avilissement de la perle naturelle, elles offrent aussi l'avantage de rendre le luxe de la perle accessible. Mais la réalisation japonaise, — dont nous parlerons avec les simili-bijoux, — très laborieuse, malgré qu'elle n'abolit point l'espoir économique, retarde tout au moins le discrédit des précieux joyaux sur lesquels nous allons maintenant conter des histoires merveilleuses.

---

révèle que l'on trouve, dans les cours d'eau de notre Plateau Central, des mulettes ou moules perlières d'eau douce, dont les perles sont d'un orient qui rend possible leur utilisation par les joailliers. En examinant à la loupe les petites perles, on y trouverait des paillettes d'or, phénomène d'autant plus compréhensible que certains cours d'eau du Plateau Central roulent des eaux aurifères...

LES PIERRES PRÉCIEUSES 149

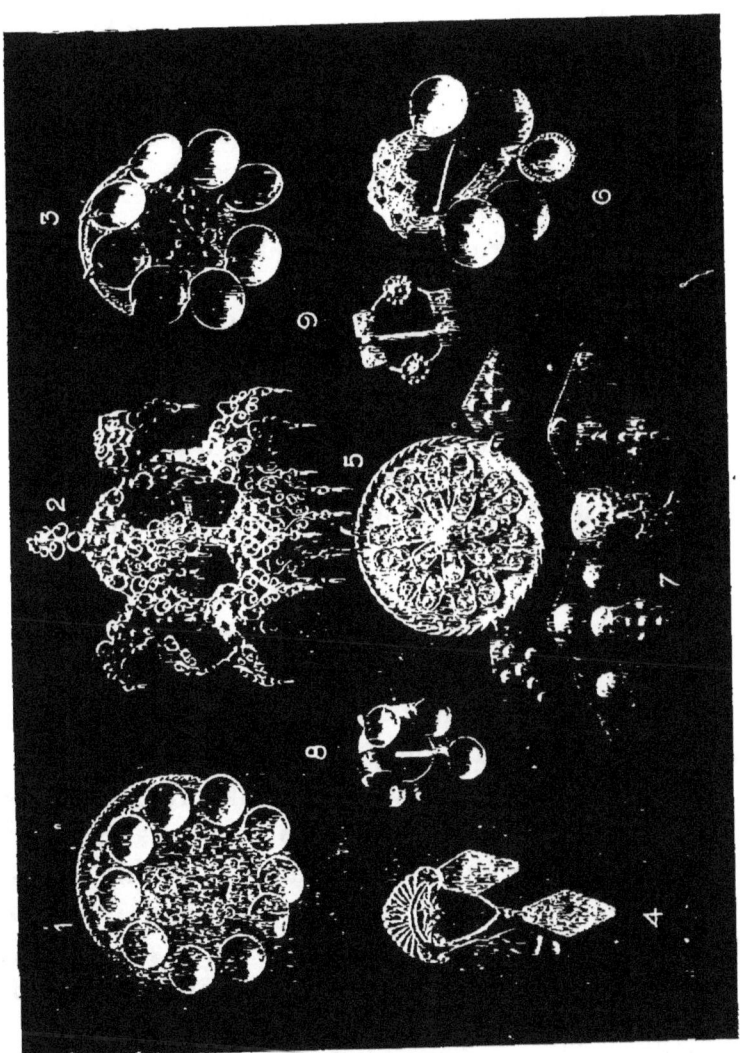

PLANCHE XLII. — *Norvège*.

Cléopâtre gagea contre Antoine, de consommer seule, dans un souper, 10 millions de sesterces. Elle avala, pour commencer, une perle d'un million qu'elle avait fait dissoudre dans le vinaigre. Elle allait en faire autant d'une seconde, lorsque Plancus, juge du pari, saisit la perle et prononça qu'Antoine avait perdu. Après que cette reine trop fameuse fut tombée au pouvoir du vainqueur, on scia cette dernière perle dont on fit deux pendants d'oreilles à la Vénus du Panthéon. Ainsi la moitié du souper d'une courtisane servit-elle à parer une déesse.

Mais, auparavant, le fils du richissime tragédien Æsopus Claudius avait donné l'exemple de ce magnifique scandale. Désirant avoir la gloire d'essayer le premier le goût des perles, il le trouva merveilleux, et, pour n'être point seul à le connaître, il en fit servir une à chacun des hôtes qu'il avait conviés à sa table.

On a loué, en revanche, l'économie d'Élisabeth, reine d'Angleterre, et voici ce qu'il advint d'une superbe perle qu'elle avait refusé d'acheter. Un négociant de Londres ayant eu connaissance du geste de la souveraine, se rendit acquéreur du joyau qu'il broya, devant le marchand, dans un mortier, et dont il versa la poudre dans un verre rempli de vin. Puis, ayant bu à la santé de Sa Majesté, le négociant dit au marchand : « Vous pouvez publier que la reine était en état d'acheter votre perle, puisqu'elle a des sujets qui peuvent la boire à sa santé. »

Sans quitter l'Angleterre, une autre anecdote : celle-ci met en jeu le duc de Buckingham, qui, envoyé par Jacques, son souverain, en qualité d'ambassadeur extraordinaire, pour sceller le mariage projeté entre le prince de Galles et Henriette de

France, trouva, pour plaire à la reine, épouse de Louis XIII, un somptueux stratagème. Il se présenta à son audience, paré d'un habit en broderie de perles si mal attachées, qu'à chaque révérence l'appartement s'en trouvait parsemé. On rapportait à son fastueux propriétaire ses perles de toutes parts, et les mains des dames qui les lui présentaient avec empressement ne pouvaient cependant s'empêcher de les garder, par la manière noble, gracieuse et persuasive dont il imposait à chacune, pour l'amour de lui, la nécessité de les accepter...

La reine Marguerite de Savoie compta, à sa 25e année, 25 rangs à son collier de perles et, d'après un inventaire datant de 1791,

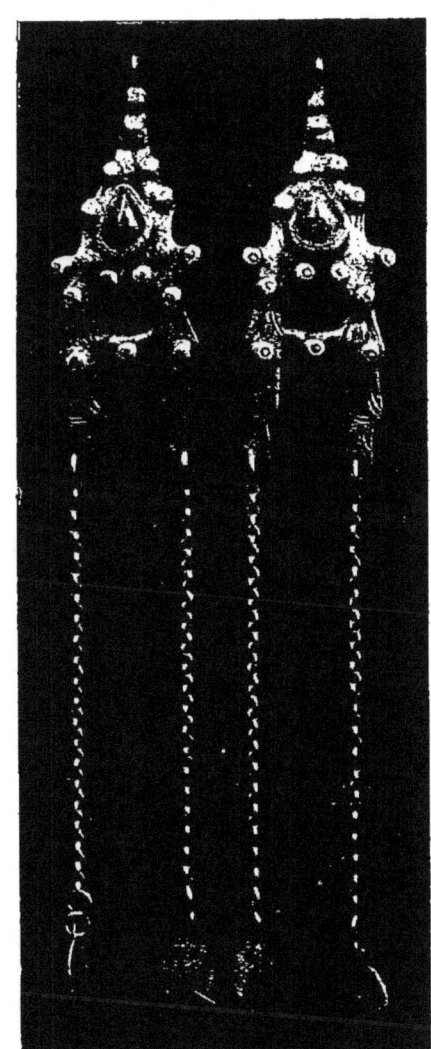

Boucles d'oreilles algériennes.

la couronne de France représentait 1 million de francs en perles.

Aussi bien, la princesse royale d'Angleterre trouva dans sa corbeille de noces un collier de perles valant 465.000 francs, don du prince Frédéric-Guillaume, son auguste fiancé; et l'on parle avec extase de la parure de perles de lady Dudley.

En poires, sous Henri II, de la grosseur d'un œuf comme celle de Philippe IV, qui figure au centre de la couronne royale d'Espagne, les perles, appelées *uniones* chez les Romains, se nommaient aussi : « *crotalia* » à cause du cliquetis des pendeloques qu'elles ornaient.

Mais la précieuse « sécrétion » n'a point tari son abondance, car tout récemment une huître nous a généreusement comblés, malgré que le « record » des dimensions appartienne encore à une perle de 150 grains dont s'honore le collier d'un rajah (les belles perles des colliers ne dépassent guère 30 grains). L'inspecteur général des pêcheries de perles de l'Australie occidentale annonce, en effet, la récente découverte, sur la côte de l'océan Indien, d'une perle de 102 grains. Cette géante, en forme de double bouton, est estimée 850.000 francs. Elle surpasserait en splendeur la fameuse « Étoile de l'Ouest », qui pèse 101 grains et qui fut vendue 700.000 francs (1).

Les golfes de Panama et de Californie, tout le

---

(1) On cite aujourd'hui comme « le plus parfait qui existe au monde », le collier d'une Américaine estimé 400.000 dollars (8 millions de francs, au cours du change). Le vendeur est le prince Youssoupoff.

LES PIERRES PRÉCIEUSES   153

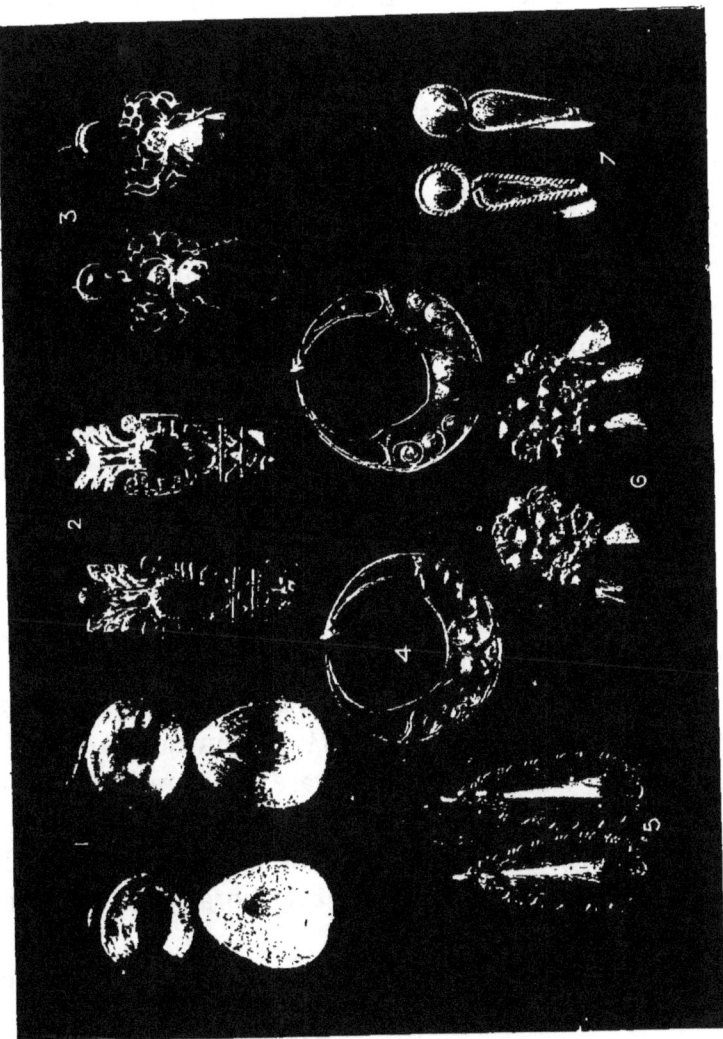

Planche XLIII. — *Suède*.

golfe Persique et les mers de l'Inde, sont le siège d'une pêcherie de perles encore plus importante que celle de Ceylan

Rivale de la perle animale, verrons-nous, quelque jour, la perle végétale ? Celle de la noix de coco ! Ces perles, très rares, qui se développent dans la noix dite « aveugle », c'est-à-dire ne possédant point de pores germinatifs, et que les indigènes des tropiques recherchent comme talismans. Par leur forme et leur substance, ces perles végétales sont semblables à celles de l'huître, toutefois elles ne sont point irisées. Et, qui sait ? d'être désorientées, ces perles risquent fort de constituer, auprès des snobs, une originalité de choix !

Retournons maintenant à la mer, où nous pêcherons des coraux.

CORAIL. — Après la générosité de la faune (et une promesse végétale !), celle de la flore. A vrai dire, deux manifestations de calcaire vivant. Le corail est, communément, rouge ; *écume de sang, fleur de sang, premier, deuxième, troisième sang,* suivant les divers degrés de sa beauté purpurine. La variété de corail blanc est la plus rare ; le corail noir, *mort* ou *pourri*, que des émanations sulfureuses modifient au surplus, après son altération naturelle dans la vase, n'a point de valeur, et le corail rose est plus apprécié que le rouge.

Néanmoins, la mode du jour a suspendu l'intérêt du corail et il ne nous reste plus, actuellement, qu'à nous le figurer sur le bouclier et le casque des Gaulois et sur les croix et chapelets du moyen âge. Sa vertu préservatrice des maladies de l'enfant, sous les Romains, nous le rend au surplus symboliquement cher, ainsi que la réputation qu'il conserve encore, de

LES PIERRES PRÉCIEUSES 155

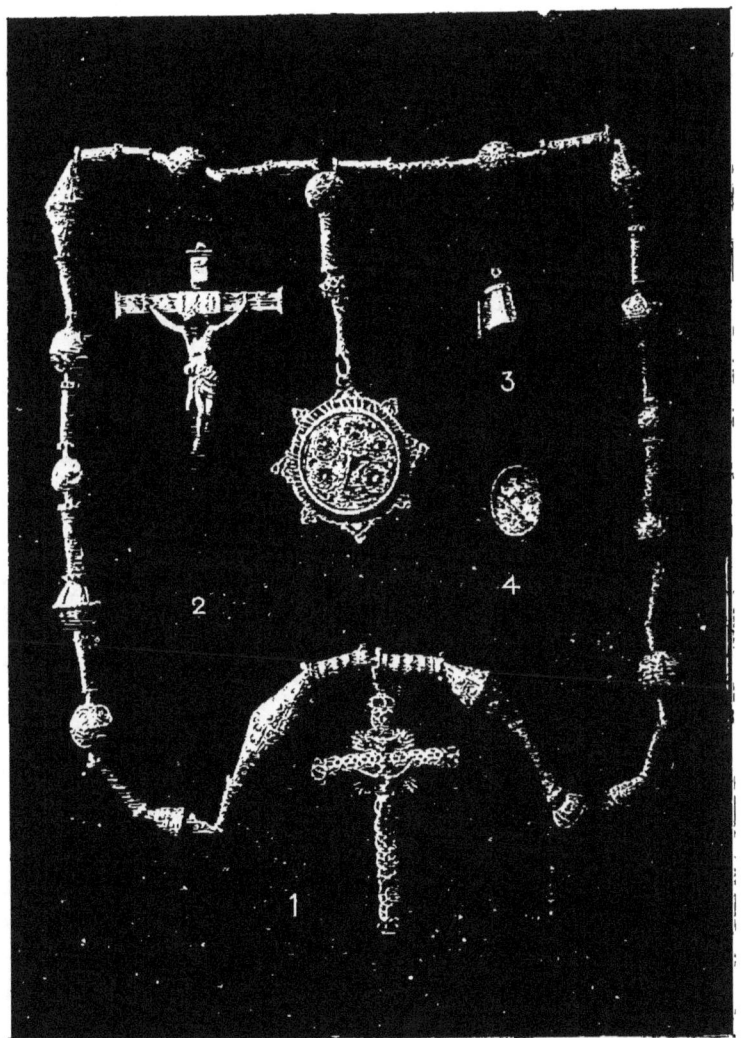

PLANCHE XLIV. — *Espagne.*

conjurer le sort, au cou des Napolitains. Nous
n'oublions pas non plus que la Révolution, le
premier Empire (les Merveilleuses, après les guerres

d'Italie, l'affectionnèrent) et la Restauration (la duchesse d'Angoulême s'intéressa même à une maison où l'on s'occupait du rose polypier) goûtaient fort le corail dans l'ensemble de la parure. Le corail auquel les Japonais, les Chinois et les Indiens font fête, dont les Arabes parent leurs morts, et les Turcs leurs demeures.

Les gisements de coraux reconnus sur la côte occidentale du Maroc, entre Casablanca et Bou-Znika (sud de Rabat), forment une bande discontinue de récifs coraligènes profonds de 110 mètres et larges de 100 mètres, qui constituent des éléments très dangereux pour les chaluts. Mais les plus considérables formations indigènes sont, nécessairement, dans la mer du Corail, portées par les récifs qui longent la côte, du cap York au cap Sandy et représentent « la Grande-Barrière » australienne.

Jais, ambre, etc. — Pour moins de préciosité. le jais, la mosaïque, l'ambre, l'émail s'efforcent de constituer des bijoux et ils y réussissent souvent. Le *jais* (variété compacte de lignite), avec le corail noir et les confections en bois noirci, sert aux parures de deuil. On le taille et le polit à destination de broches, colliers, pendants d'oreilles, etc. La « fonte de Berlin », encore, fut très prisée avec le jais dans la bijouterie de deuil, sous la Restauration et le second Empire, alors que l'argent oxydé convenait au demi-deuil.

Les Italiens affectionnent les bijoux en *mosaïque* (petits cubes d'émail de couleur rapportés), et

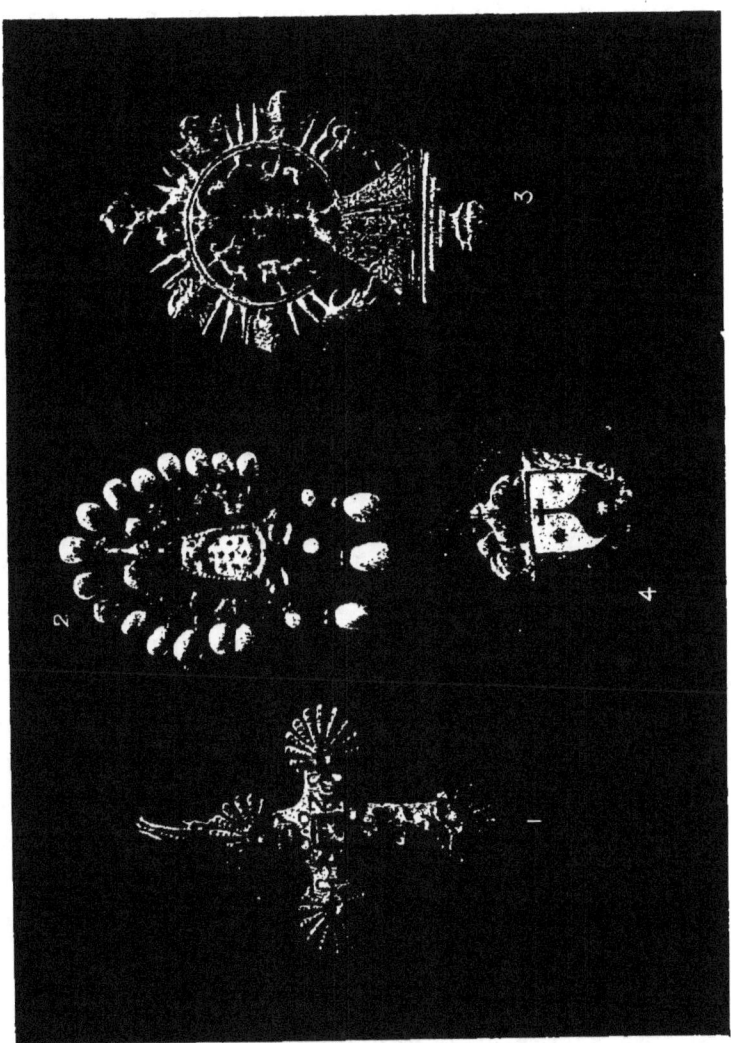

PLANCHE XLV. — *Espagne, Portugal.*

l'*émail* tâche de revenir à sa réputation ancienne, sous divers aspects plus ou moins réussis.

L'*ambre*, enfin, apporte sa fine substance à l'ingéniosité décorative. Ambre jaune ou *succin* (résine fossile, quasi transparente), allant du clair au rouge hyacinthe, qui se travaille au tour. Matière douce à la vue et au toucher dont les grains, enfilés en collier, alternent au cou de la mère et de l'enfant. (pour protéger des coupures la peau fragile de ce dernier). L'ambre, ce « safran qui attire » et qu'allaient déjà pêcher « dans la mer que domine l'étoile polaire », en l'an 950 avant J.-C., les Assyriens.

Après avoir jeté encore, dans notre texte, une dernière poignée de gemmes sinon nouvelles, du moins récemment baptisées : la scaporite, la diopside, la kornérupuine, le triphane, la damburite, l'orthose, etc., et sans oublier l'ivoire, la corne, l'écume de mer, la nacre, les dents d'animaux, les cailloux roulés et polis par la mer, comment clore ce chapitre plus judicieusement qu'en l'ornant d'un cul-de-lampe où figure le *pectoral* porté par le grand prêtre des Hébreux. Ce pectoral, composé d'une pièce carrée d'étoffe précieuse, sur lequel 12 pierres fines enchâssées dans l'or et gravées au nom de chacune des tribus, luttaient de splendeur !

Ce pectoral où se mirait la croyance des fidèles, lisant les desseins de Dieu dans l'éclat brillant ou assombri des gemmes.

Regardons enfin défiler le Cortège des Bijoux. Anvers célèbre, cette année, avec son faste coutumier, une de ses grandes fêtes historiques. Les chars ! Voici les chars ! Le char vénitien, où revivent les épousailles du doge et de l'Adriatique : le char sud-africain représentant l'âpre travail d'extraction; le char gothique figurant l'histoire de la taille; le char français qui évoque l'impératrice Joséphine choisissant les bijoux du couronnement; le char hindou, ruisselant de pierreries; le char de la Terre (assuré par une compagnie étrangère pour une somme de 37 millions de francs) dont les trésors s'animent sous les dehors de belles filles vêtues de toutes les splendeurs et parmi lesquelles on remarque la femme d'un diamantaire qui porte un diadème estimé à près de 3 millions...

Pour préserver de pareilles richesses, disent les journaux (on évalue à plus de 3 milliards de francs or la valeur des pierres précieuses ici réunies), de sérieuses mesures de police avaient été prises...

On sait qu'Anvers est la première cité diamantaire du monde et que, traditionnellement, de père en fils, quinze mille lapidaires se succèdent aux quatre cents tailleries et plus, dont s'enorgueillit la grande ville belge.

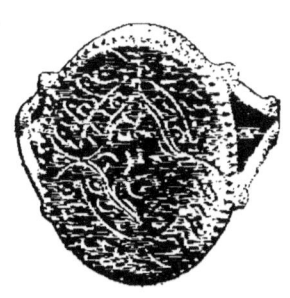

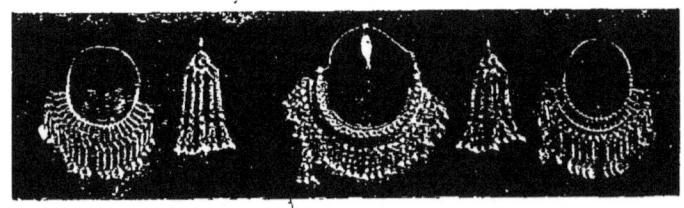

CHAPITRE VI

Le Métal précieux.

Ce chapitre sera court, d'autant qu'il ne s'attache qu'à la couleur complémentaire du métal avec les gemmes, sans quitter l'intérêt objectif du bijou caractéristique.

Du poli au mat, du jaune au vert, par exemple, l'or joue un rôle qui ne doit point échapper, tant au goût de l'artiste qu'à la perspicacité de l'observateur. La mode adopte, au gré de ses lubies, ces divers aspects du métal noble. Si la gourmette, au second Empire, connut la vogue, on délaisse aujourd'hui ses mailles (empruntées à celles du mors du cheval), et non moins sont rejetés maintenant les bracelets en or jaune poli, enrichis de perles ou de pierres, ou bien encore revêtus de dessins à jour ou simplement ciselés et estampés, tant estimés il y a une cinquantaine d'années. Les « semaines », bracelets composés de sept cercles, ont disparu aussi du bras de nos élégantes depuis autant de temps, sans parler de l'éclipse de ces écrasants atours du poignet cumulant excessivement les cabochons sur le métal trop large, des bijoux en argent *niellé* (incrusté de noir sur fond blanc), etc.

Ces bijoux niellés, repercés, émaillés, qui évoquent ceux qu'un Benvenuto Cellini avait mis en vogue après son séjour en France et qui, quelque temps, remplacèrent les pierres ou alternèrent avec elles.

S'il fut même, à un moment, de bon ton de proscrire le bracelet comme les pendants d'oreilles, remplacés par des boutons ou nettement supprimés, le bracelet, en revanche, se multiplia pour revenir ensuite à la modestie d'un cercle menu.

Actuellement, des cercles d'ivoire, de corne, d'ambre, de verre de couleur, etc., disputent au bracelet-montre, très goûté, ses faveurs pratiques. Le métal, par ailleurs, tend à se dissimuler étroitement sous les pierres; il n'est plus ostentateur comme au XIXe siècle. On aime maintenant le pittoresque dont la curiosité, moins « parvenue », s'adresse au choix artiste, et l'argent bruni, mat, remplace l'éclat du poli, moins volontiers encore qu'un simple fil de platine ou une vulgaire tresse de poil d'éléphant... Ces diverses étapes de la mode renseignent sur chaque époque; elles disent un style, de l'airain au cuivre, du bronze à l'argent, de l'or au platine jusqu'aux variétés de l'ébonite, d'oyogalithe, de galalithe, etc., bizarrement accrochées au costume comme à la chair qu'elles bariolent, de nos habituées du « dancing ».

Or. — Les diverses couleurs de l'or sont intéressantes ici, pour la palette qu'elles offrent. Or *rouge*, alliage d'or et de cuivre; or *jaune*, variété de ce

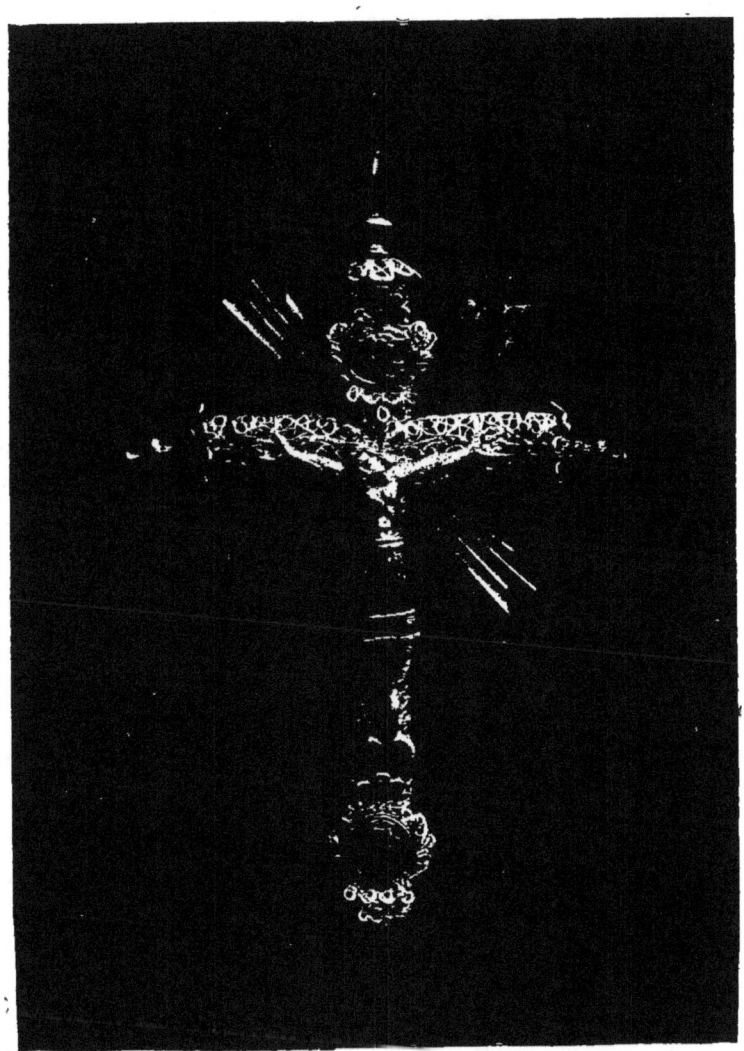

Planche XLVI. — *Croix espagnole ancienne.*

métal jaune pâle; or *vert*, où l'or et l'argent sont associés à une couleur verte; or *gris*, dont l'alliage est d'or, d'argent et de cuivre; or *blanc* ou platine, nom originaire. Au surplus, l'or, en vertu d'autres alliages à doses diverses d'or, d'argent et de cuivre, atteint aux nuances *feuille morte, vert d'eau, rose.* Sans compter qu'il se dénomme encore : or *anglais*, lorsqu'en bijouterie il combine l'or, l'argent et le cuivre, dans certaines conditions; or de *Mannheim* quand il n'est qu'un similor composé de cuivre et de zinc. Ce *similor* ou *chrysocale* dont la non-valeur alternera avec la moindre richesse, sous couleur d'or « pelure d'oignon », que nous avons vu composer des bracelets évidés, à jour, etc.

De l'or *bruni* (poli au polissoir) à l'or *mat* (non poli), en passant par l'or *fin* (pur); de l'or *au titre* (donnant satisfaction aux trois titres spécifiés par la loi) à l'or *bas* (au-dessous du plus bas des titres légaux), jusqu'à l'or *faux* qui n'est que du cuivre doré ou d'un autre métal également fallacieux, s'avère un vaste champ d'étude à la suite des divers charmes de tonalité, aussi propices à l'interrogation.

A propos de l'or rouge : « ... Il est très résistant, estime Ch. Rivaux, et on le choisit de préférence pour tout ce qui doit avoir une solidité mécanique particulière : pointes, épingles, ressorts, cliquets, etc. A maintes reprises nous pouvons constater la mode du bijou en or rouge. Sous le premier Empire, elle fut presque générale; sa résistance permit d'en constituer nombre de bijoux excessivement légers, bijoux d'apparat que l'on portait seulement aux grandes occasions. La mode de l'or rouge, abandonnée sous Louis-Philippe pour faire retour avant 1870, se continue jusque vers 1889. De cet alliage particulier, on sut tirer les meilleurs effets pa la combi-

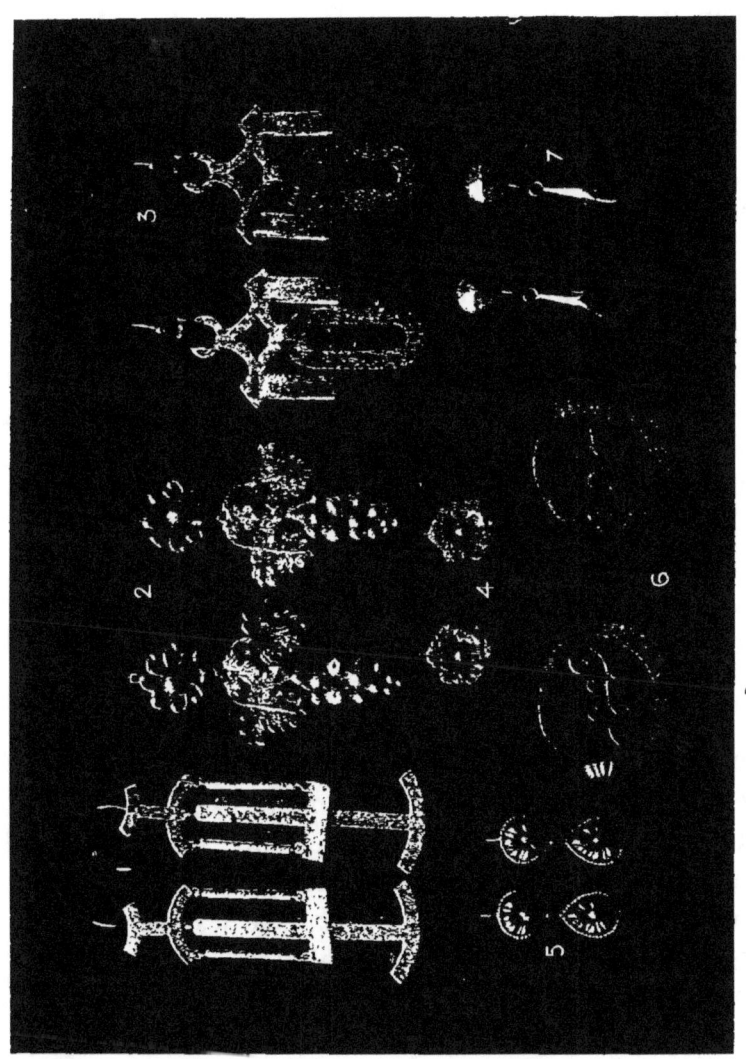

Planche XLVII. — *Espagne*.

naison du poli vif avec la mise en couleur; genre qui fut dénommé le mat et le poli. L'or rouge, en raison même de son alliage, convenait admirablement à la réussite de la mise en couleur qui comporte une technique particulière du ressort du métier... »

L'amour de l'or, sous toutes ses formes et couleurs, et l'exemple de sa matière corruptrice, éternels comme l'humanité, évoquent au moins des mœurs lointaines. Cet or *coronaire*, offert en cadeau par les provinciaux à leurs gouverneurs, sous la république romaine, devint singulièrement vertueux, après l'ordre répressif de César, lorsqu'il reparut sous forme d'offrande dont l'empereur aussi, bénéficia; les alliés, cette fois, joignant fructueusement leur geste à celui des provinciaux. Mais l'empereur ne touchait-il pas, d'autre part, un « *aurus oblaticium* » de la main des sénateurs, à diverses occasions?

Fermons les yeux sur ces coutumes dont la candeur s'excuse du grand jour, et gageons qu'elles sont disparues de notre temps, certainement avec cette même franchise.

L'or ne se présente dans la nature qu'à l'état natif, allié à une quantité variable d'argent, de cuivre et de plomb. Il se montre rarement à l'état cristallin. On le trouve le plus souvent en lames, en filaments engagés dans les roches quartzeuses et aussi en paillettes et en grains dans les sables des rivières. Les gisements principalement exploités sont au Brésil, au Chili, en Californie, en Australie, etc.

PLATINE. — Plus cher que l'or, ce métal précieux dispute à l'argent son éclat lunaire, mais il est gris davantage. On le préfère à l'or, malgré qu'il soit aujourd'hui presque exclusivement employé pour la monture du diamant. Un brillant appendu à un

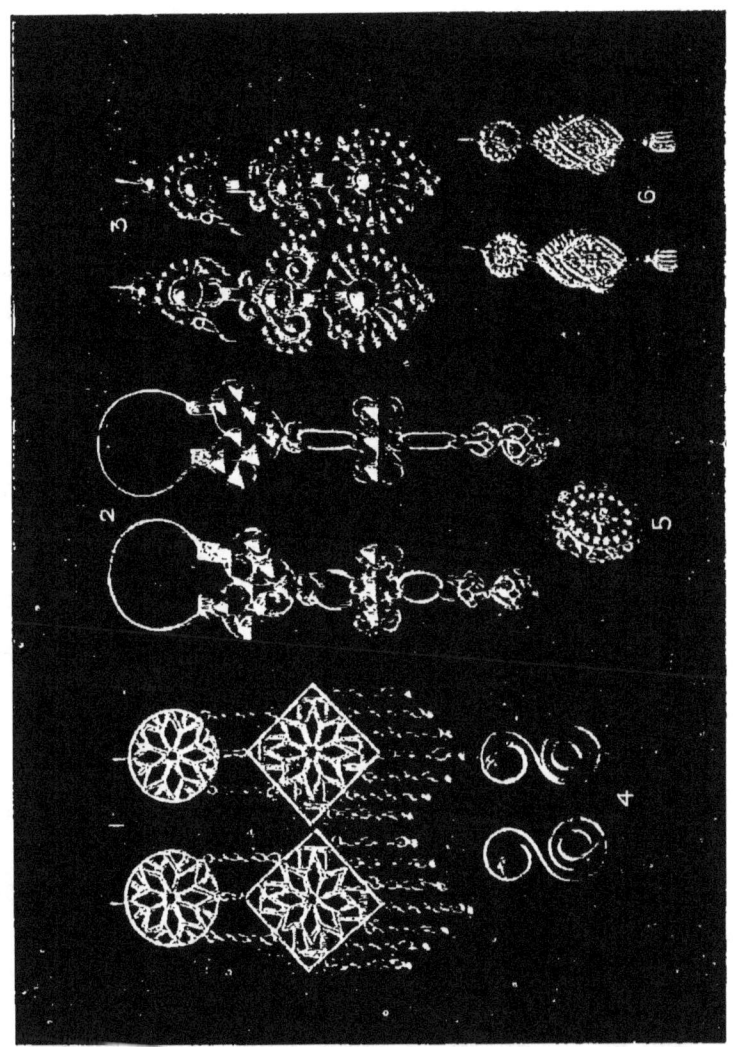

Planche XLVIII. — *Espagne.*

jonc de platine ressemble à une goutte de rosée.
Le platine, qui comporte, de même que l'or, l'argent
et tous les métaux, sa technique particulière, était

connu des joailliers de l'antiquité; puis ce précieux métal fut oublié pendant des siècles et il dut être, plus tard, découvert à nouveau. On attribue cette seconde découverte à un officier de marine espagnol qui, au XVIIIe siècle, vers 1748, lui donna le nom de *platina del pinto*. Puis ce furent les travaux des Français Deville et Debray, en 1859, qui dégagèrent, de ses alliages, sa matière brute propre à la bijouterie. Ces considérations de dates, son haut point de fusion, son inoxydabilité, qu'il partage avec l'or, s'imposent au discernement du bijou.

Le platine se trouve à l'état naturel ou mélangé à de l'or, à du sable et à d'autres métaux rares, soit en granules, soit en pépites. Celles-ci atteignent parfois jusqu'à 11 kilogrammes. Le principal gisement du platine se trouve en Russie, principalement dans les alluvions des cours d'eau de l'Oural; le reste provient du Mexique, de la Colombie, de la Californie et du Brésil.

ARGENT, métal blanc; le plus précieux des métaux après l'or et le platine. Sans nous arrêter à des alliages qui valent à l'argent les dénominations d'*allié*, de *chinois* et d'*anglais*, ces deux dernières n'étant qu'une variété de maillechort argenté, voici le *vermeil*, ou argent doré, et l'*argent fin fumé*, dont la patine atteint à la couleur de l'or. Quant au cuivre argenté, il constitue le *faux argent*, comme un alliage d'argent, de cuivre et d'or, le *doré*. Argent *poli*, argent *mat* : deux ressources dans un double sourire.

Tandis que les alliages dénaturent ou colorent

LE MÉTAL PRÉCIEUX 169

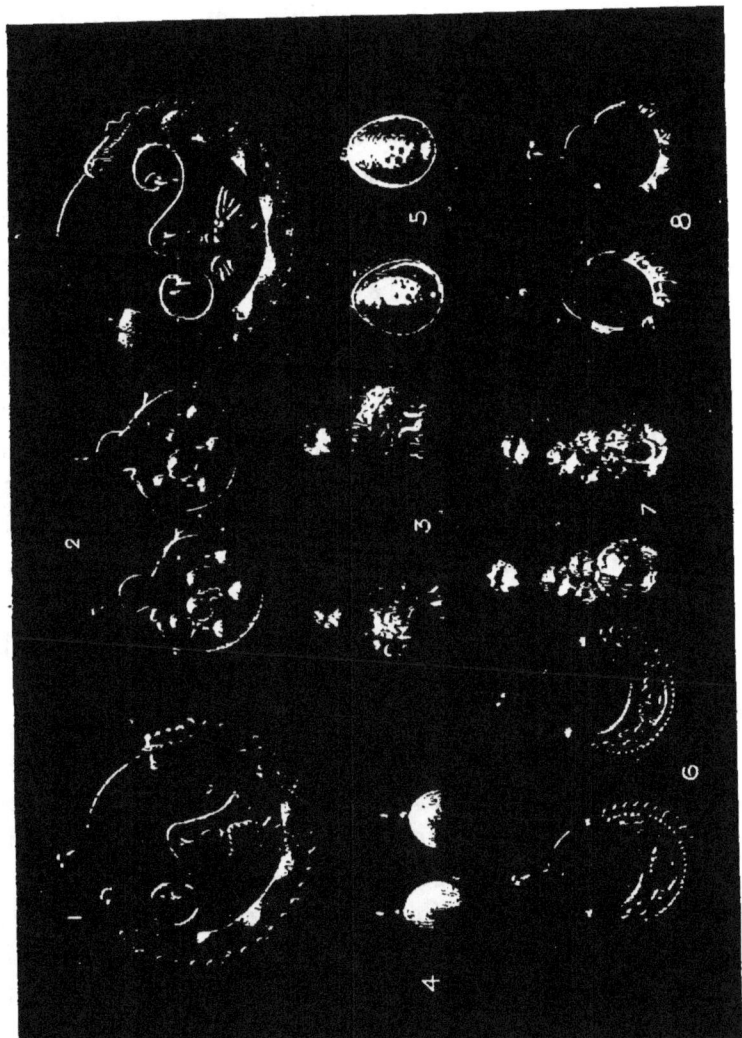

PLANCHE XLIX. — *Espagne.*

différemment le métal, tandis que les pierres précieuses l'ornent en augmentant sa beauté, le *damasquinage* n'emprunte son décor qu'au métal même et le *filigrane* constitue, métalliquement encore, sa propre beauté.

Le *damasquinage* ou *tauchie*, consiste à enchâsser un fil de cuivre, d'or ou d'argent dans du fer ou de l'acier, de manière à former des dessins. Les Indiens, les Persans, les Arabes et les Espagnols, — ces derniers surtout, — affectionnent encore de nos jours le damasquinage pour les objets et bijoux courants. Ne point confondre cette pratique avec le procédé de l'*azziminia*, d'origine orientale, qui consiste à faire pénétrer de l'or dans les hachures très incisées (rabattues ensuite au marteau) d'un dessin effectué sur un métal préalablement rayé uniformément. La *damasquine*, d'autre part, n'a rien de commun avec le damasquinage puisqu'elle consiste, non plus à adjoindre, pour l'orner, un métal à un autre, mais à obtenir des dessins en relief sur un même métal, grâce à l'acide qui mord le fond du métal et l'abaisse aux alentours des dessins. La damasquine ou *ouvrage de Damas*, ainsi qu'on la dénommait au moyen âge et jusqu'au XVIIe siècle, désignait à la fois tous les décors réalisés en relief sur le métal, les tissus et le cuir, au moyen du fond abaissé.

Quant au *damas* (métal), il caractérise une sorte d'acier, d'origine persane, que les divers métaux, suivant leur teneur en carbures, colorent différemment. Le damas noir ancien de Constantinople, est réputé, de même qu'aujourd'hui les divers damas d'Ispahan, et l'azziminia obtint surtout du succès en Italie, à partir du milieu du XVe siècle jusqu'à la fin du XVIe.

Avec le *filigrane*, nous célébrerons encore la vertu décorative personnelle du métal.

LE MÉTAL PRÉCIEUX 171

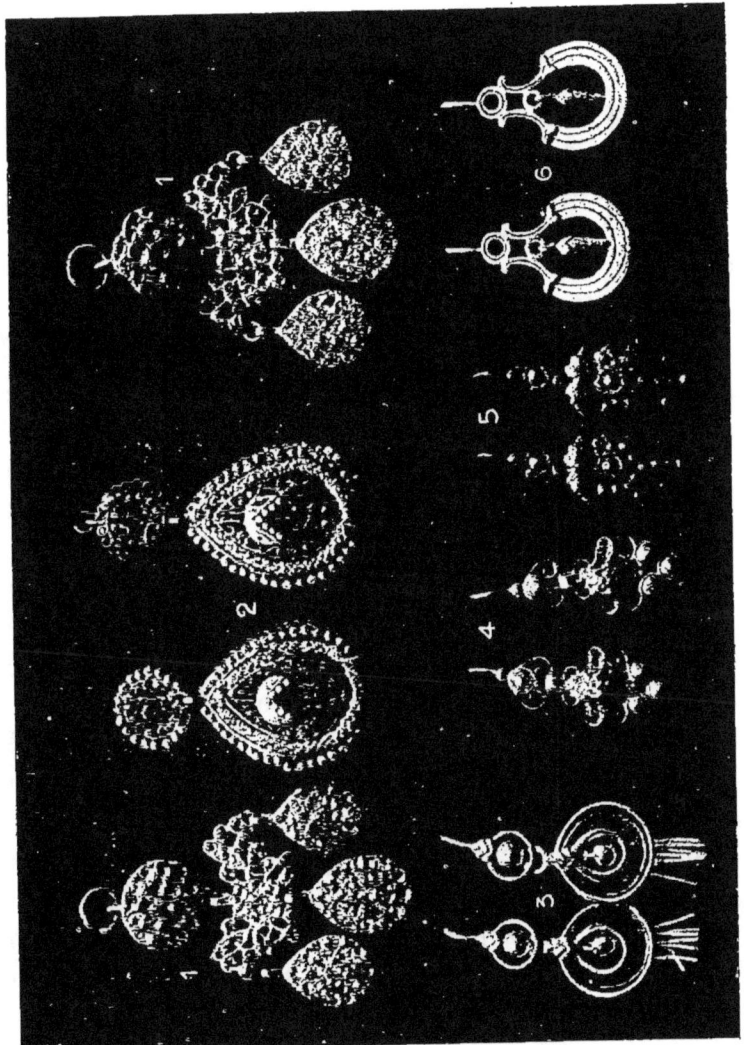

Planche L. — *Espagne, Suisse.*

L'or et l'argent en filets déliés, contournés et soudés de manière à former des dessins et des formes, ont, de même que le damasquinage, décoré à la fois des objets et des bijoux, pleins ou à jours. Le filigrane, au surplus, figure par lui-même des bijoux et les pierreries comme l'émail peuvent être appelés à l'embellir. L'orfèvrerie en filigrane remonte aux époques les plus lointaines, et si Gênes a conservé, actuellement encore, la réputation du travail en question, les Mérovingiens le connurent, et les Arabes et les Indous y excellèrent aussi.

Mais les doléances de l'orfèvrerie interrompront un instant l'intérêt du métal aimé pour lui-même.

Les mésaventures de l'orfèvrerie d'or et d'argent se comptent, à travers les siècles, au baromètre de la fortune. De la victoire à la défaite, l'orfèvrerie a tour à tour célébré l'art et le creuset.

Autrefois, une pièce d'orfèvrerie était un trésor facilement transportable qui pouvait se cacher aisément et servir en cas de pénurie. Nous avons cité, à ce propos, Chilpéric, et ces avatars que la bijouterie ancienne partagea expliquent sa rareté. Sa beauté, le plus souvent, s'annihila dans un lingot, et cette conversion ne laisse pas que d'être très naturelle dans l'esprit de l'épargne qui présida initialement à l'acquisition des bijoux, à toutes époques. Le luxe devait parer aux mauvais jours, et la mode, d'autre part, reniant les formes d'hier sans préjudice de condamner celles de demain, le surlendemain ne se fit point faute de sacrifier à la fonte ses idoles détrônées; les pierres, détachées de leur monture, étant conviées à des supports nouveaux, suivant la mode.

F. Masson a conté, avec un luxe intéressant de détails, les lubies de Joséphine, relativement à ses bijoux qu'elle faisait modifier si volontiers ou dont

LE MÉTAL PRÉCIEUX 173

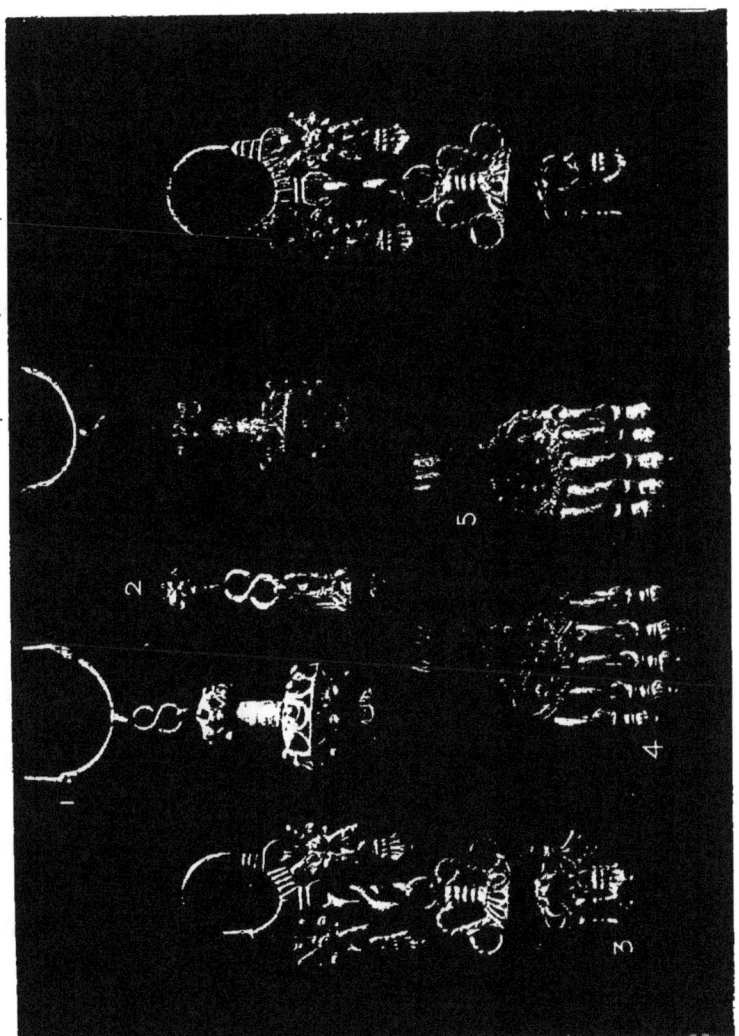

PLANCHE LI. — *Espagne.*

elle demandait sans cesse le rajeunissement des montures. Quelle foi, dès lors, apporter à tant de joyaux du premier Empire, déracinés, transplantés, défigurés !... La mode, sur ce point, est éternelle : on rafraîchit des parures à toutes époques; on retaille des diamants et les monte « à la moderne », et voici que notre perspicacité va s'en trouver encore fort ébranlée...

Le bijou est nomade comme les artistes qui le créent; son originalité nationale s'avère ainsi plutôt dans son expression populaire, traditionnelle. Et si, en bijouterie, l'argenterie ne fait que modeste figure, cela constitue une garantie de sa sécurité, puisque le voleur la dédaigne et aussi le creuset : double bénéfice pour l'art et le souvenir.

Qu'importe au malfaiteur l'humble « cœur » normand, les modestes croix du Velay, bretonnes, etc., la simplette « capucine » arlésienne ! Bijoux provinciaux, régionaux, paysans, le symbole qui vit en vous séculairement, exalte seul votre valeur et défie le prix de la matière, grâce à quoi vous nous êtes parvenus comme tant d'autres pieux cadeaux, de fer, de maillechort doré, voire de cuivre, sans intérêt à monnayer.

Les « Saint-Esprit », les insignes des paysans chouans (un cœur surmonté d'une couronne et d'une croix); les « cœurs » d'argent, seuls ou accouplés (symboliques du mariage, en Bretagne); les « cœurs » volants, pendentifs tourangeaux; les bagues de foi, bretonnes encore, ou bien normandes ornées aussi de cœurs ainsi que celles du comté niçois; les « coulas » d'Arles, les émaux bressans précisent et complètent cette énumération de grâce, mais non de coût, que se chargent de démontrer éloquemment nos gravures.

Les « Saint-Esprit », en brillants, sous Louis XVI, connurent les feux amoindris du strass et s'abaissèrent jusqu'au verre taillé; ils n'en ont pas moins conservé leur saveur à travers ces altérations, si tant est que le souvenir béatifie la matière comme le geste qui l'offre.

La non-cupidité de la bijouterie d'argent n'exclut pas, au surplus, le mérite de sa distinction. Elle convient parfaitement à un accompagnement décoratif sobre, pittoresque, quand la matière surtout n'est point ménagée. Au surplus, l'humilité froide de l'argent a son charme; on l'a vu briller sur plus d'une main opulente, avec « chic », en manière d'ostentation...

L'argent existe à l'état natif, mais il est assez rare et les principaux minerais de ce métal sont : le sulfure, le chlorure, l'antimoniure, le bromure, le sulfoarséniure, etc. On retire aussi l'argent du plomb argentifère.

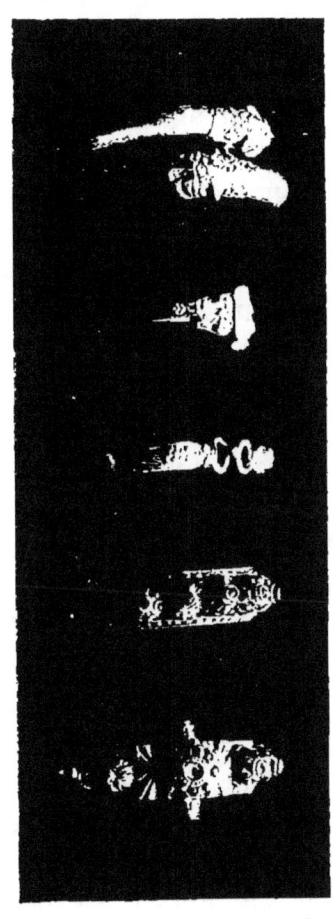

Bracelets : hindous, etc.

Après cet exposé, notre but strict serait atteint si, toutefois, il fallait compter sans la vertu de l'art qui sait ennoblir le métal le moins coûteux, c'est-à-dire au mépris de sa valeur intrinsèque. Si l'or « ne fait point le bonheur », il ne fonde point non plus la beauté; il la sert seulement, avec générosité. Il existe donc des métaux utilisés en bijouterie pour le seul agrément de l'art. Les bijoux en fer forgé, notamment, sont de ceux-là. Bijoux mâles, nés logiquement sur la ruine des métaux précieux, aux heures de pénurie financière ou d'exigence guerrière comme sous Louis XV; bijoux de détresse plutôt, que nos jours de renaissance, par caprice, ne dédaignent point, et qui laissent bien loin derrière eux l'anneau distinctif des chevaliers sous la Rome primitive, et tant d'autres ingrédients décoratifs élémentaires, empruntés, à travers les âges, à la robuste matière convertie de bon gré ou par force, entre le marteau et l'enclume, à des souplesses nouvelles.

Toutefois, les bijoux en fer forgé se doivent plutôt d'être illuminés par l'éclat d'une pierre fine, pour cette raison similaire que, dans un lustre en fer forgé, la lumière ne saurait *vivre* si le verre, la corne, etc., ne favorisaient son irradiation.

A la suite des métaux précieux, colorés par des alliages et aussi, superficiellement, par des patines connues ou secrètes, l'étain, le zinc, le plomb, le nickel, font triste mine dans l'expression qui nous intéresse. L'acier cependant, en outre du damasquinage, compte des ancêtres distingués. Né en Angleterre, au milieu du xviiie siècle, le genre de bijouterie d'acier fut importé en France sous Louis XVI, et, vers la seconde moitié du xixe siècle, des bijoux en acier mat ou en acier gravé ou non, avec accom-

LE MÉTAL PRÉCIEUX 177

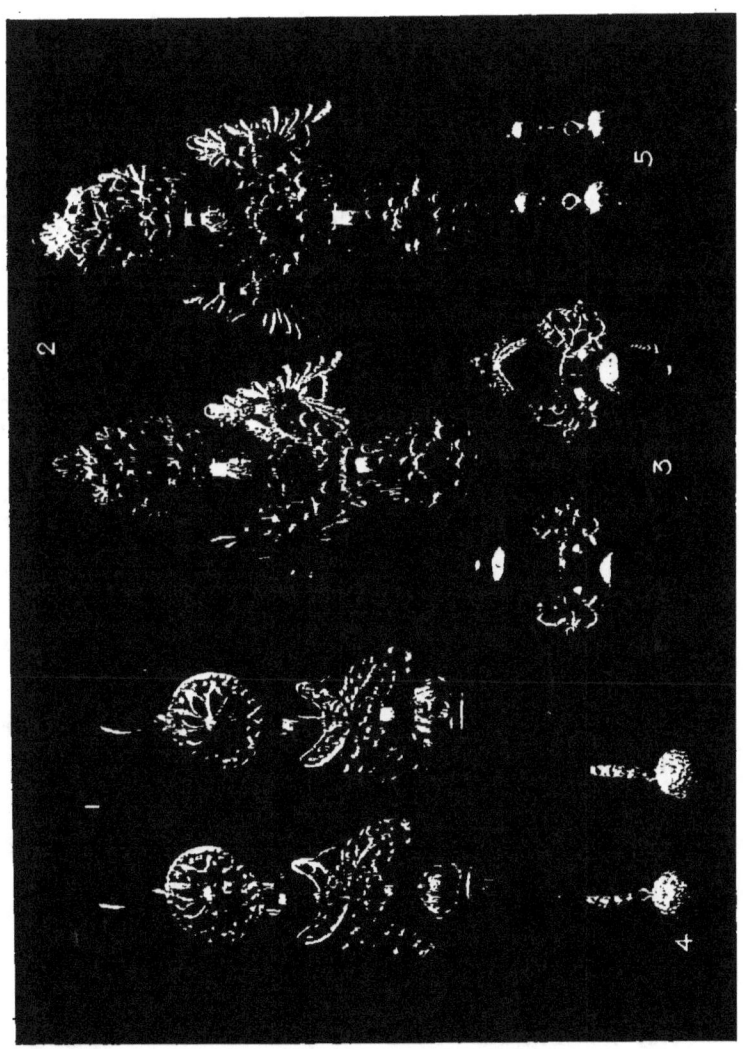

PLANCHE LII. — *Espagne*.

pagnement d'or et de pierres fines, connurent la vogue qu'ils avaient déjà rencontrée sous le premier Empire. Même, certains alliages permirent à l'étain, dont la matière, « ce clair de lune de l'argent », comme l'appelait Rodenbach, si favorable à des réalisations plastiques, à une lointaine orfèvrerie non moins agréable que celle proprement dite, ne fut pas indifférente au bijou moderne, surtout. Le bronze, encore, composé de cuivre et d'étain, n'a peut-être point borné son énergie aux parures du passé; et le maillechort doré ne mérite point que notre dédain. Que dis-je, le cuivre même, doré et découpé, a permis au Directoire de porter des « châtelaines », des peignes (pour les hommes, page 241) très attrayants. Le pittoresque ouvre tous horizons à la combinaison esthétique, en dehors du métal (1) précieux, avec une louable coquetterie; le commun s'imagine tellement que tout ce qui brille est or et que tout ce qui est or indique fatalement de la beauté !

A l'aluminium, enfin, nous réserverons un hommage ému qui se rencontre singulièrement dans la victoire de nos armes, avec la « fonte de Berlin » dont les Françaises, sous Napoléon Ier, eurent un instant le goût ironiquement, pour leur parure, parce que le roi de Prusse, après Iéna, avait gratifié de bijoux réalisés en cette pauvre matière toutes les dames de sa cour, afin de les remercier de l'abandon patriotique de leurs diamants.

Avec les bagues d'aluminium, ravies à la fusée

---

(1) Les journaux annoncent que le professeur Niels Bohr, de Copenhague, vient de recevoir un don de 40.000 dollars de la fondation Rockefeller, pour sa découverte d'un nouveau métal : le *hafnium (?)*.

d'un obus, souvent au péril de leur vie, les « Poilus » de la Grande guerre de 1914, succèdent héroïquement aux « Grognards ». Au prix de ces bagues adressées à leurs « marraines » en témoignage d'une pensée fervente, s'attache un souvenir glorieux. La Gloire et l'Art ennoblissant le vil métal, quelle fière leçon pour le bijou !

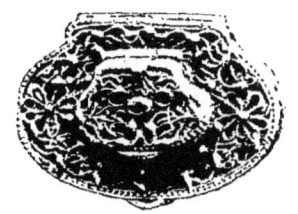

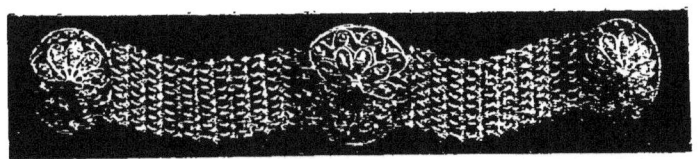

CHAPITRE VII

Quelques mots sur la technique du Bijou.

La fantaisie décorative du bijou, illimitée, ne compte pas parmi les moindres difficultés qui s'opposent à son discernement exact. Lorsque l'œil peut suivre un dessin, une forme précise, c'est plutôt le fait du cadre métallique de la monture. Ne craignons pas de le répéter; car le jeu des pierres, juxtaposées, superposées, etc., entre elles, purement désinvolte, ne saurait guère renseigner. N'étant point commandées par l'utilité comme un meuble, notamment, dont l'esthétique ne peut, en dépit de son caprice, violer les lois du confort, les pierres sont susceptibles de varier à l'infini leur disposition, malgré que, néanmoins, cette disposition, ou symétrique, ou géométrique, régie encore par le souci des masses équilibrées ou balancées, ne soit point sans bornes.

La sobriété, d'abord, restreint l'imagination de l'artiste bijoutier, avec le respect du volume. Aussi bien l'*utilité* du bijou constitue une contradiction (c'est futilité qu'il faudrait dire; cette futilité admirable d'ailleurs et commune à tous les arts de luxe), tandis que sa *commodité* est impérieuse. A moins qu'une broche, une barrette, une montre ne réunissent, pour nous confondre, l'utilité à la commodité...

Une bague ne doit point, en principe, être trop pesante au doigt qui la porte. Non plus qu'un pendentif, elle ne saurait « accrocher » ni risquer de blesser, dans un serrement de mains, sans faillir à sa grâce.

Un peigne assez mal conçu pour arracher les cheveux, comme une broche, comme une boucle susceptibles de déchirure ou de piqûre, contredisent à leur rôle essentiel.

« ... Tout se révèle sous le contrôle de la pratique : la pendule d'art qui ne marche pas, la broche d'art qui ne tient pas fermée ou manque des résistances convenables pour se fixer sur les diverses matières des vêtements, la chaîne d'art qui casse à tout instant, toutes ces œuvres d'art qui perdent leurs pierres si elles en comportent; l'orfèvrerie d'art qui ne répond à aucune des possibilités de l'entretien en vue de l'hygiène de la table; le couvert, le couteau mal équilibrés, qui tombent à tout propos, se tordent, ou dont la lame tourne dans le manche au risque de blesser; l'épée d'honneur donnée à un général au cours d'une guerre pareille (Charles Rivaud, le regretté maître-bijoutier, fit cette conférence à laquelle nous empruntons, en 1917) qui n'est qu'un outil inférieur alors qu'il s'imposerait que ce fût une œuvre d'art et une arme de premier ordre... »

En dehors de ces considérations impératives et tempérantes, de construction et de conception, le champ est libre à l'artiste qui, s'il dispose les pierres à sa guise (dans la limite des commodités et de l'effet servis), apportera tout son talent au choix des pierreries harmonisées entre elles avec le métal du support.

Car un or rouge exaltera une émeraude par sa couleur complémentaire, de préférence à une monture en platine, et cette pierre verte sur la peau blanche d'une femme rousse, par exemple, trouvera son harmonie exacte. Savoir utiliser une pierre comme lumière, plutôt que de réduire la pierre à n'être qu'un joyau; chercher, en un mot, l'agrément de la belle lumière suivant la nature de la pierre ou du paillon sur lequel elle doit reposer; savoir dissimuler, parfois, l'utilité de la monture à moins de l'accuser, au bénéfice de la pierre fine à préserver des chocs, ou bien pour appuyer l'intérêt de cette monture, d'accord avec les joyaux, relève d'un art complexe où l'invention créatrice, le goût, communient étroitement avec les connaissances subtiles de l'ouvrier. « ... Le diamant peut être placé sur une lumière et pour l'accu er dans un bijou qui aura de la fatigue; il peut même être placé en ces endroits, en vue de protéger sa structure tout en l'éclairant, alors qu'une opale sertie à la même place serait immédiatement détruite ou rayée... » De même que le peintre doit « cacher sa palette », c'est-à-dire l'artifice matériel de sa touche, de sa couleur, l'ouvrier (inséparable de l'artiste, dans la bijouterie) manquerait au métier de son art s'il ne dissimulait point les traces de son outil, les soudures du métal, etc.

Au surplus, l'harmonie des couleurs, du diamant au rubis, de la topaze à l'émeraude, ne préoccupe pas moins l'artiste bijoutier que le contraste des feux d'une pierre avec le velouté d'une autre. La chair mate d'une perle s'oppose à l'éclat d'un brillant, avec un tact charmant. Les combinaisons de ce genre sont multiples, autant que les patines ou la matité avec le poli d'un métal, autant que la caresse aux yeux comme à l'épiderme, de telle ou telle pierre : les deux contacts supérieurs du bijou, physiques aussi pour être complètement artistiques.

La matière, toujours, commande; robuste pour l'homme, délicate pour la femme; de la force à la sensualité : ces vertus morales du bijou, associées au grain de la peau, à l'expression du visage, participant à la fois au reflet du métal et au frisson des gemmes comme au frémissement de l'être.

Ces hautes préoccupations, d'ailleurs, ne sauraient concerner ni émouvoir le bijoutier qui, simplement, spécule sur la pierre précieuse. Ce dernier s'apparente strictement au commerçant, dans l'échelle du marchand de pierres « sur papier » et du marchand de pierres « sur papier » qui fixe, au surplus, lesdites pierres sur une monture quelconque. Tandis que le travail compte pour l'artiste, chez le joaillier ordinaire c'est la pierre; bien qu'il n'empêche que des stricts joailliers ont souvent monté des bijoux blancs avec un talent supérieur.

« La rareté des pierres précieuses vraies dans l'antiquité et au moyen âge, remarque judicieusement M. Ch. Lalo *(L'Art et la Vie Sociale)*, et la fréquence des pierres fausses, des imitations en verroterie qui ornent encore tant de châsses et de calices les plus authentiques, entraînaient le besoin de rendre ces objets intéressants par le travail précieux d'un orfèvre... »

SUR LA TECHNIQUE DU BIJOU 185

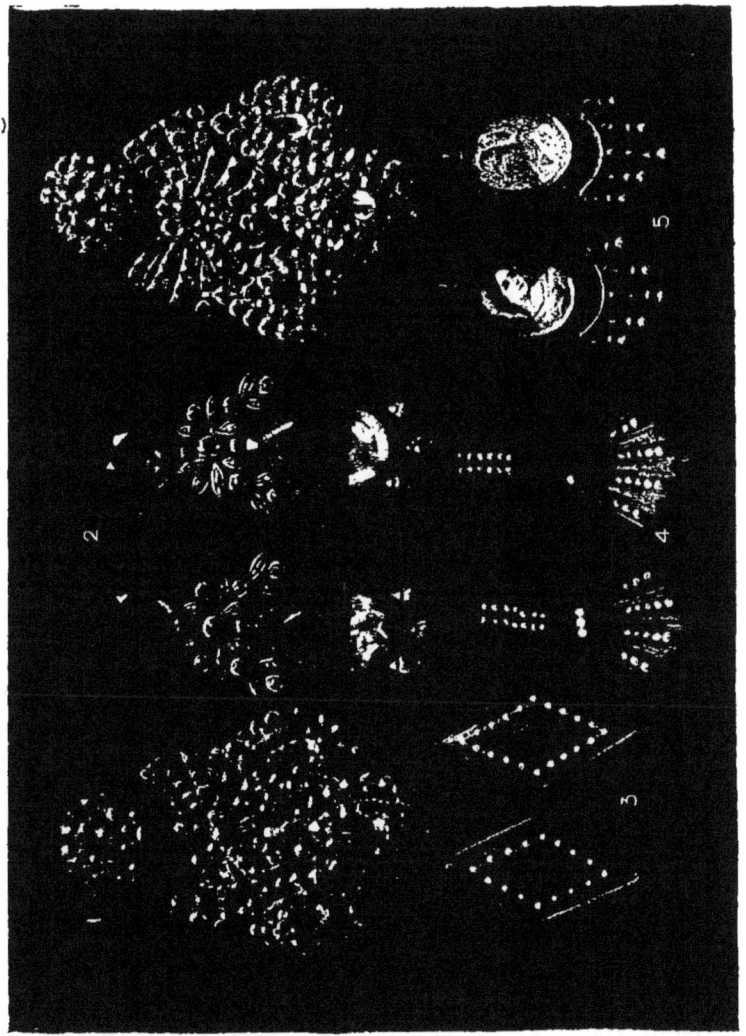

Planche LIII. — *Espagne*.

Étant donnée donc, la nuance entre l'artiste bijoutier et le bijoutier, on pourrait s'étonner que la femme chic qui, pour le raffinement de sa toilette exactement adaptée à sa nature comme à sa forme, s'adresse à l'habileté et au talent du couturier, du bottier, de la modiste et de la lingère, se « bijoute » en confection.

Au surplus, la vénalité du bijou, aujourd'hui, l'a souvent détourné de sa grâce. Hommage autant qu'accessoire de la beauté, le bijou, dans sa perversion occidentale qui s'accuse, n'a souvent que la valeur d'un chèque (1). Lorsqu'il comble une hétaïre en remerciement de ses faveurs, c'est une somme d'argent qu'il tient essentiellement à représenter; c'est un écrin signé du joaillier à la mode, payé le plus cher possible, plutôt qu'un bijou, qu'il signifie.

Lorsque les journaux nous apprennent qu'une Mlle X... exhibe, au *Winter garden* de New-York, 40 millions de dollars de diamants et de perles (ce qui constituerait le record même pour l'Amérique!), joyaux qu'un détachement de détectives, commandé par un lieutenant, garde à l'intérieur du théâtre, tandis que d'autres agents, en uniforme, veillent sous les fenêtres de la loge de l'actrice ainsi que des pseudo-figurants, sur la scène, et de soi-disant spectateurs, au premier rang des fauteuils d'orchestre, lorsque, dis-je, la presse, à sons de trompe en or, proclame un faste aussi tapageur, s'agit-il, à proprement parler, d'esthétique?

La différence du geste, qui permet à la placidité

---

(1) On prétend même que les bijoux de Mouzzafer-ed-Dine, schah de Perse mort en 1917, ne lui suffisant plus à garantir ses emprunts, il n'hésita point à donner la Perse en gage à ses prêteurs : la Russie et l'Angleterre associées, qui exigèrent 12 % d'intérêt!

orientale des bijoux interdits à notre mobilité, ces bijoux orientaux, encore, adéquats à une sensualité que la corruption de notre goût dénatura, nous remettent en mémoire l'anecdote suivante, tout à l'honneur de la valeur morale du bijou.

Il y a quelques années, un milliardaire français désireux de témoigner sa reconnaissance à un vieil officier qui lui avait rendu un service signalé, s'enquit auprès de lui de la manière de le remercier. Il essuya un refus courtois et digne ; le vieil officier désirait s'en tenir au plaisir d'avoir obligé Crésus, malgré qu'il ne fût point riche. Pourtant, sur les insistances du milliardaire qui lui demandait seulement la faveur d'adresser une poupée à la fille du vieux soldat, celui-ci accepta. Et, le lendemain, le cadeau fut sur le cœur de sa destinataire : une poupée dont les verroteries aux oreilles, au cou et aux bras, accompagnaient une toilette et une fabrication des plus modestes. Les semaines passèrent et, un jour, avisant par terre, tout disloqué, le jouet délaissé, un lapidaire, ami de notre officier, fort intrigué par l'éclat des verroteries qui l'ornaient, le ramassa pour l'examiner. Or, les « verroteries » n'étaient ni plus ni moins que des brillants de toute beauté. La modeste poupée s'avantageait d'une parure évaluée 200.000 francs environ ! Ainsi la gratitude avait-elle agi aussi somptueusement que délicatement, à l'égard de la dignité. Mais cela relève de la vertu symbolique et s'ajoute à la poésie du bijou opposée à sa qualité matérielle. Et, fermant cette parenthèse, nous conclurons que la tâche du bijoutier artiste que nous rejoignons, s'apparente aux plus nobles, par la pensée

188 L'ART DE RECONNAITRE LES BIJOUX ANCIENS

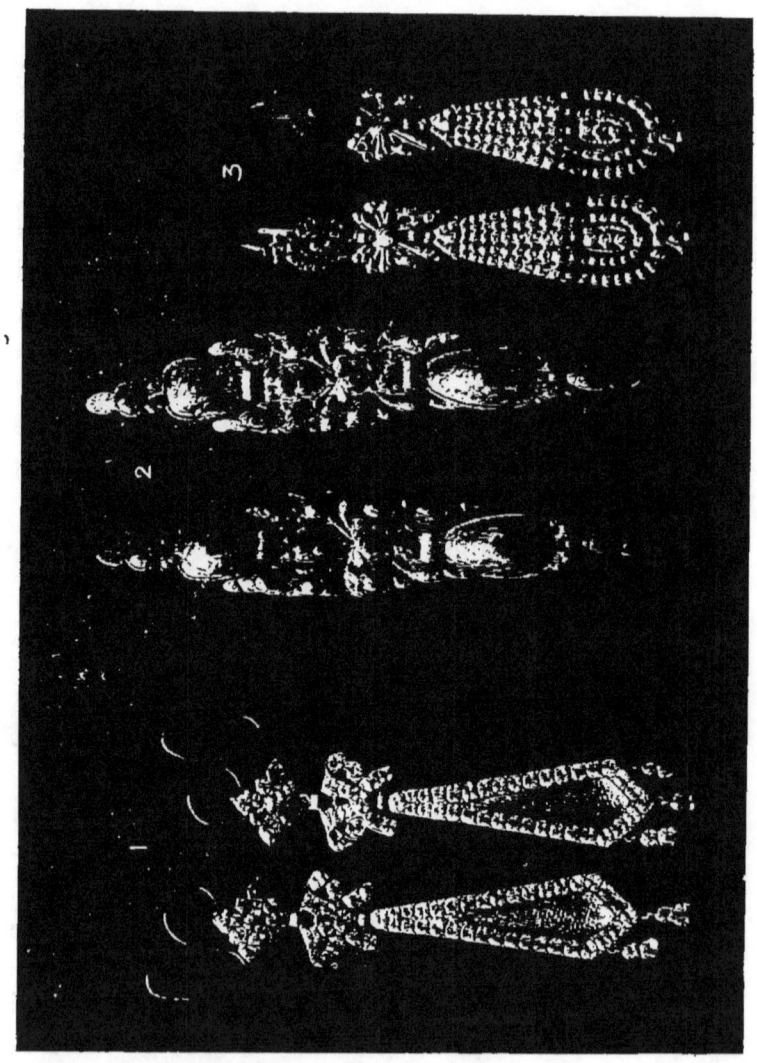

PLANCHE LIV. — *Espagne*.

qui s'y ajoute et vit dans son métier. Et ce métier reflète non seulement la main qui, avec des connaissances de peintre (pour la couleur), de sculpteur et

SUR LA TECHNIQUE DU BIJOU 189

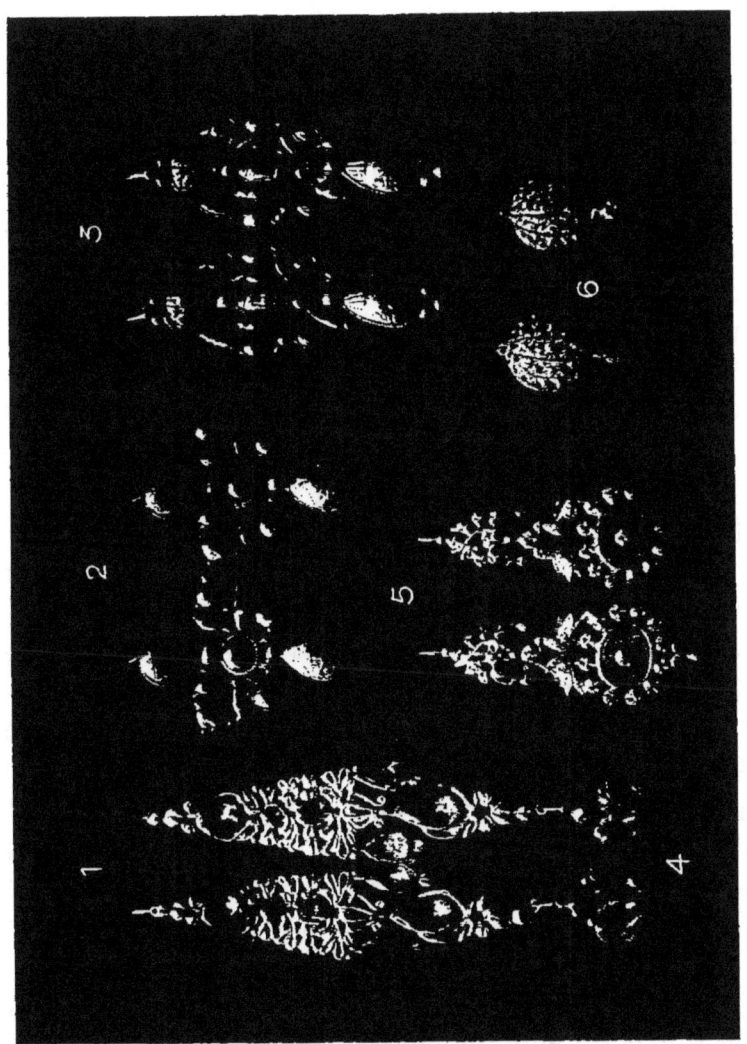

PLANCHE LV. — *Espagne*.

d'architecte (pour le relief et la construction), le
façonna, mais encore le ciel sous lequel il fut créé.
On a fait justement remarquer qu'un Breton ne

concevra pas un bijou comme un Provençal et, nos styles d'art français ont subi en Angleterre, en Espagne, en Allemagne, etc., une déformation nationale, typique.

Avant de toucher à la technique délicate de notre objet, nous retournerons à notre préambule pour souligner les difficultés de reconnaître le style du décor des pierres précieuses, plus fantaisiste et indépendant que celui du meuble, par exemple, dont les formes subordonnées à l'utilité sont davantage caractéristiques. Aussi bien, c'est le *caractère* qui tient lieu de style au bijou indigène ou populaire; de telle sorte que l'on devra étudier ce caractère, pour en déterminer la source.

Quelques mots sur le métier du bijoutier s'imposent maintenant au but pratique que nous poursuivons. Tandis que plane la beauté, le métier réalisateur de cette beauté apporte sa contribution modeste mais puissante. Il sait appuyer l'aspect comme le faire ressortir, exaltant, répétons-le, autant les feux d'une pierre que la vertu d'un métal, assurant, par la solidité d'une monture, la durée d'une admiration, toujours s'effaçant derrière l'effet précisé, dans le respect de la matière accompagnatrice de la pierre douce ou rude, choisie.

Nous savons que les diverses qualités de la pierre, au toucher, commandent le genre comme le mode et l'esprit de la monture, et pareillement pour les couleurs différentes de la pierre, conseilleuses d'harmonies ou d'oppositions; il y a, au surplus, des gemmes plus ou moins seyantes pour chaque sexe : propres même aux divers caractères de l'individu.

Un bijou doit répondre à un tempérament; il s'identifie à qui le porte; il fait corps avec lui. Toutes ces nuances correspondent à des intelligences dont, certainement, la bijouterie courante n'a cure, mais qui, en revanche, obsèdent l'artiste bijoutier et accusent la valeur de son métier.

Charles Rivaud, maintenant nous parlera d'autres subtilités de son art.

« ... Le bijou, malgré ses faibles proportions, doit, par ses caractéristiques, pouvoir répondre à des conditions nombreuses et nettement expressives. Ou bien il est d'ordre intime, pour soi, caché, comme pour mettre un secret à l'abri et extérioriser son invulnérabilité, son impénétrable mystère, ou bien, au contraire, un accessoire du costume, une parure d'apparat.

« Dans le premier cas, il doit être pratique, arrondi, convenable à un usage constant par des formes appropriées, inviter à la caresse, solide et inviolable; dans le second, il s'agit, pour préciser, d'un bijou d'apparat pour un personnage que l'on n'aborde que de loin, qui n'en fera usage que dans certaines manifestations précises, rituelles pourrait-on dire, bijoux pour les cultes, par exemple, où les gestes sont établis, réglés conformément à une tradition, il permet une plus grande liberté dans l'échelle; il permet plus de variétés dans les plans, plus d'ampleur dans les ajours, s'il en comporte, dans le volume des pierres, la couleur locale des émaux, l'embossage des surfaces; relations toujours tenues en accord avec la couleur et la nature du revêtement particulier sur lequel un pareil bijou doit être porté.

« La répartition de la lumière sur ses surfaces, ses accents, du fait dont la matière a été traitée, dont elle a pu être décorée ou enrichie par des rapports, filigranes, moulurations, etc., en observant toujours que c'est de la plus grande simplicité des moyens mis en œuvre que l'on peut espérer la plus imposante, claire et sensationnelle manifestation de l'effet... »

Avant d'aborder le chapitre de la technique dans ses lignes élémentaires et générales, nous distinguerons : les *joailliers* qui montent les pierres, travailleurs et vendeurs de joyaux, des *bijoutiers* proprement dits qui exécutent (dessinent, cisèlent, etc.) des bijoux, légers ouvrages d'art destinés à la parure des personnes.

On distingue, en matière de bijouterie : 1° la *bijouterie en fin*, c'est-à-dire en or, sur laquelle on monte les émaux, nielles, etc; 2° la *bijouterie en argent*, souvent dorée ou en vermeil; 3° la *bijouterie en faux* pour les bijoux de cuivre ou de chrysocale (auxquels s'ajoutent le doublé, le titre fix et autres compositions analogues d'où l'or n'est point banni); 4° la *bijouterie d'acier*; 5° la *bijouterie en fonte de fer*, dite *bijouterie de Berlin*.

L'orfèvrerie, enfin, qui désigne à la fois l'art et les ouvrages de l'orfèvre, comprend : 1° la *grosse orfèvrerie*, ou fabrication des pièces d'un certain volume : services de table, coffrets à bijoux, statuettes, ornements d'église, etc.; 2° l'*orfèvrerie-bijouterie* ou fabrication des bracelets, bagues, chaînes, broches, etc.; et 3° l'*orfèvrerie-joaillerie* ou art d'enrichir les bijoux et joyaux avec des pierres précieuses. L'*orfèvrerie d'imitation* s'ajoute enfin, de nos jours, à cette énumération. Elle caractérise notamment les anciens pro-

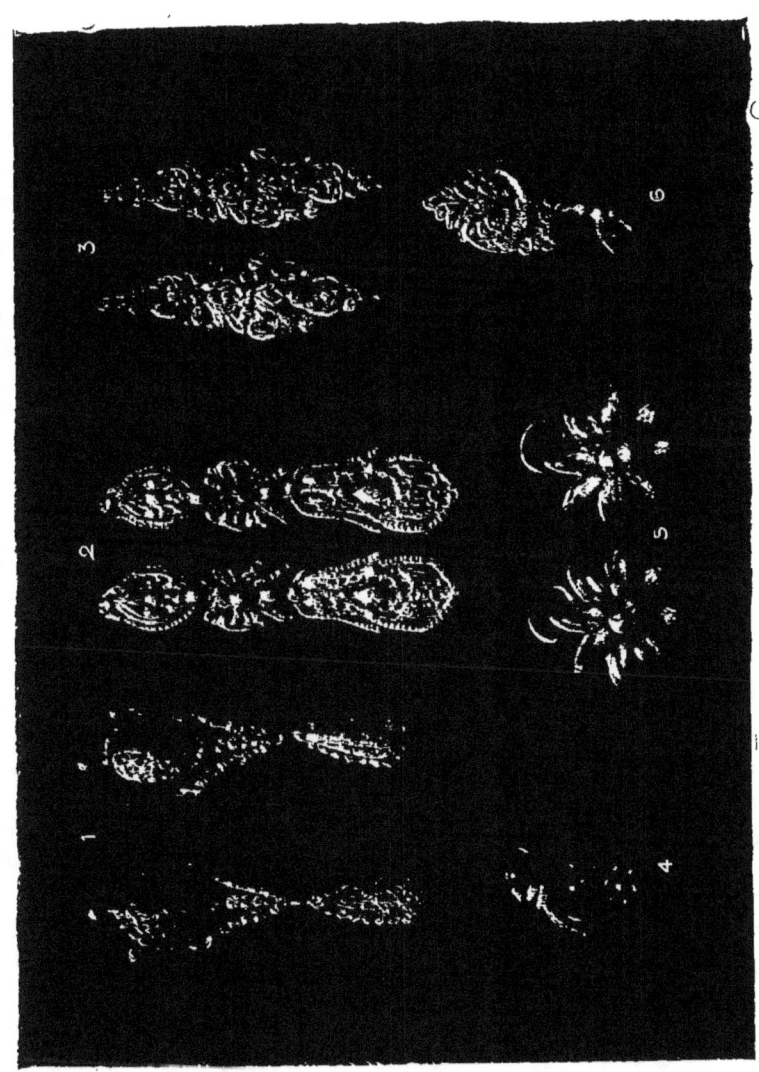

Planche LVI. — *Espagne, Portugal.*

cédés d'argenture et de dorure Elkington et Ruolz, d'Alphen, à qui l'on doit des œuvres d'art d'ailleurs remarquables.

Mais que de bourgeons viennent se greffer sur ces bases ! Que de spécialités à joindre aux précédentes, à travers les nombreux modes de bijouterie réalisée à la main ou à la mécanique ! Le métier, aujourd'hui, s'est dispersé, commodément, économiquement ; il s'est diminué aussi dans une spécialisation à outrance qui porte sa lourde responsabilité dans la crise actuelle de l'apprentissage. En parcourant les multiples rubriques sous lesquelles on distingue les diverses professions du bijoutier dans l'*Annuaire de la bijouterie*, on saisit certain progrès dans certaine déchéance, et l'utilité du métier complet apparaîtra dans ce passage où Ch. Rivaud ne détache point aisément la technique de l'orfèvre de celle du bijoutier :

« ... le moment où le bijoutier devient un orfèvre est assez subtil à envisager. Ainsi, on désigne sous la rubrique : articles de fumeurs, ceux qui réalisent des boîtes à cigares ou à cigarettes, des boîtes à allumettes, briquets, tabatières et toutes fantaisies pouvant être imaginées pour l'agrément des fumeurs. Or, j'ai personnellement recueilli des objets pour les fumeurs d'opium qui relèvent de l'orfèvrerie Khmer, des pièces de toute beauté artistique et technique, et, à mon avis, ces travaux seraient plutôt de l'ordre de la petite orfèvrerie, mais ils ne sauraient un instant embarrasser un ouvrier bijoutier ayant fait un apprentissage complet... »

DE LA TECHNIQUE ÉLÉMENTAIRE DU BIJOUTIER. — Chez certains artisans, les instruments du travail sont restés les mêmes à travers les siècles, et l'on peut dire en quelque sorte qu'ils sont vieux comme le monde; sans doute parce que, dans leur simplicité, ils s'adaptent admirablement à l'usage auquel ils sont destinés.

Le potier égyptien qui vivait deux mille ans avant Jésus-Christ, se servait presque du même tour et de la même roue que manie aujourd'hui le potier que l'on rencontre dans nos campagnes et même dans nos colonies ; l'artisan malgache, tournant ses vases de terre, pratique de la même façon qu'un contemporain du grand Sésostris.

A ce propos, nous emprunterons encore à Charles Rivaud : « ... Les méthodes de travail n'ont pas changé depuis des siècles, à l'époque de la Révolution et bien longtemps après, les choses devaient se passer comme au moyen âge. J'ai été très frappé de la disposition identique de mon atelier avec celui d'Étienne Delaulne, au XVIe siècle.

« Assurément, nous soudons au gaz alors qu'à l'époque on soudait à l'huile et, de même, le fourneau à fondre fonctionne au gaz soufflé et le petit moufle à émail encore, est chauffé au gaz par une batterie de brûleurs Bunsen; par contre, le banc à tirer est presque identique, la chaîne Vaucanson ayant seulement remplacé le trait de cuir d'autrefois... »

Mais pénétrons plus avant dans l'atelier du bijoutier moderne où, déjà, la matière précieuse impose des précautions vulgaires. Pour pouvoir nettoyer à grande eau le sol et filtrer cette eau afin de recueillir les résidus du travail, une garniture de zinc recouvre le parquet sans préjudice de claies isolantes destinées à préserver de l'adhérence des pieds de l'ouvrier, les déchets d'or ou autres matières, lesquelles sont soigneusement recueillies, tandis que les résidus, brûlés, restituent leur prix.

Une autre prévoyance analogue s'enregistre, celle d'un tablier en cuir formant poche et partant de l'établi sous lequel il est fixé, jusque sur les genoux du bijoutier. C'est là que les limailles seront reçues durant le travail, tandis qu'un coffret en fer-blanc renfermera, aussitôt la journée terminée, les matières du bijou en cours de réalisation.

Sur l'établi prennent place : limes, burins, pinces, cisoires, étau à main, brunissoirs et rifloirs, échoppes, etc., etc.; sans compter tout le petit outillage que peut réclamer spécialement la pièce à produire et dont l'invention relève de l'ingéniosité personnelle.

Appartiennent encore à l'outillage fondamental : le laminoir, le banc à tirer et, par conséquent, les filières, marteaux, mandrins variés, le four pour la fonte et la recuisson avec un soufflet de forge, le moufle à émail, le coffret avec perruque centrale que l'on arrosait d'huile, autrefois, pour obtenir la flamme nécessaire au soudage « à la bouche », au moyen du même petit chalumeau à bouche encore adopté, mais employé aujourd'hui avec une lampe à souder au gaz qui repose devant chaque ouvrier sur l'établi.

Une hotte, à l'écart, abritait autrefois l'ancienne lampe à huile, sale et fumeuse, préposée à la soudure, comme maintenant le pistolet à gaz destiné à recuire les lingots en cours d'apprêt et les pièces d'un certain poids que l'on ne saurait souder à la bouche à l'établi.

La sécheresse fatale de ces renseignements se pour-

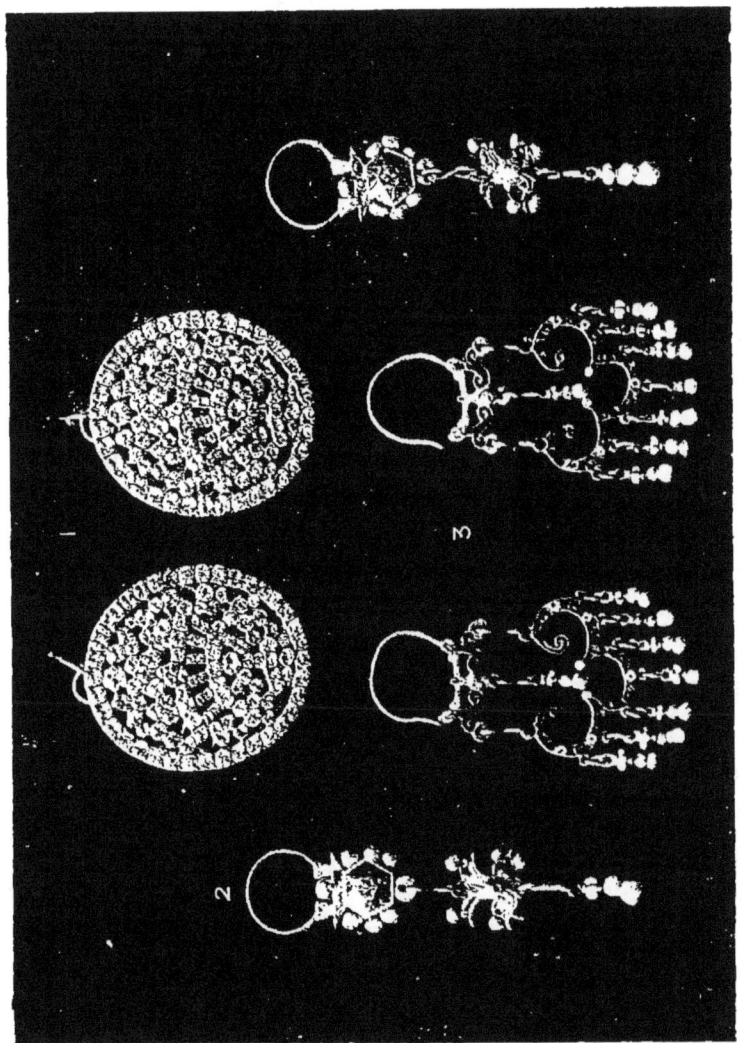

PLANCHE LVII. — *Espagne.*

suivra dans les diverses phases de l'art du bijoutier qui comprend : 1º le métal et les divers alliages employés; 2º les procédés propres à obtenir les formes que l'on désire donner au bijou *(moulage, laminage, étirage, estampage, gravure)* ; 3° la soudure des pièces; 4° le montage des pierres par sertissage; 5° la coloration par des émaux vernis; 6° la mise en couleur, etc.

Nous aborderons ensuite la composition du bijou qui ressortit au dessin, et mieux, au modelage. L'artiste cherche sa forme et ses courbes en harmonie avec la palette des gemmes et du métal à réunir, en vue strictement de la destination de la pièce.

A propos de la conception du bijou, nous nous ferons, une dernière fois, l'écho de l'artiste distingué Charles Rivaud :

« ... Cela vous paraîtra paradoxal, mais jamais on n'a plus certainement constaté la crise de l'apprentissage que depuis que les dessinateurs sont nombreux dans nos corporations... Que l'homme soit doublé d'un dessinateur, c'est tout autre chose. Dans tous les arts de réalisation on ne dessine guère que pour mémoire. C'est manifeste chez les sculpteurs comme chez nous, on préfère grouper, faire une maquette qui, du même coup, sert d'étude et renseigne bien mieux.

« Autrefois, les bijoutiers réalisaient généralement leurs projets avec du plomb laminé que l'on réunissait au moyen de boulettes de cire. Aujourd'hui, la réalisation d'une création provenant d'un atelier de dessin, imposant sa manière, a fait abandonner chez l'artisan toutes recherches dans le sens de la création, a généralisé la paresse de l'esprit et l'indifférence. Les dessins réalisés sur des surfaces planes ont ainsi conduit à des projets relevant du découpage. Combien

SUR LA TECHNIQUE DU BIJOU 199

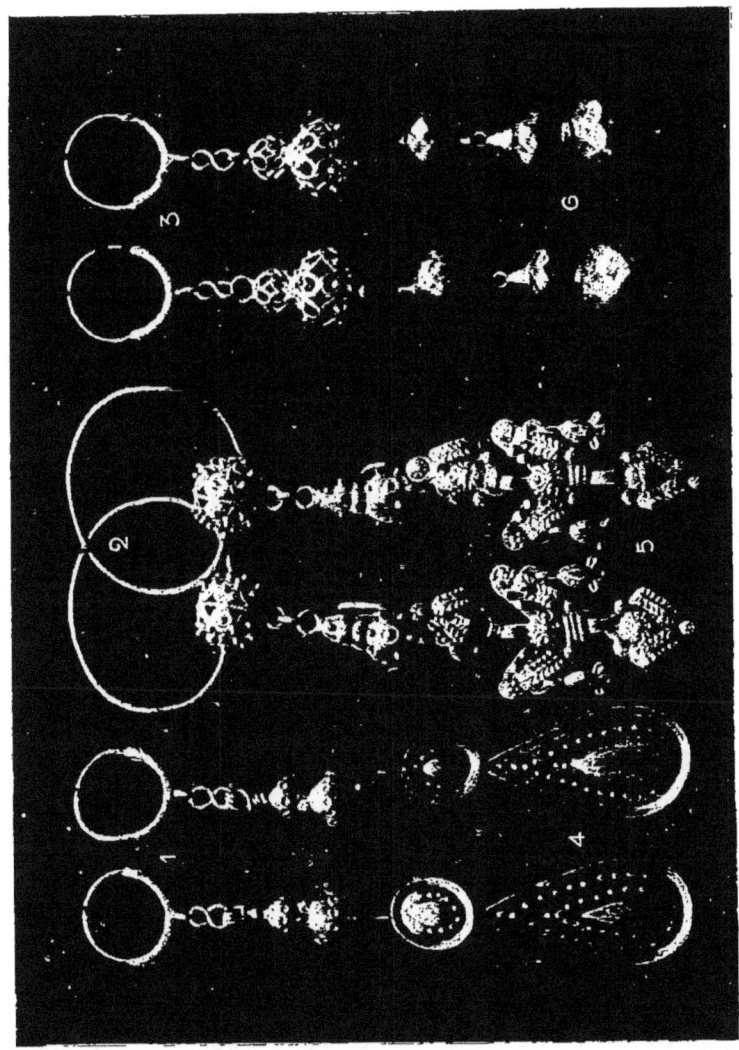

Planche LVIII. — *Espagne*.

de joyaux dont les matériaux réunis représentent une fortune, en sont la manifestation désolante! Si, au contraire, toujours et toujours en dehors du métier, un modeleur réalise de la sculpture à l'échelle du bijou avec une minutie calligraphique, cela induit encore à une autre erreur et nous sommes passés par cette période à l'époque de *l'Art nouveau* où tant de bijoux étaient du petit bronze en or... »

Nous voici arrivés maintenant à la réalisation en matières, après avoir constaté qu'autrefois c'était la pierre précieuse qui inspirait le dessin, tandis qu'aujourd'hui c'est le dessin qui inspire la pierre précieuse. La bijouterie, généralement, se fabrique avec des plaques de métal d'or, d'argent ou de platine de diverses épaisseurs ainsi qu'avec des fils ronds ou carrés de différents *traits*. Quant aux opérations initiales, fonte du lingot, etc., et celles qui suivent, leur multiplicité correspond à la diversité des formes à obtenir, et mieux vaut, pour ne point divaguer, les énumérer dans l'ordre de certaine logique.

Tantôt on décalque l'objet, tantôt on le modèle au bout de l'outil, et le reperçage consiste à obtenir une pièce en silhouette, c'est-à-dire dégagée du métal sur lequel sa masse reposait, à condition toutefois que cette pièce se détache, détourée, sur un fond.

Et puis, ce détourage du sujet est *embouti*, c'est-à-dire courbé à froid, de manière à être rendu convexe d'un côté et concave de l'autre, après quoi intervient la soudure, et enfin la ciselure ou modelé.

Quand il s'agit de métal repoussé, la *résingle* (pour les grandes pièces d'orfèvrerie) opère du dedans au dehors, c'est-à-dire que la résingle exprime des bosses extérieures, à l'endroit du dessin, que l'on bourre de ciment à l'intérieur pour les immobiliser. On peut aussi repousser le métal en l'appli-

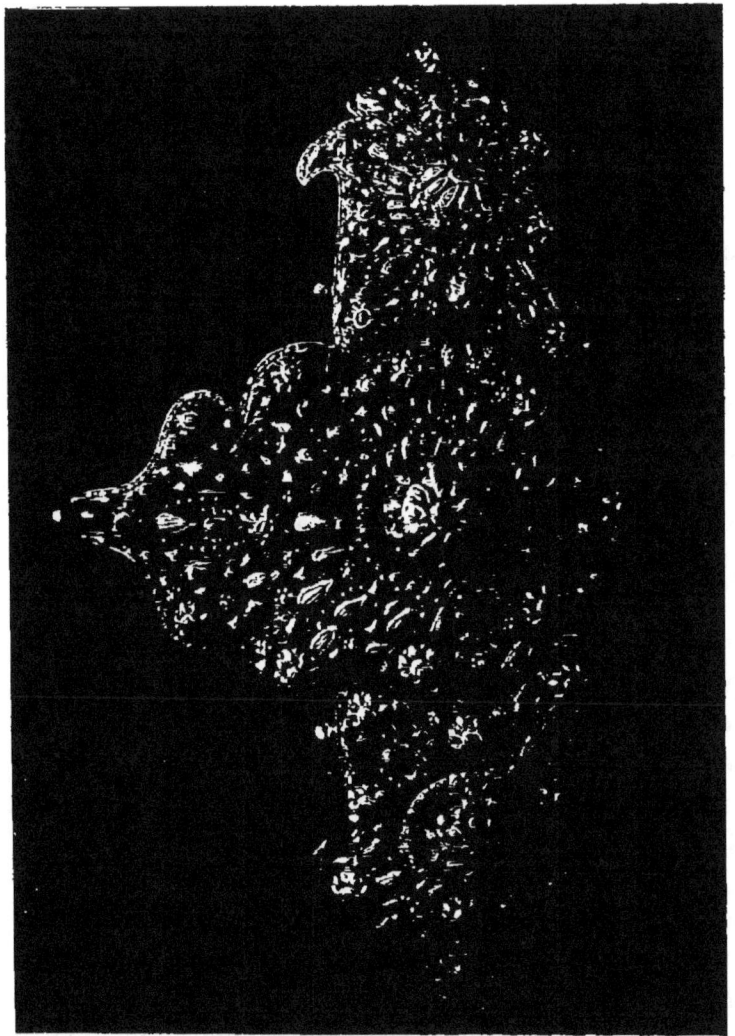

Planche LIX. — *Turquie.*

quant face au ciment pour imprimer des forts reliefs que l'on bourre ensuite, aussitôt retournés.

Nous passons sur la pratique non moins difficultueuse des ciselets, pour accuser les modelés, et du planoir, pour abaisser la matière à l'entour des reliefs, et voici les bijoux estampés. L'estampage des bijoux s'obtenait autrefois à la main, à l'aide d'une matrice et du marteau, ce dernier réalisait des reliefs en frappant à l'envers sous la feuille de métal qui, remise ensuite à l'endroit, subissait l'action des ciselets ou du burin, comme auparavant, pour corriger et embellir le repoussé.

Mais aujourd'hui, ces sortes de bijoux relèvent expéditivement de la machine. Un coup de balancier suffit pour reproduire le modelé de l'objet, grâce à un bloc d'acier figurant ce modèle en creux dans lequel sa contre-partie, gravée en relief, pénètre.

Un procédé électro-chimique a remplacé de même la formule personnelle de la mise en couleur du métal or, soit que l'on veuille restituer à l'or pur son aspect que l'alliage de cuivre (dans une proportion de 250 pour 750 d'or, ou de 200 pour 800 d'argent) lui a fait perdre, soit que l'on désire la couleur de l'or jaune mat. Les divers bains réclamés pour ces différents effets auxquels participe aussi l'argent dans une opération analogue, dite blanchiment, ne concernent point l'amateur non plus que les difficultés de la soudure, se résumant en l'action d'une flamme soigneusement dirigée par le souffle humain au moyen d'un chalumeau qui dissout un alliage plus fusible que celui des pièces à souder (afin que celles-ci ne fondent point elles-mêmes à la chaleur).

Les chatons des bagues intéresseront davantage notre lecteur, mais leurs diverses qualifications lui importent peu cependant, en dehors d'un choix qui

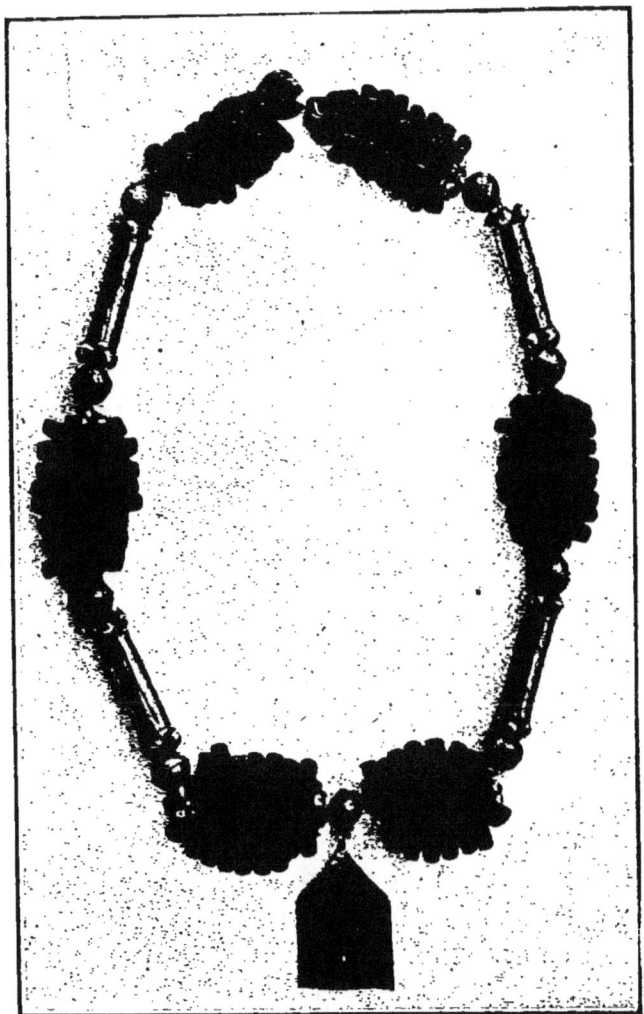

PLANCHE LX. — *Tunisie*.

donne le pas aux chatons *droits* et *illusion*, c'est-à-dire subordonnés à la pierre qu'ils présentent, solidement et dans tout son éclat, sur les chatons débordants sans discrétion, dont le brillant passager prétend augmenter l'importance de la pierre. Il y a des chatons *illusion renversée* où le serti de la pierre n'offre guère de garantie, des chatons *cranés* et *arcadés*, à griffes descendues, etc., de même que les sertis : dressé, à filet, sur plein, perlés, d'ordre purement technique, tandis que le montage *à fond* d'une pierre de couleur signifie que le bijoutier a interposé entre la pierre et le fond sur lequel elle portera, un paillon ou feuille de métal, colorée ou non, afin d'en exalter le ton.

N. B. — Ne point confondre ce paillon avec ceux employés pour la soudure, à l'état de petits rectangles découpés dans la lame de soudure laminée et préparée à diverses proportions suivant usage.

Notre course dans la technique bijoutière se ralentira un instant, maintenant, devant les opérations du polissage et du brunissage. Le polissage termine la pièce assemblée, soudée et ciselée, et le brunissage a pour but de donner des tons différents, brillants, mats, bruns, au métal dont les pores ont été dilatés par la soudure.

Travaux méticuleux ressortissant au nettoyage, où les poudres de ponce, de Tripoli, de blanc de Troyes et les brunissoirs d'acier ou d'agate, plus ou moins habilement maniés, tendent au but différemment. Nous ne parlerons point, enfin, des procédés d'oxydation et autres patines qui, dans l'art et le métier complexe du bijoutier, dépendent de tours de main et d'intelligences expérimentées, indifférentes au surplus, à l'intention superficielle que nous poursuivons.

Mais, au fait, la petite mécanique en métaux

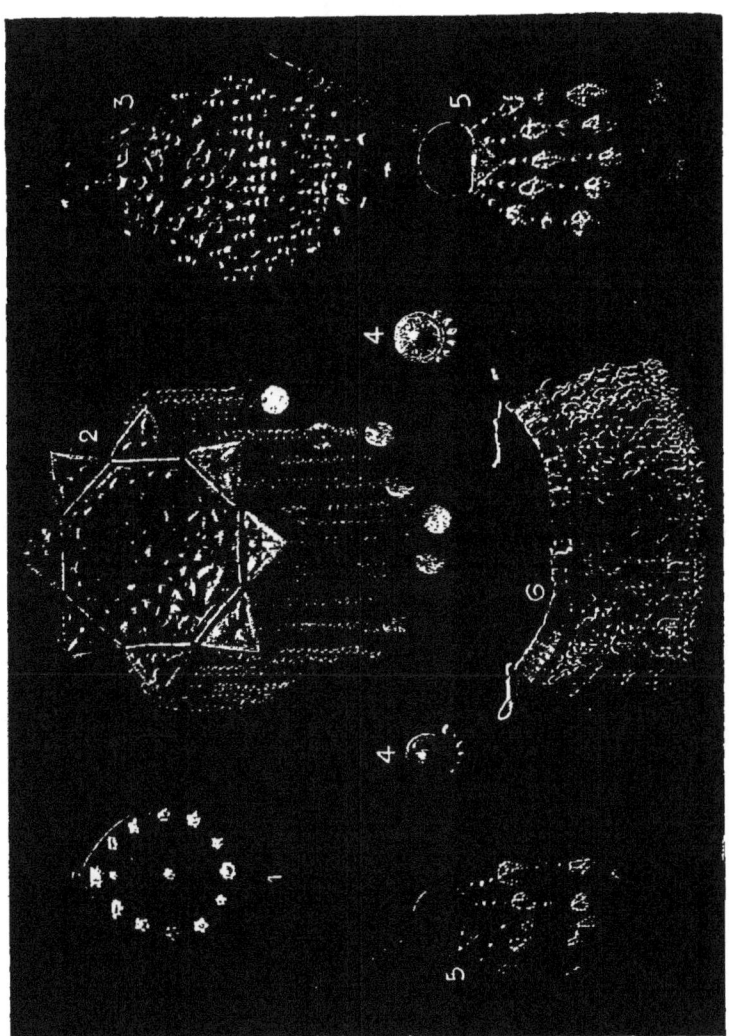

PLANCHE LXI. — *Perse, Turkestan, Turquie, etc.*

précieux tend de jour en jour davantage à se substituer à la bijouterie proprement dite; elle déborde dans la spécialité, ainsi que nous l'avons signalé.

C'est là l'effet d'un machinisme mal assimilé, sans doute regrettable pour le beau métier en général, mais, hélas ! l'idéal professionnel a été singulièrement désaxé depuis le jour où le commun, avide de paraître, a dénaturé l'art dans la pacotille et l'effet à bon marché. « Plus les premiers besoins seront satisfaits à bas prix par les machines, plus le goût s'élèvera au-dessus des produits du machinisme et recherchera les produits d'un art tout personnel. » Mais Michelet ne se contenterait-il point, de nos jours, d'une adaptation intelligente au machinisme ?

Pour terminer ce chapitre, nous puiserons dans les notes inédites de M. Georges Chapsal ces intéressants renseignements sur le bijoutier hindou. « On ne trouve aux Indes de bijoutiers importants et disposant d'un choix de marchandises que dans les grandes villes. En général, ce sont de simples ouvriers établis dans une échoppe qui, à l'aide d'un matériel rudimentaire, fabriquent la plupart des bijoux de femmes indigènes. Ils ne possèdent aucune matière précieuse. C'est la cliente qui leur apporte les roupies, les pièces d'or destinées à être fondues. Assise à côté de l'ouvrier accroupi devant son petit foyer et pourvu seulement de quelques outils, elle commande le bijou qu'elle désire, d'un modèle invariable depuis des siècles !

« L'artiste est d'une honnêteté scrupuleuse ; il rend en bijoux le poids égal des pièces d'or et d'argent qu'il a reçues, se contentant pour son travail d'une rémunération insignifiante.

« Dans le nord de l'Inde, certains bijoutiers sont spécialisés ; le fabricant de bracelets, notamment.

Aussi pauvrement installé que ses confrères et également accroupi devant le feu, il fait fondre la laque (de différentes couleurs), puis il l'étale sur un moule et, à l'aide d'un instrument tranchant il la divise en cercles minces et étroits qu'il incruste dans le métal. La laque aussitôt refroidie, il arrive à fabriquer une vingtaine de bracelets légers...

« ... Le centre de la fabrication des émaux translucides est à Jeypoor (nord de l'Inde). Il existe, dans cette ville, de véritables artistes qui exécutent ces colliers somptueux et coûtant des prix fabuleux, dont sont couverts les rajahs. Presque tous ces bijoux sont émaillés, et les bijoutiers importants qui les détiennent ne sont pas établis dans les baars où les fermetures des petites échoppes ne leur offri-

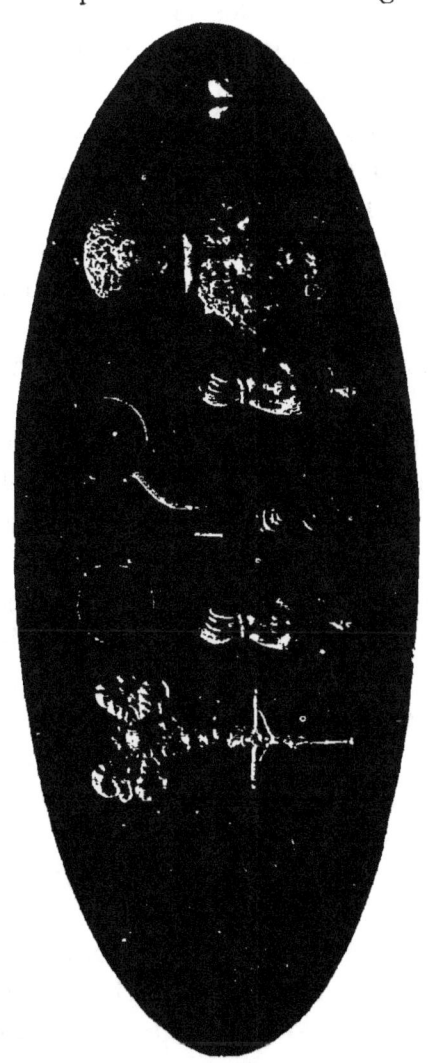

Bijoux et objets français.

raient aucune sécurité. Ils ne tiennent pas boutique; ils sont installés en général dans un bâtiment sur cour, au deuxième ou au troisième étage. La présentation des bijoux se fait avec un certain apparat. Dès son entrée, le client trouve, de chaque côté de la porte, un Hindou à genoux portant sur la tête une corbeille remplie d'oranges, dans laquelle on l'invite à faire un choix. Au fond trône le marchand, superbement enrubanné, flanqué de deux employés porteurs chacun de sacs de toile grise; ceux de droite contiennent les bijoux, ceux de gauche sont vides. Aussitôt le client installé, le marchand prend dans le sac tenu par son employé de droite les bijoux un à un; il n'en sort jamais plusieurs à la fois. La confiance ne règne pas plus à Jeypoor que chez nos grands bijoutiers ! Après que le client a examiné le bijou, le marchand le reprend et le dépose dans le sac de l'employé qui se trouve à sa gauche. De telle sorte qu'à la fin de la séance, tous les bijoux sont passés des sacs de droite dans ceux de gauche et qu'il est impossible au client de faire la moindre comparaison... d'où la difficulté des achats !

« On vous reconduit enfin, à la porte, avec le même cérémonial qu'à l'arrivée, que vous ayez acheté ou non... »

Accueil poétique et comme désintéressé, méfiance avérée mais encore pittoresque, piètre sens commercial, sans doute, mais quelle différence avec la banalité obséquieuse de notre moderne bijoutier si commerçant, au magasin somptueux dénué du moindre caractère ! Et puis, combien la méfiance unanime et hautaine de l'artiste hindou séduit davantage aussi que la singulière confiance de nos joailliers européens qui se laissent si volontiers prendre à leur propre miroir à alouettes ! Cette confiance invariablement proportionnée au luxe esbroufeur et comme prédestinée à l'éternel *gentleman* ou à la *princesse russe*, professionnels de l'escroquerie... Cette princesse russe ou ce gentleman à qui on livre à une porte et qui s'éclipse par une autre, muni de son précieux butin impayé, ou qui déclare avec superbe « qu'il reviendra demain pour le choix définitif »... après avoir empoché subrepticement les plus beaux joyaux de l'étalage !

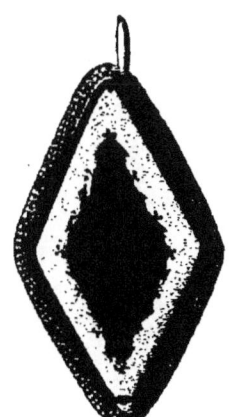 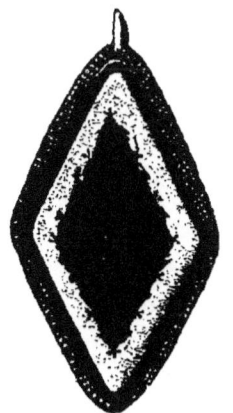

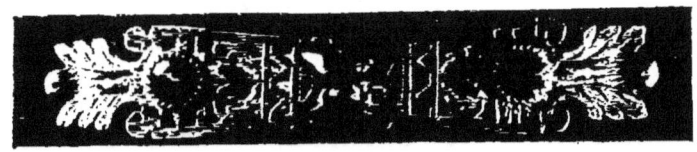

CHAPITRE VIII

Le Bijou faux.

Nous savons qu'il existe à proprement parler une sorte de bijouterie dite *en faux*; celle-ci sincère et dont l'illusion suffit au commun. Le théâtre accompagne harmonieusement sa fiction de joyaux en simili. D'ailleurs, le grossissement de l'effet théâtral est ainsi supérieurement servi; la vérité ne suffisant pas à convaincre, sur la scène, au point que les diamants véritables, très souvent, y risquent de n'être point pris au sérieux, pas davantage que le maquillage, avec lesquels ils sont en communion, n'atteste toujours un joli visage.

Maquillage et faux bijoux marchent donc de pair dans le mensonge professionnel. L'économie, par surcroît, conseille la matière fallacieuse, les pierres réellement précieuses n'appartenant guère, sur le plateau, qu'à de « professional beauty », pour leur publicité.

Aussi bien, quelques grandes dames ont-elles eu recours, parfois, à la reproduction en faux de leurs joyaux véritables. Comme leur fortune ne pouvait laisser supposer ce stratagème, leur prudence, certaines fois, n'était jamais suspecte.

C'est l'histoire bien connue de cette rivière en diamants (1) qui, prêtée à une amie de situation modeste, par sa fastueuse propriétaire, fut perdue dans un bal. L'amie, consternée, à force d'économies et de privations, parvint, au bout de quelques années, à restituer un bijou équivalent et, lorsqu'elle le reporta à son possesseur, celle-ci se récria devant une beauté inattendue, puisque la rivière en diamants prêtée n'était qu'une copie en faux de la véritable !...

Il y a tant de brillants vrais, en revanche, que l'on jurerait artificiels sur certaines gens, lorsqu'ils sont démesurés ou mal portés ! « Mon Dieu ! ma nièce, que vous avez là un joli masque... On vous voit le visage au travers, » disait spirituellement Mme Cornuel à la fille de son frère qui s'était enduit la figure d'une épaisse couche de blanc et de rouge. Et tous les masques ne sont pas flatteurs, de même qu'il y a des masques à tous prix.

Ceci nous amène à considérer des degrés dans la fabrication du faux, qui, souvent, se rapproche très près de la réalité. De telle sorte qu'on doit estimer qu'il y a *toc* et *toc*, sans néanmoins qu'un faux « distingué » puisse jamais s'égaler au vrai, même théoriquement. « *Rien n'est beau que le vrai, le vrai seul est aimable.* »

D'autre part, les pierres précieuses reconstituées par synthèse ne sont point en vérité des pierres fausses, non plus que le strass lorsqu'il se contente d'être un strass, c'est-à-dire de ne point jouer au

---

(1) La « rivière en diamants » date de 1667.

LE BIJOU FAUX 213

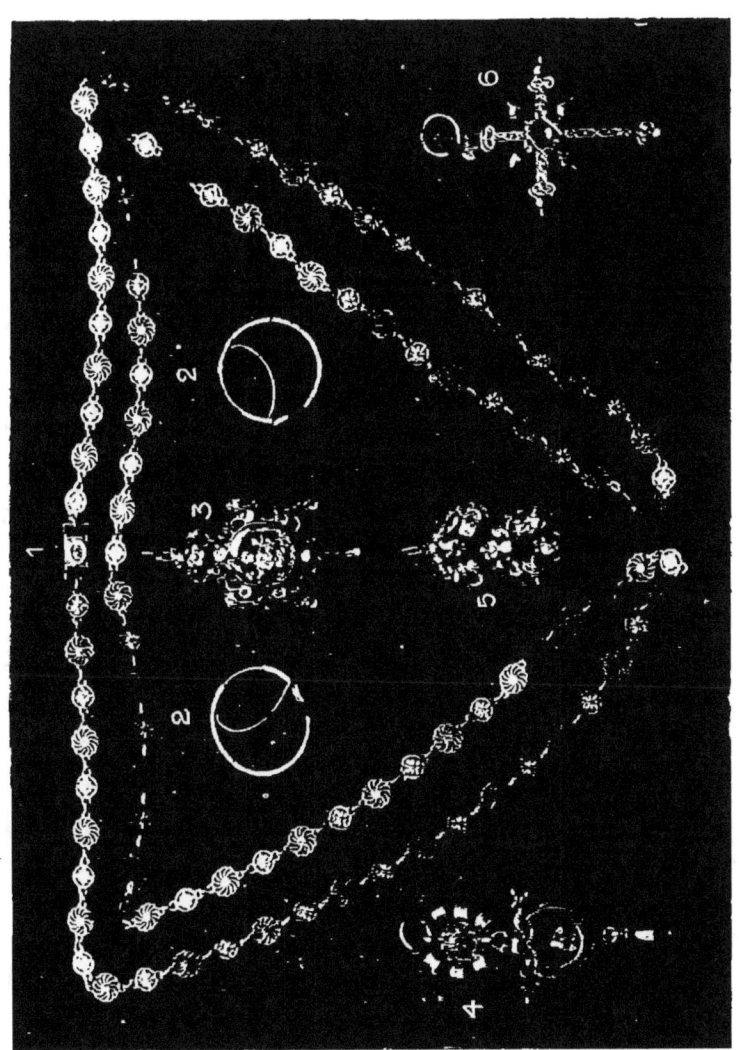

Planche LXII. — *Suisse.*

diamant. Tant de pierres sont sacrées précieuses enfin, dont la préciosité n'est que relative !

Au surplus, peut-on exactement considérer comme

fausses les pierres que la chimie a reconstituées synthétiquement, puisque les experts eux-mêmes s'y trompent, puisque les joailliers réclament du rubis un certificat d'origine, puisque le Mont-de-Piété, devenu le Crédit municipal, ne prête plus maintenant sur d'autres pierres que le diamant!

A vrai dire, quelle différence s'établit-il entre un tableau et sa traduction parfaite quand le peintre se trompe en personne sur son œuvre originale?

Lorsque W. Bouguereau, sollicité d'envoyer son portrait aux Offices de Florence, ne consentit qu'à se dessaisir d'une copie, celle-ci était si remarquable que le peintre ne reconnut point tout d'abord son propre travail, et l'on pourrait conclure de ce fait, puisqu'il s'agit d'un cadeau, que la copie du portrait valait *exactement* l'original. Mais seulement parce que la question d'argent n'était point intervenue dans le marché, tandis que l'écart du bénéfice entre un beau rubis de synthèse, par exemple, et un véritable, constitue un dol vis-à-vis même d'une beauté égale, en vertu du principe logique et commercial que le faux coûte toujours moins cher que le vrai.

Le respect de la matière domine enfin la discussion, malgré qu'il soit piquant d'analyser certain scrupule où la valeur intrinsèque le dispute singulièrement à l'esthétique.

L'industrie du faux date du mensonge éternel. De tout temps on aima paraître et, depuis toujours, l'artifice s'offrit à flatter économiquement.

Rome et l'Inde, si friandes de la parure pour les deux sexes, y compris leurs idoles, étaient déjà passées maîtresses en contrefaçon. Pline nous renseigne, à cet

LE PIJOU FAUX 215

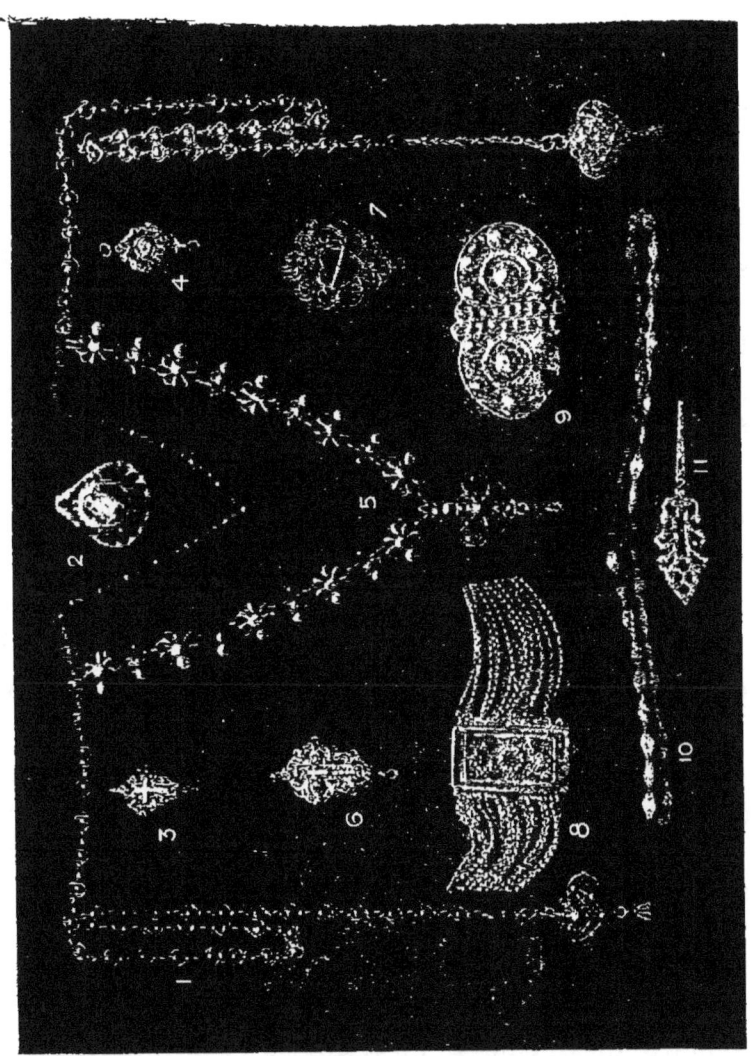

Planche LXIII. — *Suisse, Italie.*

égard, sur l'imitation du rubis notamment, et les Hindous auraient inventé une sorte d'opale fort trompeuse. Mais le rubis du naturaliste romain ne devait être que du verre coloré (de même que l'opale hindoue), puisqu'un coup de lime suffisait pour le démasquer, et nous avons progressé aujourd'hui...

Simili-diamant. — Si Moissan, en 1893, parvint à faire la synthèse du diamant, cette découverte ne sortit point du domaine de la science, et d'ingénieux escrocs purent seulement illusionner un instant sur leur trouvaille supérieure. Mais, de même que les alchimistes croyaient avoir trouvé la pierre philosophale, la cristallisation du carbone demeura un succès de laboratoire.

Le strass en fut ainsi réduit à jouer le diamant, si même le vulgaire verre taillé, plus ou moins bien glacé, ne s'essaya point, naïvement, grâce au subterfuge primaire de l'étamage (ou similisage) de sa culasse ou partie inférieure de sa taille en biseau, à figurer les feux du rare cristal!

Il n'y a point, d'ailleurs, que le verre taillé qui use du *paillon*, d'argent ou de cuivre coloré à la base ou culasse de la pierre. Tous les borosilicates (quartz ou cristal de roche et ses dérivés, agate, onyx, etc.) renforcent leur éclat par l'addition de ce fond miroitant grâce auquel les bijoutiers en faux confectionnent des parures à bas prix. Sans compter que le paillon (qu'il ne faut pas confondre avec la lame de soudure du même nom) jouit d'un loyal intérêt lorsqu'à l'état de feuille mince d'or ou d'argent, il figure sous toute pierre montée à fond. Mais les accents du strass sont autrement trompeurs, soit qu'il représente toutes les gemmes suivant les diverses couleurs qu'on lui donne, aidé du paillon, encore, soit qu'il se prête à l'artifice plus redoutable du *doublage*, façon Bourguignon, brevetée en 1821, mais en réalité pratiquée dès le xve siècle, époque vers laquelle on se contentait élémentairement d'interposer une couche de glu transparente et à la couleur de la pierre imitée, entre deux fragments de quartz.

Le doublage consiste à substituer un morceau de vérité à l'endroit où le strass, préalablement taillé à la manière d'une pierre précieuse, a été amputé. La monture se charge ensuite de dissimuler le raccord. Mais le doublage ne s'est point borné là; il consiste encore à coller, entre la couronne et la culasse d'une pierre véritable, un morceau de verre de couleur. Et là, la lime est déconcertée puisqu'elle ne peut attaquer la surface de l'émeraude, du rubis, truqués. Cependant, si l'on fait chauffer légèrement ces pierres fallacieuses, le joint de colle apparaît en transparence parce qu'il a noirci, et même, s'il s'agit d'un rubis, la partie fausse éclate à la chaleur, tandis que la partie vraie, après être devenue noirâtre, reprend son éclat en refroidissant.

Au regard expérimenté, enfin, un miroitement trompeur décèle, en transparence, l'adjonction frauduleuse, à condition d'examiner la pièce douteuse dégagée de sa monture complice.

Le quartz hyalin coloré permet aussi, grâce à sa dureté, le truquage en question, et d'ailleurs, le diamant dit *du Canada* n'est qu'un quartz hyalin noir et le diamant *d'Alençon*, un quartz hyalin provenant des environs de la ville d'Alençon.

Néanmoins, ces deux dernières appellations sont franches, et de même celle de diamant *Savoyard,* ou diamant coloré en noir ou en brun pour les besoins d'une cause à laquelle sa pureté initiale n'a rien à voir.

Quels sont maintenant les moyens de démasquer le simili-diamant, en dehors, naturellement, du coup d'œil immédiat du joaillier?

L'épreuve de l'acide fluorhydrique agit par la fonte et la calcination, voire jusqu'à la volatilisation, et la radiographie ajoute à ces moyens d'information en dénonçant le faux par une ombre noire et opaque, tandis que l'ombre très légère affirme le diamant véritable.

L'acier, en outre, raye le diamant trompeur dont on frottera vainement la matière avec un morceau de verre pour obtenir la phosphorescence produite par le vrai, qui brille, au surplus, dans l'obscurité.

Cette phosphorescence, d'ailleurs relative ou tellement fugace lorsqu'elle n'est souvent qu'illusoire, a permis cependant, lorsqu'elle était provoquée par des éclairs de magnésium, de distinguer les diamants des mines de Bahia, les plus précieux, de ceux du Cap.

Soumis durant quelques secondes à la lumière intense, celle d'un arc électrique, par exemple, et plongés ensuite dans l'obscurité, après une friction au chiffon, avec du bois ou du métal, les diamants de Bahia seuls étaient phosphorescents (1).

---

(1) Cependant, de récentes expériences ont établi que, sous l'empire du traitement en question, tous les diamants véritables jouissent de la vertu de ceux de Bahia, à un moindre degré de phosphorescence, peut-être, mais ce moyen d'identification, du vrai au faux, est général.

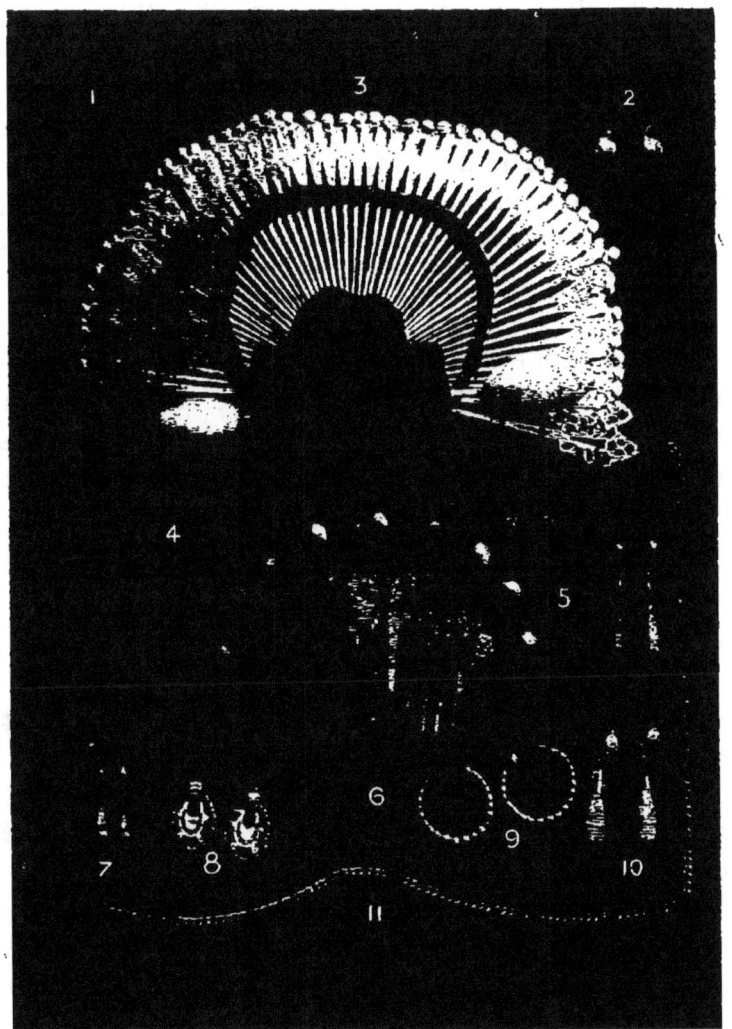

Planche LXIV. — *Italie.*

Toutefois, la valeur de ce distinguo n'a point trait au faux, et ces deux sortes de diamants, si on les avait frottés l'un contre l'autre, eussent échangé, comme tous leurs frères véritables, un bruit strident, particulier et reconnaissable, cri d'innocence à retenir pour une comparaison subséquente.

Le borure de carbone et le carbosilicium de titane peuvent seuls, enfin, entamer la précieuse pierre en question à laquelle, sous les dehors d'un diamant scientifique, un produit taillé d'alumine sans colorant voudrait encore prétendre.

SIMILI-PERLE FINE. — Ce fut, en 1686 qu'un commerçant, nommé Jacquin, trouva le secret d'imiter les perles fines. Il s'aperçut que les écailles des ablettes, en se détachant, produisaient sur l'eau une croûte brillante comme la nacre de perle. Il en tira parti en orientant des petites boules de verre avec une cire dans la composition de laquelle entrait une pâte d'écailles d'ablettes. Mais il fallait 18 à 20.000 de ces petits poissons pour former une livre de pâte. Aujourd'hui, on vend dans le commerce une *essence d'Orient* dont la base n'a point varié pour le même but.

Mais allez donc confondre ces simili-perles avec les véritables, dont l'*orient* est en vérité inimitable et, même, en dépit de la fraude ingénieuse qui s'efforce à réaliser des perles de verre inégales, légèrement bossuées, d'un poids non moins fallacieux, quel connaisseur pourrait s'y tromper? Et point davantage on ne se méprendra sur les perles de nacre et les véritables perles fines, ces dernières nées au sein même du précieux coquillage, tandis que les autres ne sont guère que des imperfections irisées de la coquille.

Voici maintenant la venue des perles japonaises

dont l'ambiguïté — elles ne sont ni fausses ni très précieuses, étant donnée la possibilité de leur fabrication dont l'intensité risquerait d'altérer la rareté des autres perles — menace économiquement le marché et la vanité des colliers chèrement payés...

M. Charles Nordmann expose ainsi la méthode brevetée du savant japonais Mikimoto, d'après le professeur Joubin. Pour produire « les perles japonaises, les Japonais prennent deux huîtres, l'une est ouverte et par conséquent sacrifiée. Dans son manteau, ils découpent un carré de membrane qu'ils isolent; ils y déposent une petite boule de nacre de deux millimètres environ de diamètre, relèvent les coins du lambeau et les attachent de façon à former un petit sac. Ils entre-bâillent alors la seconde huître et, sur son manteau, greffent le petit sac provenant de la première. Le tout doit être fait assez rapidement et sans trop entre-bâiller l'huître, car, si on dépassait la limite, elle périrait des déchirures ainsi produites. L'huître perlière est ensuite remise à l'eau, et il n'y a plus qu'à attendre le résultat. »

Au bout de sept ans, ce résultat, d'ailleurs aléatoire, est connu, soit que la petite boule de nacre ait réalisé le diamètre espéré de quatre millimètres de couches de perle, soit que la greffe ait été stérile.

Mais, en cas de succès, les perles obtenues sont en tout point et naturellement, identiques aux véritables, et, pour reconnaître les perles japonaises, il n'y a d'autre ressource que de les couper en deux. Cette opération seule décèle le noyau de nacre, et les

222 L'ART DE RECONNAITRE LES BIJOUX ANCIENS

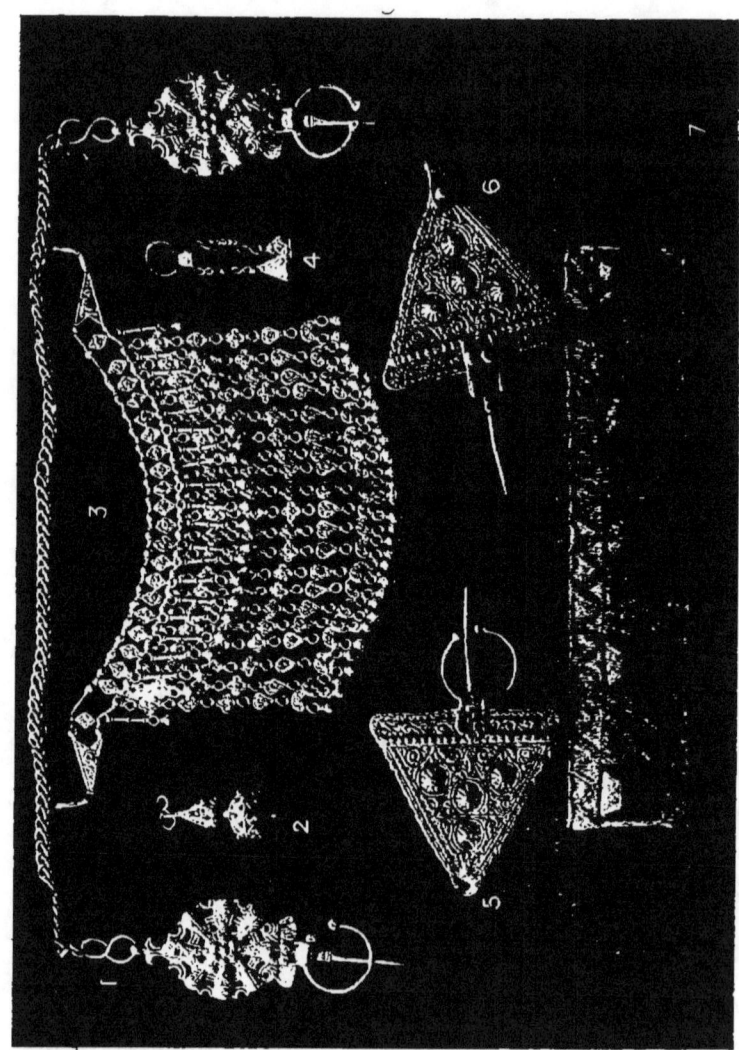

PLANCHE LXV. — *Maroc, Arabie.*

demi-perles, économiquement et volontairement sectionnées, en même temps qu'elles favoriseront notre comparaison, nous mettront aussi en garde contre

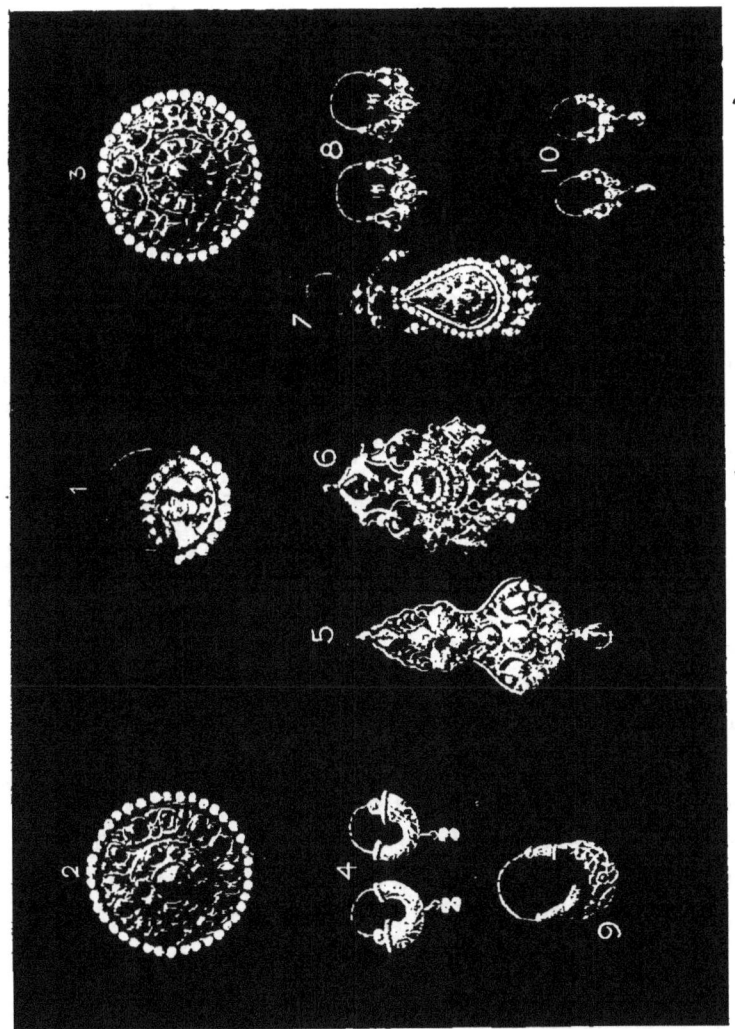

Planche LXVI. — *Perse, Espagne.*

certaines montures dont l'impénétrabilité ingénieuse prétend illusionner sur des perles entières.

Rappelons-nous, ici, les perles de la noix de coco,

que l'on nous annonce, d'origine naturelle, encore, mais sans irisations...

Si le diamant use le corindon et le corindon le quartz; si l'émeraude est le plus dur des minéraux après le diamant, ce dernier seul raye le rubis, et raison de plus le verre. A ces moyens de vérification sommaire, s'ajoute l'épreuve de l'acide fluorhydrique susmentionnée, à laquelle ne résistent point les pierres fausses, généralement des verres composés que colorent des oxydes métalliques. D'autre part, une pointe d'acier raye ces similis et, quant à la perle fine, nous nous rappellerons Cléopâtre pour n'en pas renouveler l'exploit. Le supplice du vinaigre fort, luxueusement radical, en risquant d'affirmer la sincérité, nous confondrait aussi, de même que certains autres acides, en décolorant un véritable lapis-lazuli.

Et l'écrasement difficultueux d'une perle fine, par opposition à la pulvérisation immédiate du verre, s'ajoute au nombre des expertises les plus coûteuses. Il y a d'ailleurs des moyens moins extrêmes d'éventer la ruse. La perle fausse de choix n'a point recours à la puérilité du verre, et c'est à la nacre, tournée et polie, qu'elle s'adresse, à moins qu'elle ne préfère des ciments de nacre mêlés à des oxydes métalliques. Dans le premier cas, il suffit de gratter sous une perle la peau factice dont l'enduit, composé de vernis et d'écailles de poissons, prétend figurer l'orient qui serait tout au plus illusoire sur la partie où la nacre vraie apparaît. Cette peau se raye et son « orient » se dévernit. Dans le second cas, les oxydes noircissent et les fausses perles se gâtent...

Les rayons X, enfin, traversent les perles en verre, viol ignoré des véritables.

Il faut distinguer encore, entre le faussaire et l'imitateur, l'un et l'autre distingués dans leur « ersatz »; l'imitateur toutefois, érigeant son imitation à la hauteur de l'original mais avec une prétention loyale, pour l'honneur d'une firme dont la vanité se régale sciemment et économiquement. Tandis que le faussaire tend à tromper sur le prix, et il n'est point dit alors, que ses procédés frauduleux ne déjouent point, notamment pour la perle, les épreuves connues.

L'imitateur donne franchement un nom à sa perle, à son diamant; commerçant patenté, il tient boutique, alors que le faussaire rôde et se dissimule. L'imitateur, enfin, est un bienfaiteur pour les petites bourses et le faussaire un malfaiteur pour les grandes.

A moins qu'une tête couronnée ne mette tout le monde d'accord, en mêlant singulièrement à l'entour d'une berthe vaporeuse, des perles fines et fausses, à la manière de l'impératrice Eugénie !

Simili-rubis. — Sans parler des travaux précurseurs de Gaudin, vers 1840, les noms de Verneuil et de Frémy sont attachés à la reproduction par synthèse, du rubis qui, pour être réussi, doit approcher de la superbe couleur « sang de pigeon » du modèle (le rubis oriental). En attendant ce résultat plutôt rare, une variété de fluorine représente un faux rubis et, lorsqu'elle est verte, la fluorine s'intitule aux yeux du connaisseur : émeraude de Carthagène, chlorophane, etc., et, tout simplement, fausse émeraude.

Quant au rubis de Bohême, variété de quartz

hyalin rose, il trouve sous ce nom au moins un air de franchise que n'ont point les rubis de synthèse, roses ou à peine cramoisis.

Pour en revenir à l'émeraude, autres homonymes rusés du précieux corindon : l'émeraude *de Limoges*, simple béryl; l'émeraude *du Brésil*, vulgaire tourmaline; sans oublier l'émeraude reconstituée ou de synthèse qui, d'ailleurs, atteint un prix presque supérieur à la véritable.

Le quartz jaune, encore, voudrait donner le change à la topaze orientale, remarquable, elle, à sa double réfraction à deux axes, et rayant sa matière d'illusion ainsi que le béryl, le grenat et même l'émeraude véritable. D'autres moyens existent pour s'assurer de l'authenticité de la topaze : la vérification de sa propriété électrique, lorsqu'elle est chauffée, et sa non-fusibilité au chalumeau. Cette dernière opération, désespérée. Au reste, toute pierre fine jaune se range, communément, parmi les topazes.

La synthèse chimique a réalisé aussi le saphir, grâce encore à Verneuil, et voici la turquoise; celle dénommée de la *vieille roche* ou orientale, plus considérée que celle de la *nouvelle roche* ou occidentale. Quant aux turquoises européennes, veinées comme l'ivoire, d'un bleu moins uni, leur valeur est moindre et, pour l'imitation, les turquoises d'Amérique, formées de parcelles de turquoises agglomérées et fondues au chalumeau, suffisent à leur public.

L'améthyste, d'autre part, ornement de la bague épiscopale, emprunte au quartz ses diverses tonalités violettes, et le grenat partage avec la turquoise, le saphir et l'améthyste, les désavantages d'une fraude

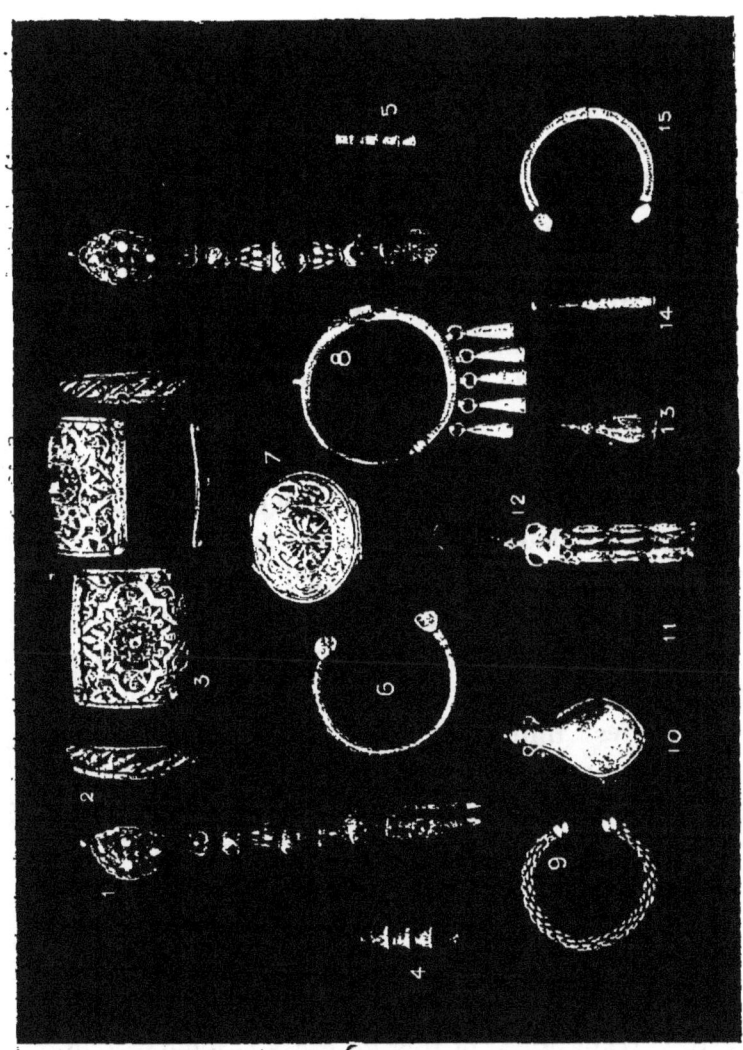

Planche LXVII. — *Thibet, Maroc, Turquie, etc.*

assez courante, parce qu'il existe dans une foule de roches, lorsque des agglomérés (pour les pierres opaques comme la turquoise), du cristal de roche et même du simple verre, colorés, ne suffisent point à la tromperie.

En poursuivant ce chapitre de la déception, voici le corail artificiel ou *fausse purpurine* : un mélange durci de marbre en poudre et de colle de poisson coloré avec du vermillon de Chine. Le celluloïd encore imite le corail et aussi l'ambre. Mais, pour cette dernière matière, le verre et surtout le copal réussissent davantage. Pour discerner l'ambre du verre, il suffit de piquer le morceau suspect avec une aiguille rougie au feu. Si la pointe, en pénétrant, produit une boursouflure légère, il s'agit de l'ambre; si la pointe, au contraire, ne pénètre point, c'est du verre. Pour démasquer le copal, on devra retenir : que cette matière s'émiette facilement, tandis que l'ambre s'écrase avec difficulté; que l'ambre raye le copal, réciproque interdite à ce dernier; que l'ambre, dont les nuances de couleur sont variables alors que le copal est uniformément jaune, exhale une forte odeur aromatique lorsqu'on le chauffe, même entre les mains, contrairement au copal, inodore.

Malgré, enfin, les souplesses de la couleur du celluloïd et indépendamment de son odeur caractéristique, on observera qu'il est extrêmement inflammable (mais certain celluloïd perfectionné, et la galalithe, à base de caséine, consternent aujourd'hui cette vérification !) et que l'ambre, résineux, se désagrège, mais lentement, au feu.

Quant au jais, le verre teint en noir ou une espèce d'émail, tiennent couramment lieu de sa matière véritable sans approcher néanmoins de sa légèreté.

Mais nous n'avons point ici la prétention d'instruire le futur joaillier. Notre tâche modeste tend seulement à éclairer sur la beauté véritable du bijou, en écartant les erreurs initiales et élémentaires, car, pour s'y connaître en pierres fines, une longue expérience est indispensable. L'œil autant que la main acquièrent à la longue un tact redoutable pour le fraudeur. Tout l'art du joaillier tient en son flair, encore; une sorte de divination précède sa science, oriente son examen et assure la solidité de son verdict.

Sous la loupe du praticien, le faux orient d'une perle avoue, comme le feu mensonger d'un diamant. Toutes les pierres ont un regard, un éclat propre (celui du diamant s'appelle « adamantin ») qui dit leur sincérité. Aspect, poids, tonalité, douceur à la vision comme au toucher, autant d'investigations qui sortent du domaine de l'amateur mais ne sauraient surprendre le spécialiste.

Pour mieux tromper, l'imitation va jusqu'à simuler le « crapaud » et autres altérations du joyau véritable, et, là encore, le joaillier veille. Qui veut trop prouver...

D'autre part, les diverses cassures des pierres ont leur éloquence, depuis la cassure conchoïdale du diamant jusqu'à la cassure lamelleuse de la topaze, mais ces subtilités ne concernent point notre étude sommaire et spéciale qui nous oblige encore à ne point insister sur l'action magique du radium, si avantageuse, par exemple pour un corindon bleu qu'il convertit en émeraude, pour un corindon violet transformé en saphir, pour un corindon incolore mué en topaze.

Au vrai, ces dernières expériences, poursuivies par le Dr Bordas après Berthelot, ajouteraient au faux vrai un piquant chapitre si elles avaient toutefois franchi le laboratoire.

Nous avons maintenant ménagé une apothéose des gemmes fallacieuses. C'est la vente des bijoux de théâtre de Sarah Bernhardt qui nous l'offre. Un rideau ruisselant de pierreries vient de tomber sur le dernier acte de la vie de la célèbre tragédienne et un public idolâtre a poussé follement les enchères où bagues, boucles, colliers, couronnes de reine et diadèmes d'impératrice, ont jeté leurs derniers feux hypocrites. Bijoux rutilants de *Cléopâtre*, de *la Princesse lointaine*, de *Théodora*, de *la Tosca*, tout frémissants encore des ovations frénétiques, quelle agonie est la vôtre, puisque le tonnerre des bravos qui s'est maintenant tu, a révélé votre misère... loin de la rampe !

Néanmoins, au titre d'inestimables souvenirs, bijoux de cristal montés sur cuivre, vous avez fait payer cher les ultimes acclamations de la « voix d'or »; et c'est ainsi que vous êtes devenus des bijoux de prix. Jugez-en : 12 bagues atteignirent 4.000 francs; 6 paires de boucles d'oreilles, 3.000; 15 bracelets, 17.505; 5 broches et parures, 6.340; 8 coiffures, diadèmes, bonnets et peignes, 5.000; des agrafes et ceintures, 38.505; 14 colliers, 12.610; des ornements de corsages, 7.600.

Pour 1.310 francs on acquit les plaques de décoration autrichienne de *l'Aiglon* et pour 800 francs le diadème de *Fédora*, incrusté de turquoises et de pierres diverses, émaillé au revers et supportant trois perles fausses

LE BIJOU FAUX

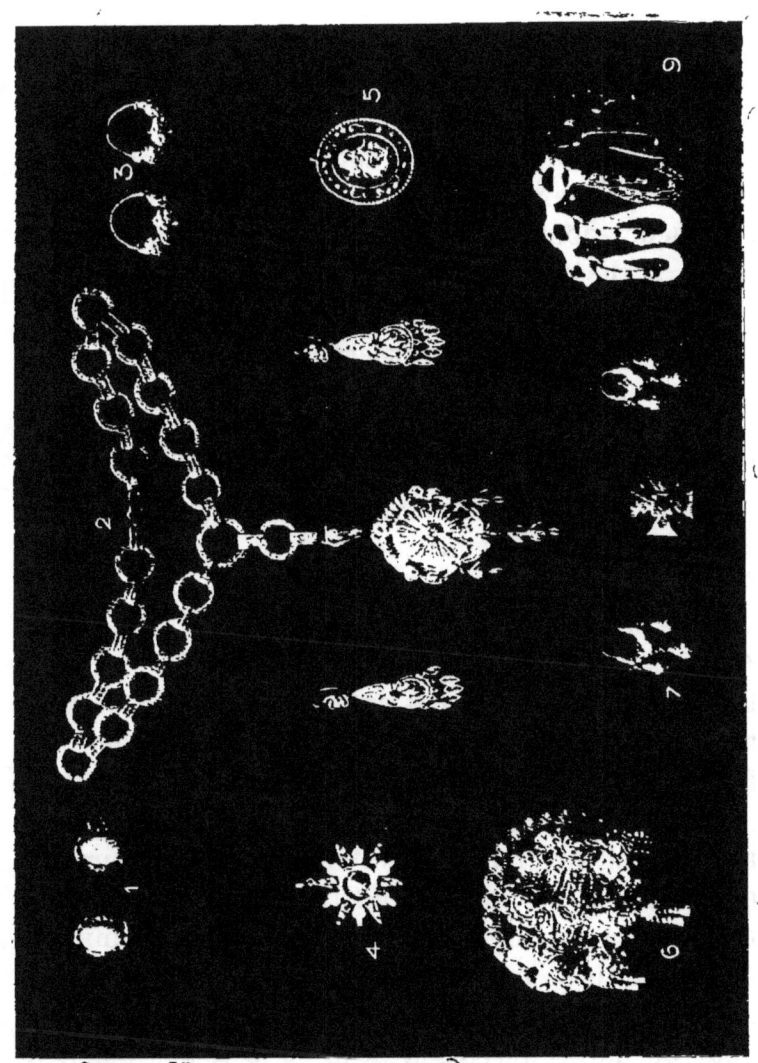

Planche LXVIII. — *Italie.*

La grosse enchère fut portée sur une ceinture de cuir avec des agrafes et cabochons de pierres vertes dont la monture était incrustée de turquoises, qui

« fit » 3.450, sur une mise à prix de 1.500. Du reste, les mises à prix, à part quelques exceptions, furent largement dépassées.

Béatification du faux; condamnation, pour une fois, de la valeur intrinsèque qui mit l'illusion à l'honneur, pour la gloire. Exception en faveur du bijou de théâtre, fidèle à son mirage, vrai comme sa fiction.

Après quoi, nous retournerons au terre à terre de l'astuce...

L'authenticité de la taille des pierres, ses particularités, de la rose au brillant, par exemple, l'examen de la matière, etc., nous valent des surprises sur lesquelles on méditera utilement et coûteusement parfois. C'est le calvaire du faux qui se poursuit.

« Les broches de l'époque Louis XVI, écrit P. Eudel *(le Truquage)*, sont très souvent montées en roses. Les vraies se reconnaissent au serti. Le travail ancien est doux, fait par un instrument dont la forme est perdue de nos jours; dans le travail moderne, au contraire, les angles sont aigus. Il est aisé de retrouver avec une bonne loupe le coup sec et tranchant de l'outil... » Et, après avoir dénoncé certains marchands qui garnissent des émaux ou des miniatures modernes avec des roses anciennes, soigneusement recueillies, l'auteur explique que, pour parfaire l'œuvre, la peau et le temps donnent l'usure nécessaire et il s'écrie : « Ne regardez pas l'anneau qui doit fixer au cou la pendeloque à l'endroit où le frottement continu l'use. Le truqueur, prévoyant votre inspection minutieuse, a soigné tout particulièrement cet endroit ! »

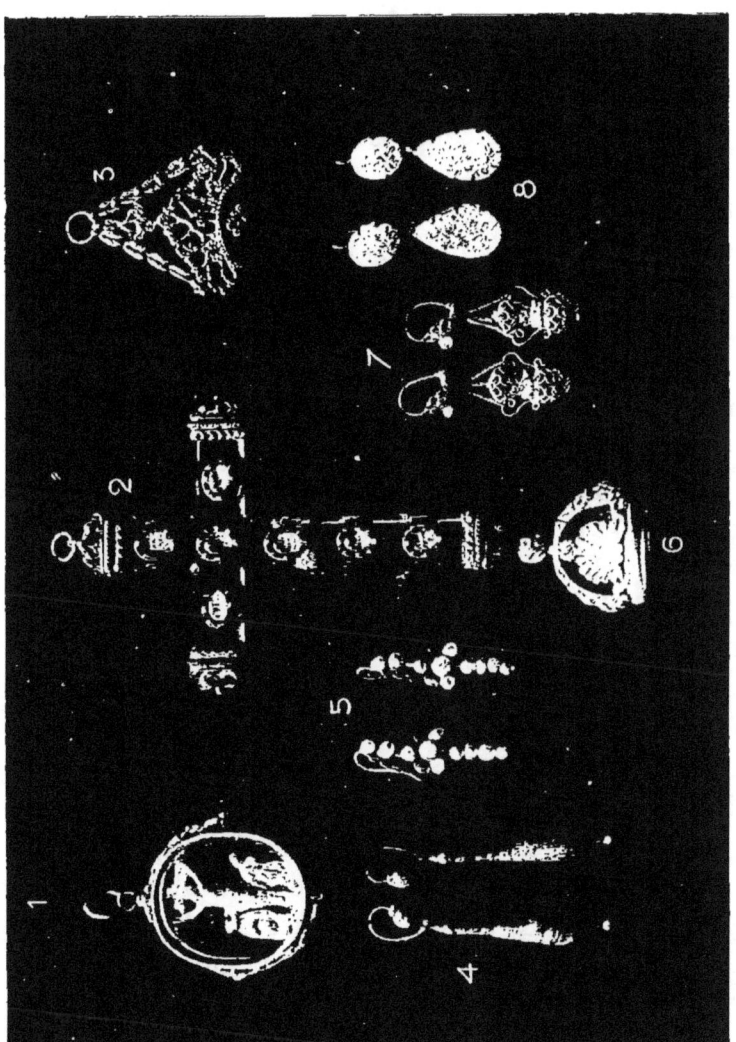

Planche LXIX. — *Espagne, Italie.*

Sans compter qu'un « bel habit », quelque écrin en galuchat vert provenant d'une ancienne parure, achève de donner le cachet d'authenticité...

En ce qui concerne le diamant :

« ... On a trouvé le moyen de donner une teinte bleuâtre à des diamants du Cap d'un ton jaunâtre, et d'en faire des Golconde anciens d'une eau limpide et étincelante, ce qui en augmente la valeur de quarante pour cent... » D'autre part, il y a lieu de distinguer la taille *ancienne* du diamant, de la taille *moderne*, qui situent l'époque du précieux corindon.

La *couronne*, ou partie supérieure du diamant (dont la partie inférieure constitue la culasse) de taille ancienne, est d'un lourd relief, lequel, retaillé, c'est-à-dire rabaissé, s'élargit pour réaliser la taille moderne. D'où une diminution de poids pour davantage d'effet et, parce que cet effet est recherché, un prix plus élevé.

Mais il s'agit là, en principe, du diamant véritable qui, pour témoigner d'une beauté supérieure, doit être d'un blanc bleu, et le profane vérifiera pratiquement la limpidité de l'eau du joyau, en embuant sa surface avec son haleine, opération qui mettra aussitôt en vedette les imperfections, crapauds, givrés, vapeurs, etc., soit à l'œil nu, soit à la loupe.

L'embu, au surplus, persiste davantage sur le diamant faux que sur le véritable, et, d'une manière générale, si l'on touche avec la langue une pierre précieuse, celle-ci, meilleure conductrice de la chaleur, garde plus longtemps le contact que son imitation.

En outre, comme nous savons que le diamant coupe le verre, le résultat contraire évente immédiatement la ruse grossière, sur laquelle, généralement, le clivage renseigne avec délicatesse.

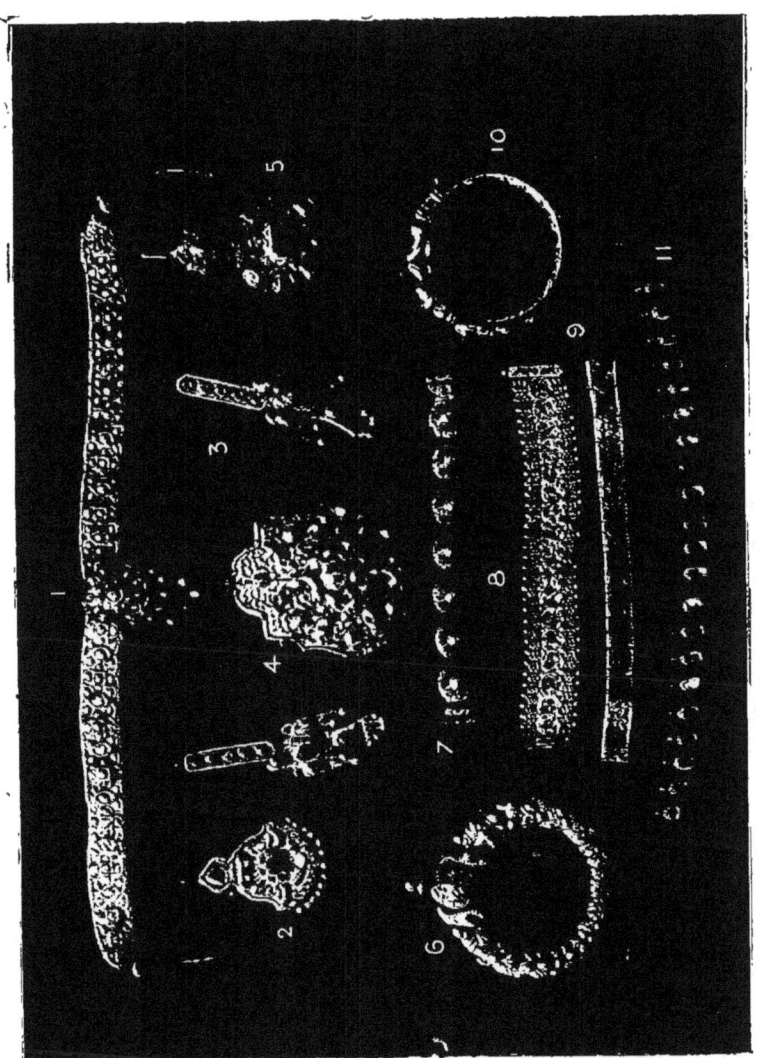

Planche LXX. — *Indes, Perse, Siam.*

Tandis que Florence, Rome et l'Allemagne se disputent la fabrication moderne des pierres antiques, camées, etc., camées et intailles creusés à la machine, imprimés, estampés dans des ciments, dans des cires solidifiées, l'Allemagne, encore, conserve la spécialité des anciens bijoux grecs et romains, qu'elle imite avec autant de ferveur et de talent que l'orfèvrerie genre Benvenuto Cellini, les pendeloques émaillées de la Renaissance et les bagues épiscopales du moyen âge...

Autre sujet d'erreur : la restauration des émaux, euphémisme et palliatif de la beauté dénaturée, sinon totalement fabriquée. Il est vrai que la ressource du temps, ou l'implacable bain d'alcool, demeurent pour éventer l'artifice. Si vous voyez une partie de votre émail jaunir, c'est qu'elle a été rajoutée; simple métamorphose de la gomme laque employée fatalement à froid pour réassortir le travail à chaud.

Quant aux émaux translucides, ils s'imitent à l'aide de peintures sur de l'or en feuille préalablement collé. On emploie, à cet effet, des laques et autres couleurs transparentes que l'on vernit plusieurs fois pour leur donner de l'épaisseur sans nuire à la diaphanéité. L'or, ainsi, apparaît au travers de la couleur et, même, l'artifice complémentaire d'un verre posé sur le tout, achève l'illusion de la cristallisation de la facture à froid en place de celle à chaud.

Certes, démasquer pareille fraude est l'enfance de l'art, mais qui oserait vérifier la qualité des écailles de la pâte de couleur? Séchée à chaud, cette pâte de couleur ne saurait rivaliser avec la couleur vitrifiée et, cependant, l'idée de profaner un chef-d'œuvre retient la main de l'incrédule! Sans compter que le marchand vous ferait payer cher le triomphe de

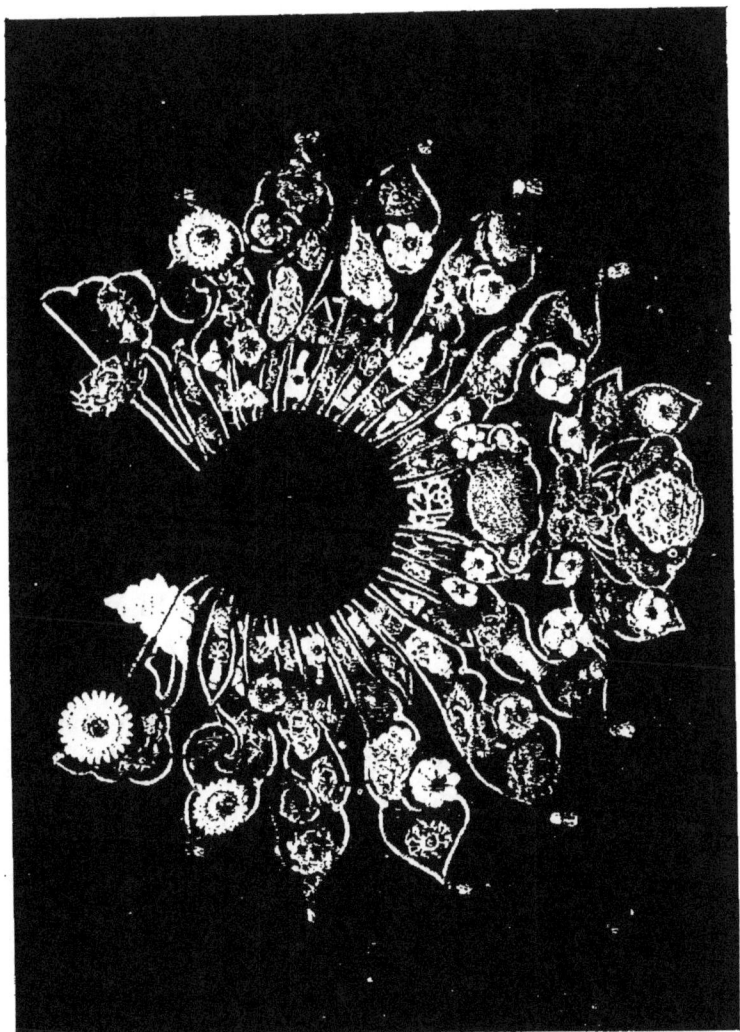

Planche LXXI. — *Grand col chinois.*

votre contrôle. Depuis quand détériore-t-on le bien d'autrui?

Au surplus, le verre léger qui recouvre la peinture,

s'oppose au contact direct, et ce verre est étonnamment irisé, désagrégé, antique...

Cependant, en matière de bijou, la fraude de l'émail qui s'exerce plutôt sur de grandes surfaces et à l'état de retouches, se réserve généralement, « le jeu n'en vaut point la chandelle », comme on dit vulgairement, et nous ne connaissons guère qu'un truquage merveilleux dans le genre, celui d'une collection américaine réputée. Mais la supercherie, là, revêt tant d'éclat et de richesse, qu'elle apparaît contradictoirement obérante pour le faussaire, à moins qu'on n'attache de prix, ainsi qu'il siérait, à une beauté sinon sincère, du moins évidente.

Le bijou ancien a été excessivement imité et on le reconnaît souvent à la qualité de sa monture douce au toucher comme à la vue. L'usure du métal, à l'endroit où il frotte, renseigne encore; pourtant, nous savons que le faussaire a été au-devant de ce contrôle. La sertissure ancienne ne présente pas les angles aigus de notre travail moderne, répétons-le, le métal ancien est doucement coupé, l'âge l'a légèrement élimé et, quant aux vieilles pierres, leur éclat est atténué, elles sont délicatement ombrées et leurs facettes séduisent sans brusquerie.

De même que le meuble, le joyau ancien connaît le moyen de se multiplier avantageusement : ainsi, d'une boucle d'oreille en fera-t-on deux, et une paire de boucles d'oreilles inspirera deux broches, dont une bordure rajoutée augmentera le volume, à moins qu'un simple bouton ne suffise à constituer un bijou. Et, d'ailleurs, les boutons d'habit du XVIIIe siècle, entre autres, en métal rehaussé de pierreries ou sim-

LE BIJOU FAUX 239

plement en acier taillé, ne méritent-ils point cette montée en grade?

N. B. — La surveillance du client chez le bijou-

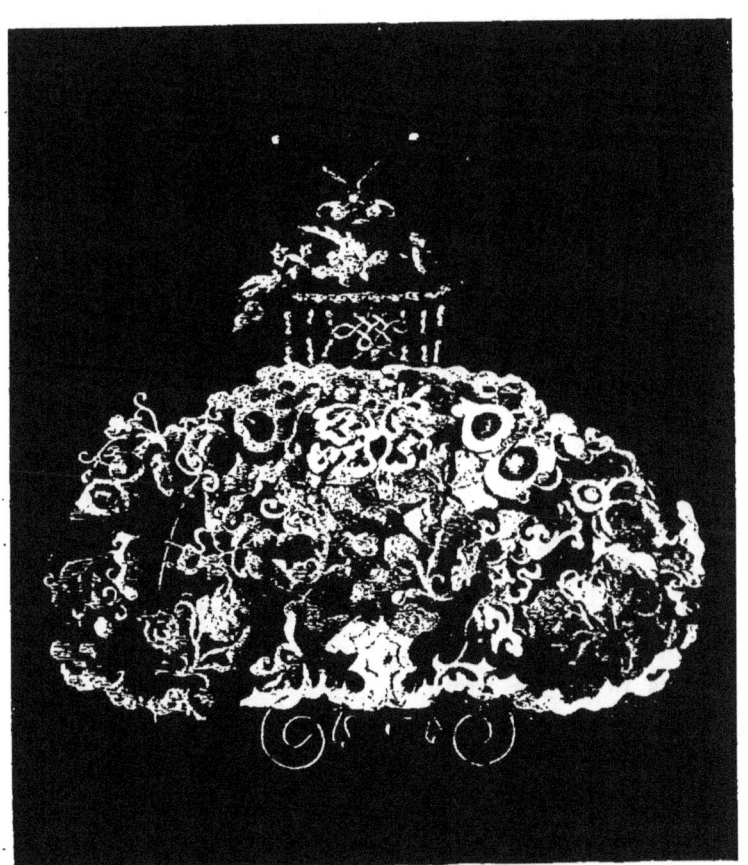

Planche LXXII. — *Ornement de coiffure de femme chinoise.*

tier en faux est particulièrement indiscrète: Éternelle histoire du carré de pommes de terre confié à la garde d'une milice armée jusqu'aux dents. Si Parmentier n'avait point pris cette spirituelle mesure, qui se fût jamais imaginé que ses tubercules eussent de la valeur !

Le métal précieux et la fraude. — L'*essai* est la pratique par laquelle on s'assure de la sincérité d'un alliage vis-à-vis de la tolérance légale, et le *titre* détermine le degré d'alliage du métal fin ou précieux avec un ou plusieurs métaux ordinaires. Mais les opérations de la « pierre de touche » ou au « touchau », et la coupellation, autre mode d'essai, ne parlent point pratiquement au lecteur, tandis que le poinçon affirme officiellement l'authenticité du métal précieux (or et argent), et cette marque apposée sur la matière apporte un renseignement utile à l'amateur. Comme il existe un poinçon propre à chaque métal, argent ou or, le lecteur se familiarisera donc avec la vision de chacune des empreintes représentant le contrôle de l'État, pour la garantie du métal.

Et si l'orfèvrerie ancienne, à cause des raisons économiques que nous avons dites, est extrêmement rare, la fraude, qui ne se fit point scrupule d'imiter les anciens poinçons pour authentiquer sa fabrication, qui sait au besoin les reproduire par le moulage et aussi les transposer directement sur des pièces modernes que des raccords habiles dissimulent, n'a guère pris cette peine pour le bijou, orfèvrerie minuscule. Tout au plus, des empreintes fantaisistes, ressemblant à des poinçons, apparaissent-elles quelquefois sur le métal, mais la loupe s'aperçoit aussitôt du stratagème naïf, et le subterfuge qui consiste, dans l'orfèvrerie, à abuser des poinçons pour troubler le « client », doit plutôt éveiller sa méfiance.

Mais, encore une fois, le métal précieux, subordonné plutôt à la pierre, comme soutien, est plus franc en matière de bijouterie. Reste à déterminer la quantité de l'alliage qui demeure une question de confiance vis-à-vis du prix payé, et représente un souci secondaire au point de vue artistique.

Si l'argent... n'a point d'odeur (ni l'or, ni le platine), le cuivre en a une, et le vermeil n'est que de l'argent recouvert d'or, comme le *plaqué* un métal quelconque recouvert d'argent, et le *doublé*, le *titre fix*, un métal quelconque recouvert d'or.

Absence de poinçon légal, le métal n'est pas précieux ;

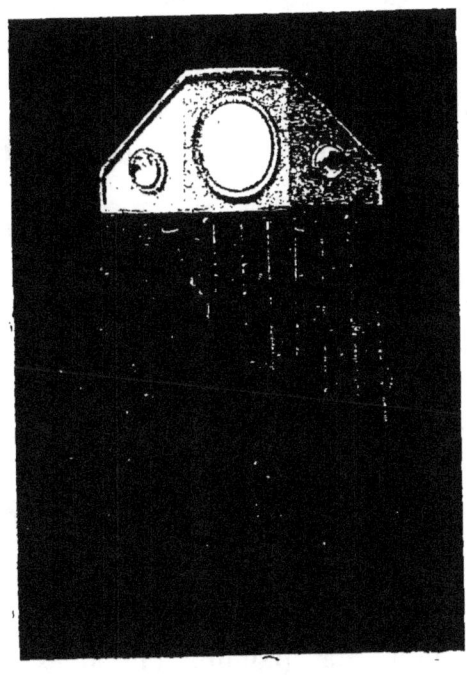

Peigne d'homme (France).

point d'autre pierre d'achoppement pour qui nous lit, car le reste concerne le spécialiste et déborde par conséquent notre cadre.

Mais hélas ! le métal précieux peut être *fourré*. C'est-à-dire que la vile matière s'est souvent glissée frauduleusement dans l'or ou l'argent évidés à l'intérieur. Et notre bracelet, par exemple, pesant bon poids grâce à ses entrailles de plomb, n'est qu'un imposteur dans la balance !

Néanmoins, le poids du métal précieux (à condition de n'être point *fourré*) demeure, en principe, un critérium de la provenance ancienne, étant donné que la camelote moderne se fait honneur de tricher sur la beauté et d'illusionner sur la valeur à bon compte, et les soudures plus ou moins délicates, les fontes plus ou moins soignées, la rareté de la main-d'œuvre ne peuvent, d'autre part, être réalisées économiquement.

Les moyens modernes révélés par une soudure, notamment, crient encore à l'imposture. Demandez plutôt à ces orfèvres-experts qui démasquèrent la fameuse tiare de Saïtaphernès, du musée du Louvre ! Nos savants avaient écrit, à perte d'érudition, sur la signification du décor de cette prétendue merveille du passé qu'un artiste polonais nommé Rouchomowsky avoua avoir créée récemment de toutes pièces...

Pourtant, le décor « antique » était d'une duperie enfantine, tandis qu'en matière technique, un certain nombre des paillons employés pour la soudure de la dite tiare, apparaissaient à l'état d'imperfections dites *marrons*, ou paillons non résorbés dans le joint à remplir. Et ces paillons étaient manifestement coupés en petits rectangles par des cisoires modernes.

Et puis, l'argent se différencie du platine, en ce que ce dernier ne laisse aucune trace sur du papier, par exemple, tandis que l'argent le raye. Et puis la simili-patine du bronze « gallo-romain » ne résiste pas à l'épreuve du citron passé sur sa matière équivoque.

Mais le faux n'en demande point tant à l'œil inquisiteur. Les arguments formels de la valeur intrinsèque, matériellement contrôlable, déconcertent initialement l'imitation du bijou, et il n'en est pas de même des chefs-d'œuvre où l'art domine la matière, témoin la parole ignorante de ce consul romain qui disait à ses intendants militaires, avant de piller la Grèce, que s'ils cassaient une statue de Phidias, ils seraient obligés de lui en fournir une autre du même marbre et de la même dimension ! Cette anecdote se complète harmonieusement de la suivante, au gré de notre parallèle. Lorsqu'en 1452, l'empereur Frédéric III, allant à Rome pour se faire couronner par le pape, traversa Venise, les Vénitiens lui présentèrent un buffet de cristal d'un travail précieux. L'empereur, incapable de l'apprécier, fit signe à son fou de renverser la table : les cristaux furent mis en pièces, et le prince, en se tournant vers l'assemblée interdite, fit remarquer en riant que si le buffet avait été brodé d'or ou d'argent, les morceaux en eussent été encore bons à emporter.

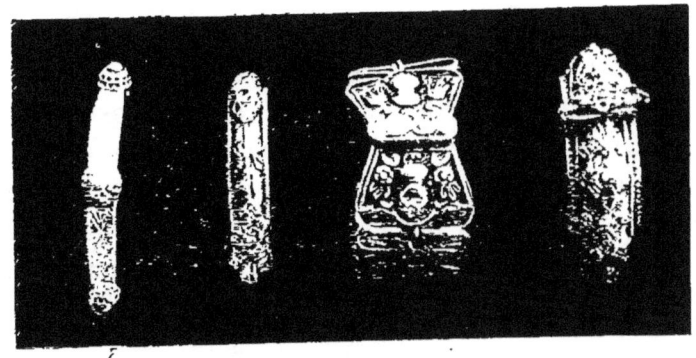

CHAPITRE IX

Terminologie.

A

Alliage, produit résultant de l'union des métaux entre eux. L'alliage de l'or et de l'argent donne l'or vert; l'alliage de l'argent et du cuivre, comme celui de l'or et du cuivre, rendent l'argent et l'or plus durs et plus malléables; l'alliage du cuivre et de l'étain forme le bronze, etc., etc. (Voir *Amalgame*.)

Amalgame, alliage dans la composition duquel entre le mercure.

Amulette, petit objet, bijou, à qui l'on attribue, superstitieusement, une vertu préservatrice.

Argent (Bas), inférieur au titre requis; argent fin : sans beaucoup d'alliage; argent *anglais* : maillechort argenté; argent doré : vermeil; argent faux : cuivre argenté, etc.

Armille, bracelet grec, romain, franc, etc.

Azziminia, procédé différent du damasquinage (voir ce mot), consistant en une sorte de modelé, sur acier, par hachures dans lesquelles l'or frappé au marteau et serti par le rabattement des hachures fait l'effet d'un dessin exécuté avec de l'encre d'or.

B

Balancier, appareil servant à frapper des monnaies, à estamper des pièces d'orfèvrerie et des bijoux.

Banc à tirer, machine servant à étirer les métaux en les forçant à passer à travers des ouvertures de dimensions déterminées afin de leur faire prendre la forme même de ces ouvertures.

Bézoards, concrétions intestinales de certains animaux. Les bézoards orientaux proviennent de la dernière poche stomacale d'une chèvre égagre. On les portait en amulettes.

Bigorne, enclume dont les deux extrémités sont en pointe; l'une ronde, l'autre aplatie.

Blanchiment, opération analogue, pour l'argent, à celle de la mise en *couleur* (voir ce mot) de l'or.

Brillant, diamant de beauté supérieure, dont la taille à facettes, sur chacun de ses côtés, permet le montage à jour.

Brunissage, opération qui relève du brunissoir, instrument donnant au métal des tons divers : polis, mats ou bruns.

Burin, instrument d'acier servant à graver sur les métaux.

B'Zaïms, grandes agrafes africaines.

C

Cadenette, longue mèche de cheveux que les hommes, sous Louis XIII, laissaient pendre du côté gauche.

Carat, petit poids équivalent à 205 milligrammes, pour peser les diamants. Chaque carat se compose de 4 grains (voir ce mot). On donne aussi ce nom à un diamant très petit.

Carcan, ornement de cou porté par les femmes au moyen âge.

Chalumeau, tuyau métallique servant à diriger le souffle sur une flamme, en vue d'une soudure.

Châtelaine, chaîne attenant à un corps de métal décoré, assez large, où les hommes et les femmes attachaient leur montre, leurs clés, etc., à la ceinture, au gilet, etc.

Chaton, partie d'une bague où une pierre est sertie.

Chrysocale ou *chryso*, ou *similor*, alliage de cuivre, de zinc et d'étain jouant l'or.

Ciselet, sorte de poinçon pourvu d'une empreinte à une de ses extrémités, et sur lequel on frappe avec un marteau pour préciser les modelés d'une ciselure.

Cisoires, grosses cisailles pour couper le métal.

Cliver. Un grand nombre de corps cristallisés possèdent la propriété de se diviser naturellement, du moins suivant le sens naturel de leurs couches. Le diamant se divise en octaèdres, la topaze en prismes rhomboïdaux, etc. ; d'autres pierres se séparent en fragments irréguliers ou bien ne présentent qu'une seule ou deux directions de clivage. Cliver signifie procéder au clivage ou action de

248 L'ART DE RECONNAITRE LES BIJOUX ANCIENS

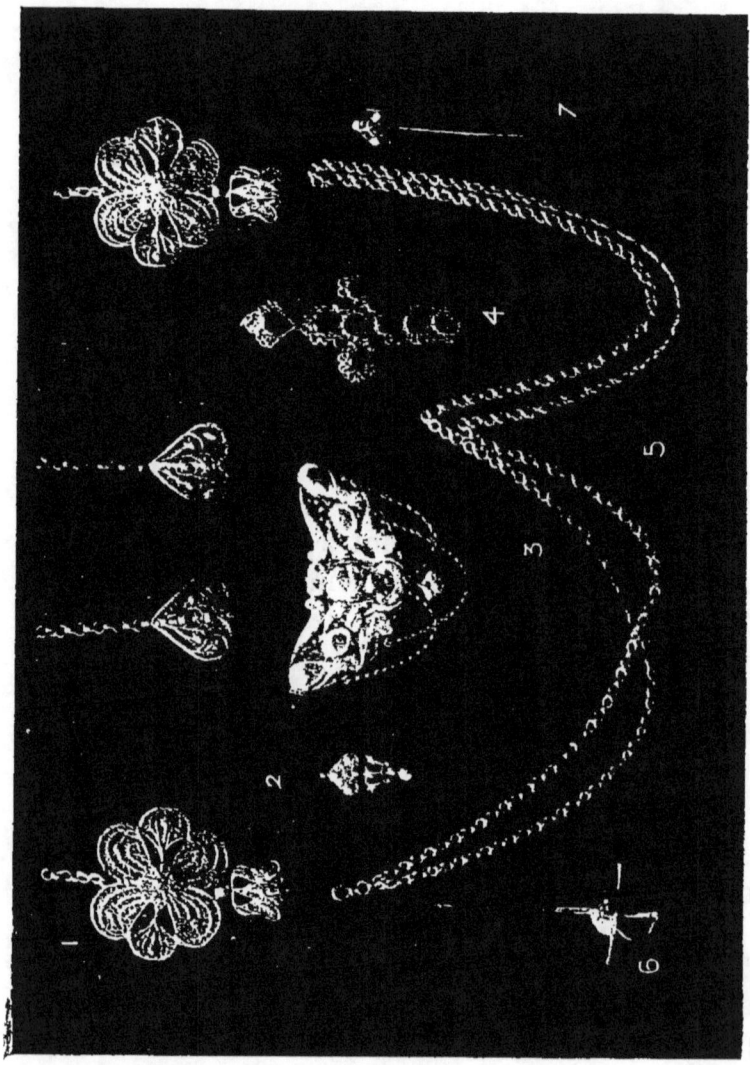

Planche LXXIII. — *Belgique, Hollande, etc.*

provoquer cette division qui permet de distinguer les différents corps et renseigne pour la taille des pierres fines.

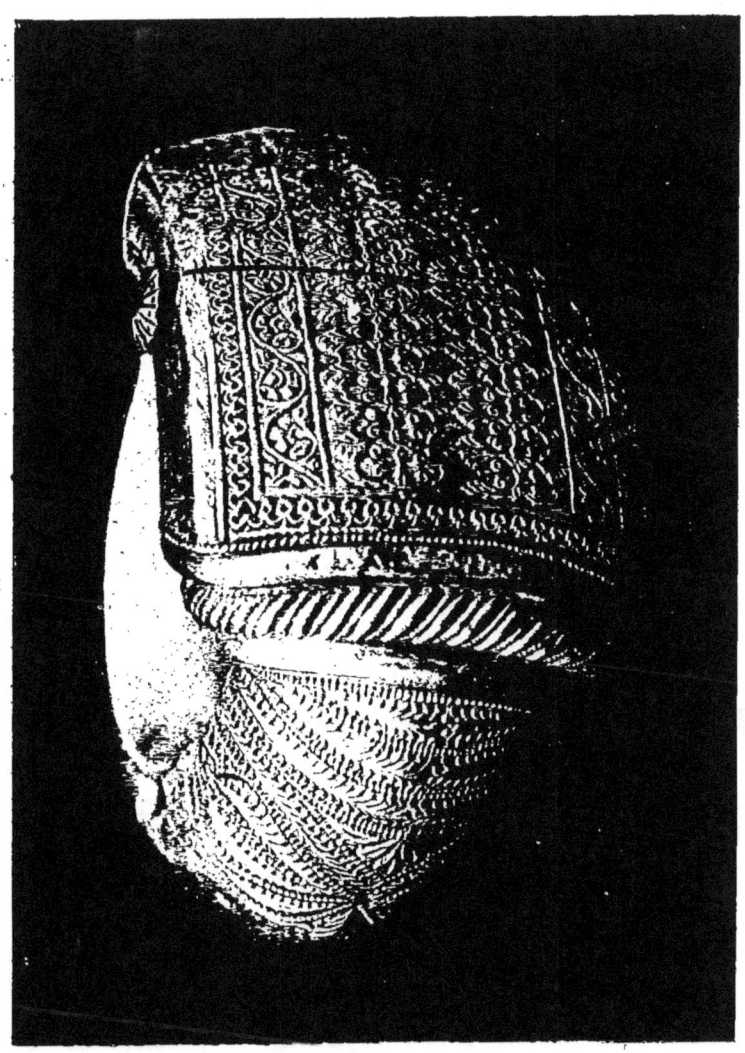

Planche LXXIV. — *Bracelet de cheville arabe.*

Couleur (mise en), opération réalisant le poli ou le mat de l'or ainsi que l'or rouge, etc.

Coupellation opération qui a pour but de déterminer le titre d'un alliage d'argent, et de séparer, par l'action du feu, les métaux mêlés à l'or et à l'argent.

Couronne, voir *Table*.

Crapaud, tache, imperfection dans l'eau d'un diamant.

Creuset, vase de terre réfractaire dans lequel on fait fondre le métal.

Culasse, partie inférieure d'une pierre taillée en biseau.

D

Damasquinage ou *tauchie*, opération qui consiste à incruster de l'or dans du fer, de l'acier, etc., pour y représenter des dessins.

Détourage, action de détacher, en silhouette, un dessin sur le fond de métal où il repose.

Dormeuse, boucle d'oreille montée sur pivot et immobilisée au lobe par un écrou intérieur. Se dit de la perle ou du diamant ainsi monté.

Doublage, opération frauduleuse qui consiste notamment à interposer un verre coloré entre la couronne d'une pierre précieuse et sa culasse.

Doublé. L'application, rendue adhérente, d'une feuille d'or sur une feuille de cuivre, constitue le *doublé d'or*, procédé remontant au xive siècle; le *doublé d'argent* ou *plaqué* est réalisé à peu près par les mêmes moyens, avec une feuille d'argent.

Ductile (métal), c'est-à-dire susceptible d'être étiré sans qu'il se rompe.

E

Eau. On dit d'un diamant qu'il est d'une belle eau lorsque sa limpidité est parfaite.

Échoppes, sortes de burins à pointes plates ou arrondies.

Égrisée, poudre du diamant servant à le polir.

Embosser, faire des reliefs sur le métal.

Emboutir, action de l'*emboutissage* (voir ce mot).

Emboutissage, toute opération forçant le métal à prendre une forme déterminée. Si l'on place une lame métallique entre une matrice et une forme en faisant pénétrer celle-ci dans la matrice au moyen d'une compression rapide, la lame est dite *emboutie*. On fabrique des tubes d'acier par *emboutissage*, c'est-à-dire sans soudure.

Essai, méthode analytique permettant de déterminer rapidement et avec précision le titre d'un alliage.

Estampage, procédé employé pour imprimer des figures ou des ornements dans le métal, soit en creux, soit en relief, sur une matrice.

Établi, table de travail du bijoutier, à une ou à plusieurs personnes.

Étamage (voir *Similisage*).

Étau, outil à deux mâchoires et à vis servant à maintenir solidement les pièces que l'on désire travailler.

Étirage, opération relevant du *banc à tirer* (voir ce mot).

F

Facette, petite face d'une pierre taillée.

Fermail, agrafe de manteau.

Ferronnière, chaîne de front retenue en son milieu par un ornement.

Fibule, agrafe.

Filière, plaque d'acier percée d'une série de petits trous coniques dont le diamètre varie par degrés insensibles et à l'aide de laquelle on donne aux métaux ductiles la forme d'un prisme allongé ou d'un fil, en les étirant.

Filigrane, bijoux, ornements en fils d'or ou d'argent déliés et soudés.

Fond (A). Lorsque entre une pierre et le fond sur lequel elle repose, un paillon (voir ce mot) est interposé, la pierre est dite montée à fond.

Fourré (Bijou), bijou creux dont l'intérieur a été frauduleusement garni d'une matière lourde pour illusionner sur le poids du métal précieux extérieur.

G

Gangue, enveloppe du diamant brut.

Givrés, imperfections dans la limpidité du diamant.

Glaces, imperfections dans la limpidité du diamant.

Gourmette, bracelet dont les mailles semblent empruntées au mors du cheval.

Grain, mesure servant à peser les perles fines. Quatre grains font un carat. Pour savoir le prix d'une perle, il faut chercher d'abord le carré de son poids en grains, le résultat de cette opération indique

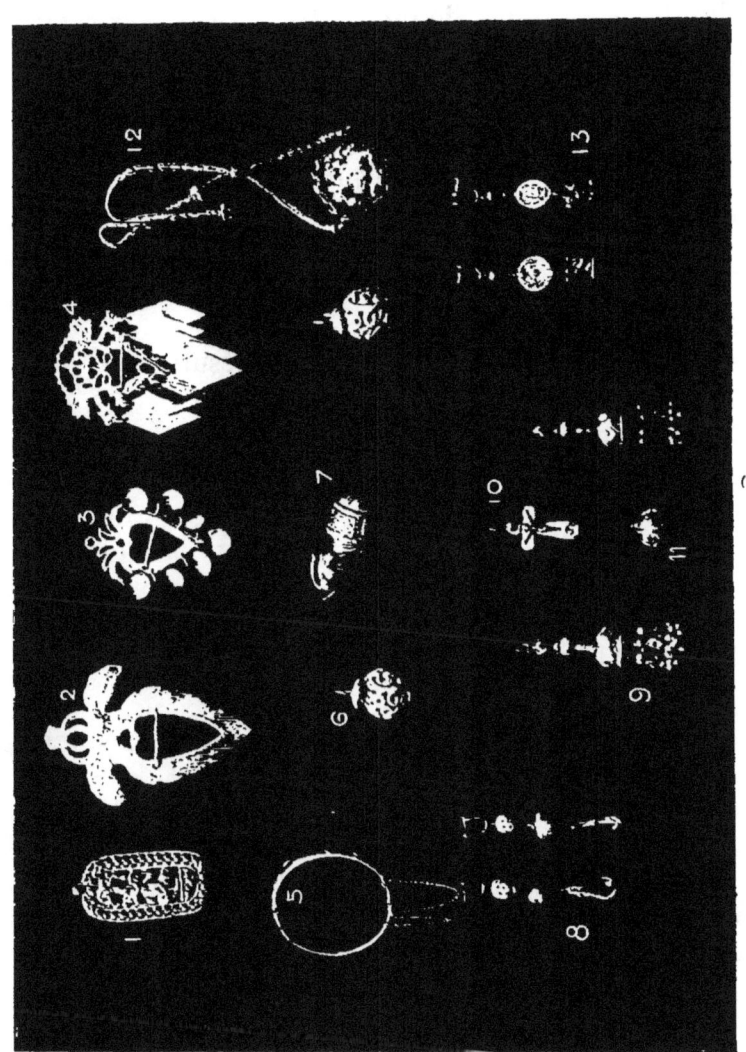

PLANCHE LXXV. — *Indes, Chine, Perse, etc.*

la valeur de la perle à une fois le poids et, pour avoir sa valeur en francs, il suffit de multiplier le nombre de fois le poids. Par exemple, le carré d'une perle de 15 grains donne : $15 \times 15 = 225$, soit 225 francs pour une fois son poids, et à 80 francs le poids, elle vaudrait 225×80 soit 18.000 francs

On nomme aussi grain une petite partie d'or qui sert à assurer une pierre sur un bijou.

Gris-gris, amulette africaine.

J

Jardinage, tache sur une pierre, résultant d'une matière étrangère, d'une fêlure, etc.

Jonc, bague sans chaton et formée d'un cercle métallique d'égale grosseur.

L

Laminage, action du laminoir, qui réduit les métaux en lames ou en feuilles.

Limes, outils pour user le métal.

Lingot, morceau de métal fondu et non façonné.

M

Maillechort, alliage de zinc, cuivre et nickel, imitant l'argent.

Mandrin, pièce sur laquelle on assujettit l'objet que l'on façonne; cylindre de bois ou de fer, etc.

Marquise, bague dont le chaton allongé recouvre la phalange du doigt.

Marron, imperfection d'un paillon (de soudure) dont on aperçoit le petit rectangle quasi intact, au lieu qu'il se soit résorbé dans la soudure.

Mat (Or), c'est-à-dire non poli.

TERMINOLOGIE 255

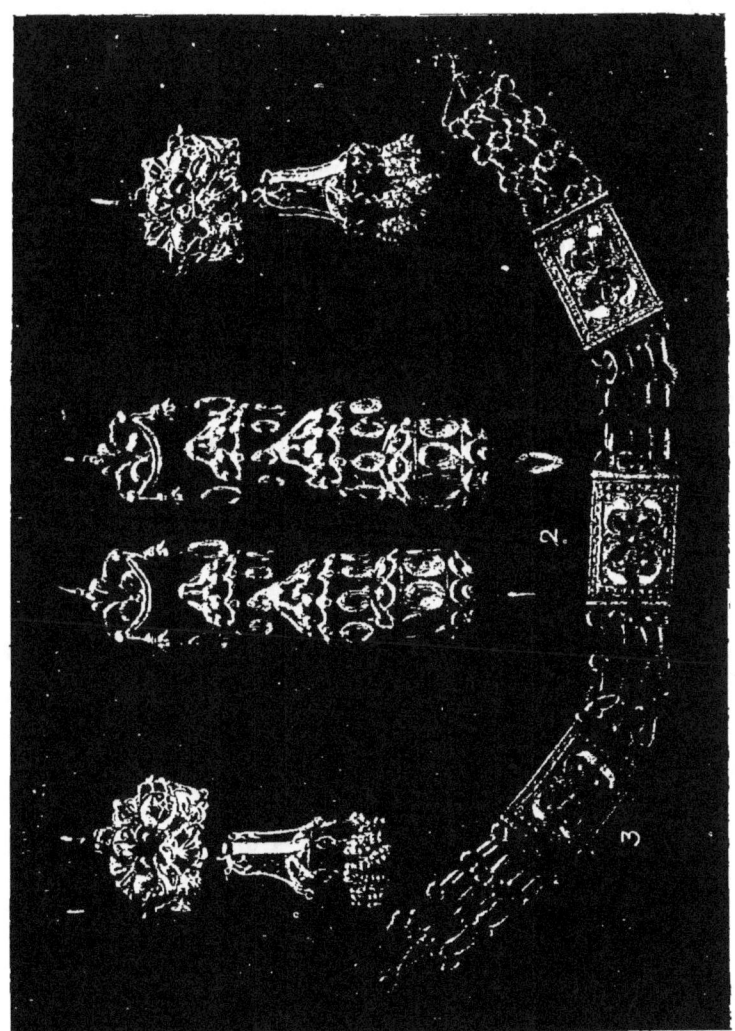

Planche LXXVI. — *Grèce, France.*

Matrice, moule en creux ou en relief, qui sert à l'estampage (voir ce mot) ou au moulage (voir ce mot).

Montage. Les pierres et les perles se montent de différentes manières. Cette opération immobilise la pierre dans son chaton, soit au moyen de griffes ou par le métal rabattu autour de la pierre. Les perles destinées aux colliers sont percées de part en part et enfilées, celles des bagues sont maintenues notamment sur une alvéole d'or ou de platine et vissées ou cimentées sur une tige centrale. Les diamants se montent sur platine, etc.

Moufle, petit four en terre réfractaire servant à soumettre des corps à l'action du feu sans qu'ils pâtissent directement de la flamme.

Moulage, opération qui consiste à recouvrir un objet, une matrice en relief, d'une matière propre à en prendre l'empreinte et à donner ainsi un moule de l'objet.

Mouluration, résultat d'une ou de plusieurs moulures.

N

Nielle, incrustation d'émail noir sur fond or, argent ou fer.

O

Or fin : pur de tout alliage; or *vert :* alliage d'or et d'argent; *au titre,* c'est-à-dire à l'un des trois titres légaux; *bruni :* poli au brunissoir; *mat :* non poli, etc.; or *anglais :* alliage d'or, de cuivre et d'argent; or *gris :* alliage d'or, d'argent et de cuivre; or *blanc :* platine. L'or s'allie au cuivre qui lui donne

TERMINOLOGIE

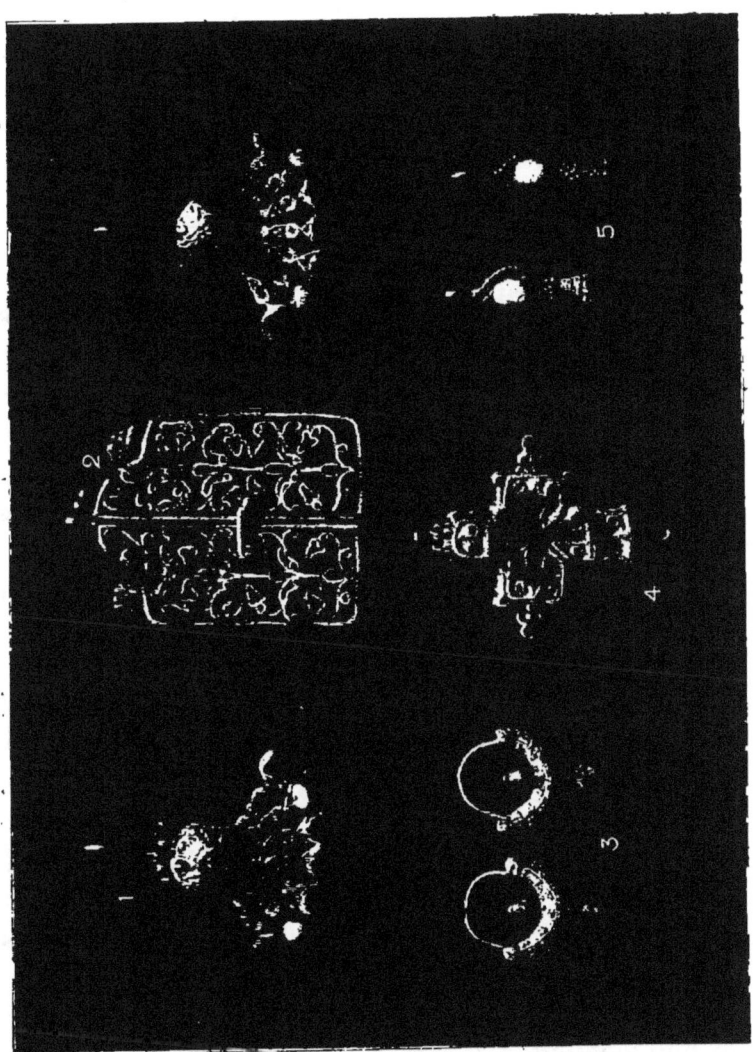

Planche LXXVII. — *Turquie d'Asie, Art byzantin.*

de la dureté. Les titres pour les ouvrages en or sont, aujourd'hui, de 920 millièmes pour le premier titre, de 840 millièmes pour le second et de 750 millièmes pour le troisième. La loi poinçonne chacun de ces titres pour les garantir (voir *Poinçons*). L'or *bas* est inférieur au titre requis.

Orient, irisation particulière aux perles fines.

P

Paillon, petite pièce de métal, coloré ou non, que l'on place sous une pierre montée à fond pour exalter son éclat. On donne aussi ce nom à des petits rectangles découpés aux cisoires dans une lame de soudure et que l'on dispose sur la partie à souder.

Pampilles, petits motifs légers suspendus à des boucles d'oreilles.

Papier (Pierres sur), c'est-à-dire présentées ou vendues taillées mais non montées.

Parangon, perle ou diamant sans défaut.

Patine, couleur donnée au métal, ou couleur qu'il acquiert à travers les temps.

Peau, couche superficielle, irisée, de la perle fine.

Pectoral, pièce carrée d'étoffe précieuse sur laquelle étaient enchâssées dans l'or et gravées au nom de chacune des tribus, douze pierres fines.

Pendeloques, pierres suspendues à des boucles d'oreilles.

Pépite, morceau brut de métal précieux, d'or principalement.

Pistolet (à gaz), appareil projetant avec force une flamme sur la partie à souder, ou sur le lingot de métal à fondre ou à rendre malléable.

Pinces, instruments pour saisir les pièces, pour pincer le métal, etc.

TERMINOLOGIE 259

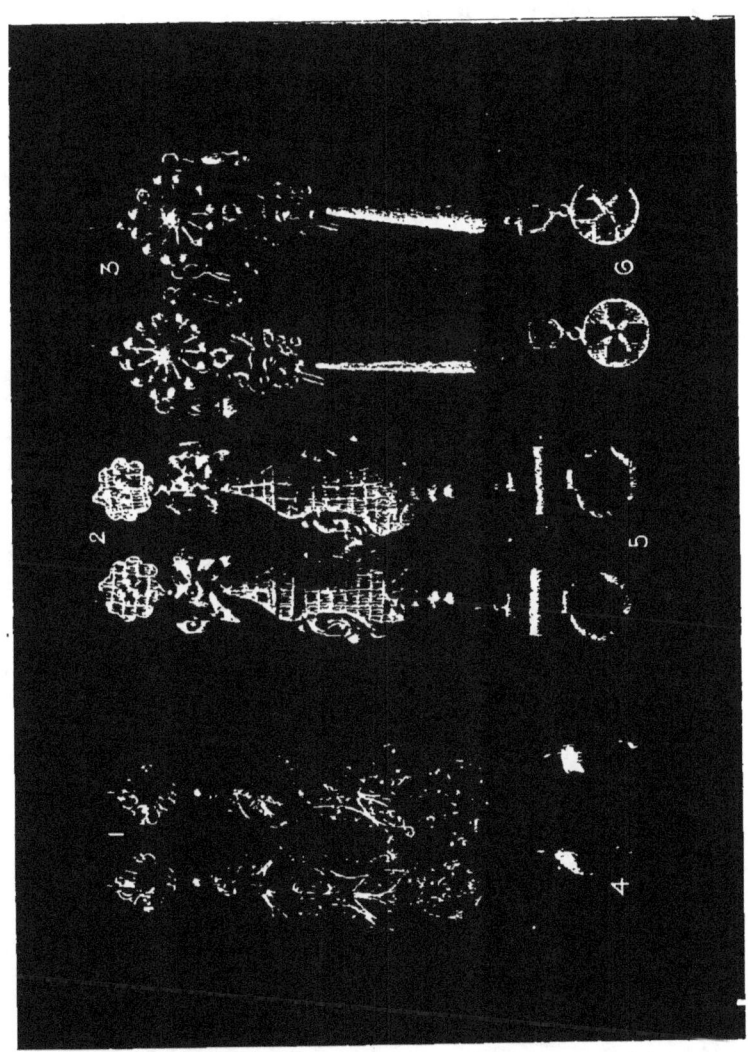

Planche LXXVIII. — *Espagne et Ile de Jersey.*

Planer (Machine à), servant à unir, à polir les métaux. Le *plané* est la pellicule d'or qui double le cuivre des bijoux en *doublé*.

Plaqué (voir *Doublé*).

Poinçons (de garantie légale). Il en est de spéciaux à l'argent et à l'or, pour Paris et pour les départements, selon les différents titres. Les poinçons *de remarque* concernent les chaînes pleines, de dix en dix centimètres, et les articles importés reçoivent un poinçon d'*importation*. Un poinçon spécial détermine ces différences.

Polissage, action d'unifier le métal, de le faire briller.

R

Régale (Eau), mélange d'acide azotique et d'acide chlorhydrique servant à dissoudre l'or.

Repercer (voir *Scie*).

Repousser (le métal), le mettre en relief, soit au marteau, soit à la résingle, etc.

Résingle, outil agissant intérieurement par vibration, sous l'action extérieure du marteau. Il sert à redresser le métal et à le repousser dans les parties d'un vase, par exemple, où le marteau ne pourrait agir.

Rifloir, sorte de lime recourbée pour gratter le métal aux endroits difficiles.

Rocaille, genre d'ornementation (sous Louis XV) utilisant le coquillage, les rochers.

Rose, diamant taillé plat en dessous et à facettes en dessus.

S

Scie (à repercer), pour ajourer les parties d'un bijou, pour découper le métal, y enchâsser des pierres.

Semaine, bracelet composé de sept cercles minces, correspondant au nombre de jours de la semaine.

Sertissure, résultat de l'action de sertir, c'est-à-dire d'enchâsser une pierre, de la retenir dans le métal.

Similisage, argenture de la culasse des pierres pour augmenter leur éclat.

Similor (voir *Chrysocale*).

Solitaire, diamant monté seul.

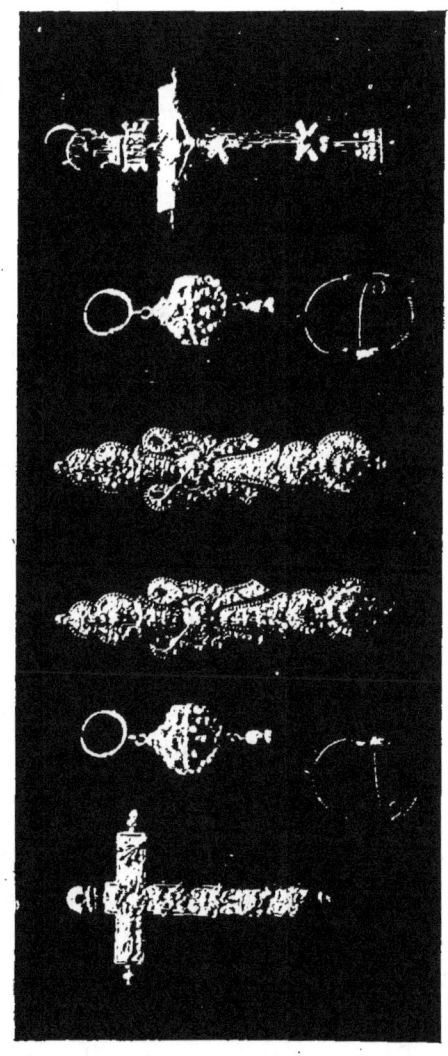

Bijoux espagnols et portugais.

Soudure, alliage métallique fusible servant à unir deux pièces métalliques de même nature ou de nature différente.

Strass, pierre transparente taillée comme un diamant et l'imitant.

Succin, ou ambre.

Synthèse (Bijoux de), c'est-à-dire reconstitués chimiquement.

T

Table (Diamant en), c'est-à-dire taillé sur deux faces planes. Par extension, ce terme s'applique à toutes les pierres précieuses. On donne aussi le nom de table à la grande facette de la partie supérieure et centrale d'une pierre, et la *couronne* désigne l'ensemble de cette partie supérieure opposée à la *culasse* ou partie inférieure.

Taille, façonnage, à l'émeri, des pierres précieuses, à l'exception du diamant. On clive (voir ce mot) d'abord le diamant, puis on le facette, et on le polit en le frottant sur une meule horizontale recouverte d'égrisée (voir ce mot) et imprégnée d'huile.

Tauchie, voir *Damasquinage.*

Titre, degré de métal fin exigé par la loi pour les matières d'or et d'argent; rapport entre le poids de ces métaux précieux contenu dans un alliage et le poids de cet alliage. Le titre s'évalue en millièmes : le titre de l'argent à 0,900 millièmes, par exemple, signifie que dans 1.000 grammes d'un alliage il rentre 900 grammes d'argent et 100 grammes de cuivre.

Torque, chaîne de métal précieux que les Gaulois, notamment, portaient au cou ou au bras.

Touchau, étoile d'or ou d'argent dont chaque branche, à un titre déterminé, sert aux essais des matières d'or ou d'argent (voir aussi *Touche*).

Touche (Pierre de), pierre dont la matière siliceuse noire, très dure, sert à l'essai des matières d'or. La trace d'un alliage frotté sur cette pierre varie de teinte suivant son titre. On mouille cette trace avec de *l'eau régale* (voir ce mot) et, si l'objet est en cuivre, la trace disparaît complètement, alors que s'il s'agit d'or, cette trace persiste d'autant que le titre de l'or est élevé. D'autres touches comparatives, exécutées à côté de cette trace, avec des alliages de compositions déterminées, aident à chercher de quelle touche se rapproche la trace laissée sur la pierre par l'objet à essayer. Ces divers alliages s'appellent *touchaux*.

Trait, métal tiré à la filière : *or trait*, etc.

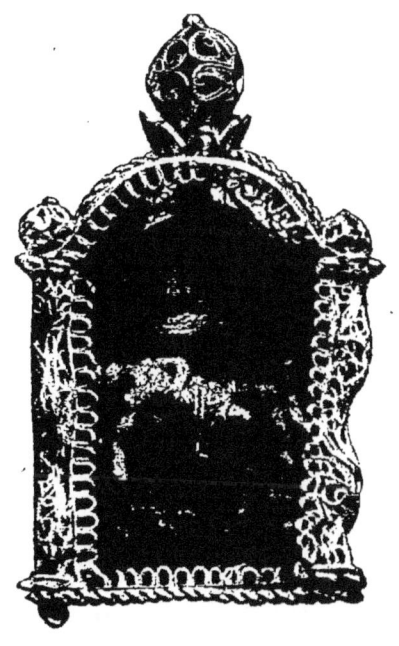

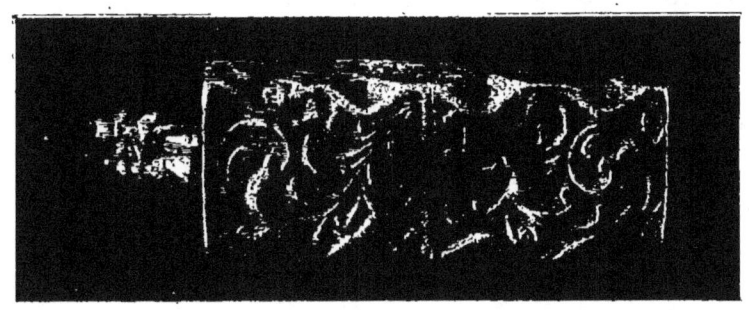

CHAPITRE X

Légendes explicatives des planches et gravures.

Planche I. — Page 11.

FRANCE

Fig. 1. — *Croix normande* ancienne; cailloux du Rhin sur argent.

Planche II. — Page 16.

FRANCE

Fig. 1. — *Croix;* cristal taillé, Louis XVI (Auvergne).
Fig. 2. — *Croix;* or fin avec Christ, relief et cœur (Chambéry, Savoie).
Fig. 3. — *Croix;* or fin, Christ et têtes d'anges en relief, avec pendeloques forme poires (Auvergne).
Fig. 4. — *Croix;* or fin, Louis XVI, émaillée couleur, avec plaque corbeille de fleurs émaillée couleur. La croix a trois pendeloques forme poires (Tarentaise, Savoie).

PLANCHE III. — Page 17.

FRANCE. — BELGIQUE

Fig. 1. — *Boucles d'oreilles*, forme grappe de raisin (turquoises et perles) sur argent (France).

Fig. 2. — *Boucles d'oreilles bretonnes* ; or fin à jour, cailloux du Rhin, forme pendeloques larges.

Fig. 3. — *Pendentif flamand ;* or fin avec roses de Hollande enchâssées sur argent (XVIe siècle).

Fig. 4. — *Boucles d'oreilles Empire;* or à deux tons, forme fleur, pierres de couleur : rubis et émeraude (France).

Fig. 5. — *Boucles d'oreilles Empire;* or fin, rondes, forme bouton, centre émail vert entouré émaux de couleur (France).

Fig. 6. — *Boucle de ceinture Empire ;* argent, biscuit entouré d'un rang de strass. Exergue : L'Amitié la donne (France).

Fig. 7. — *Boucles d'oreilles* (Pyrénées); or fin, forme créole avec boules martelées.

Fig. 8. — *Boucles d'oreilles* (Quercy); topazes jaunes.

Fig. 9. — *Boucles d'oreilles anciennes* (Arles), forme fleur, chrysolithes enchâssées sur argent.

Fig. 10. — *Motif de collier arlésien*, à trois pendeloques, pierres montées sur argent.

PLANCHE IV. — Page 21.

FRANCE. — ITALIE

Fig. 1. — *Diadème de l'impératrice Joséphine*, formé d'un camée coquille, d'une seule pièce, avec appli-

cations d'ornements en or mat et pierreries. Le motif principal représente le char d'Apollon et ceux, de chaque côté : les Quatre Saisons.
(Offert à l'impératrice Joséphine par son beau-frère Joachim Murat, roi de Naples, de 1808 à 1814.)

Planche V. — Page 26.

FRANCE. — ITALIE

Fig. 1. — *Chaîne;* or fin, plate (Restauration. Orléanais).

Fig. 2. — *Briquet;* or fin, incrusté diamants, avec chaînette et tête de femme (Restauration).

Fig. 3. — *Boucles d'oreilles;* acier, forme allongée (Directoire).

Fig. 4 et 5. — *Bracelets de bras;* or fin, émaillés avec têtes de lions (Empire).

Fig. 6. — *Croix ancienne,* avec cœurs au centre (Bas-Dauphiné).

Fig. 7. — *Petit cachet;* or fin avec tête de Zamor (Louis XV).

Fig. 8. — *Petite montre;* or émaillé et ciselé, forme boule, ancienne, avec châtelaine or émaillé mais travail moderne.

Fig. 9. — *Pendentif;* or émaillé, représentant Zamor sous la forme de l'Amour, avec un carquois et des flèches (Louis XV).

Fig. 10. — *Croix ancienne;* or fin, traces d'émaux, à trois pendeloques.

Fig. 11. — *Dizain* en cristal de roche, avec reliquaire contenant sujets de la Passion sculptés en buis (XVIe siècle).

Fig. 12. — *Petite croix;* or fin, avec les instruments de la Passion.

Fig. 13. — *Croix;* argent, dorée, formée de rondelles plates avec couronne d'épines, au centre.

Fig. 14. — *Boucles d'oreilles;* or fin, émaillées (Restauration. Poitou).

Fig. 15 et 16. — *Breloques* forme bague ; or fin, jaune et vert, décor fleurs et fruits ; l'une ornée d'une topaze jaune, l'autre d'une améthyste (Restauration).

Fig. 17. — *Clef de montre-breloque;* or rouge et vert, décor fleurs et fruits, avec deux anneaux (Restauration).

Fig. 18. — *Bague;* or, avec silhouette tête de femme sous verre (Directoire).

Fig. 19. — *Bague;* or, aux trois couleurs de l'Italie, avec signes du Zodiaque gravés sur pierres couleur (Italie).

Fig. 20. — *Boucles d'oreilles* en nacre, décor fleurs de lys, au centre (Louis XVI).

Fig. 21. — *Bracelet;* or fin, à charnières, ciselé à jour, décor Trianon (Louis XVI).

Fig. 22. — *Bague;* or fin, émaillée (Poitou. Restauration).

PLANCHE VI. — Page 27.

FRANCE. — SUISSE

Fig. 1. — *Fume-cigarette;* argent ciselé avec motif singe grimpeur (France).

Fig. 2. — *Petite croix ancienne;* argent sur or, six diamants table (Arles, France).

Fig. 3. — *Boucles d'oreilles anciennes ;* argent ciselé diamants table (Arles).

Fig. 4. — *Cœur* ciselé, or fin ; époque et attributs Louis XVI (France).

Fig. 5. — *Boucles d'oreilles*, émail sur or avec pendants cristal de roche, masque Soleil ; époque Louis XIV (France).

Fig. 6. — *Épingle ancienne ;* or fin, forme pensée (France).

Fig. 7. — *Cœur ;* or fin, XVIIIe siècle, formant coulant (Nice, France).

Fig. 8. — *Cœur ;* or fin, forme plate (Nice, France).

Fig. 9. — *Croix Saintongeaise ;* or fin ciselé, motif colombes.

Fig. 10. — *Boucles d'oreilles*, forme créole avec boules or fin, taillées facettes, Louis XVI (Nice).

Fig. 11. — *Montre ;* similor, signée Bréguet, émail personnages avec entourage ; époque Louis XVI (France).

Fig. 12. — *Camée ;* biscuit sur plaquette montée or, représentant l'Impératrice Joséphine (Premier Empire, Rueil, Malmaison).

Fig. 13. — *Plaque de cheveux ancienne*, argent (Suisse, canton d'Unterwalden).

Fig. 14. — *Bracelet de fiançailles*, dit « Coulas » ; argent doré (Arles).

Fig. 15. — *Plaque de cheveux ancienne*, argent (canton d'Unterwalden).

Fig. 16. — *Bracelet cheveux et serpent ;* argent doré ; époque Restauration.

PLANCHE VII. — Page 31.

PERSE

Fig. 1. — *Boucles d'oreilles* dites « queue de paon »; émaux sur or et perles fines.

Fig. 2. — *Bague* indo-persane ancienne; perles, rubis, péridot; envers émaillé, monture or.

Fig. 3. — *Boucles d'oreilles* dites « queue de paon »; émaux anciens sur or et perles fines.

Fig. 4. — *Boucles d'oreilles* anciennes; émaux indo-persans; or et perles fines (fleurs et oiseaux).

PLANCHE VIII. — Page 37.

TURKESTAN. — ART BYZANTIN. — ALBANIE. — BOSNIE

Fig. 1. — *Pendentif* ancien; argent, turquoises, pierre couleur, motif argenté et découpé.

Fig. 2. — *Collier*; argent, avec pointes agates, croix byzantine ornée de pierres et de turquoises.

Fig. 3. — *Collier*; argent, avec croix byzantine ornée d'améthystes et de turquoises.

Fig. 4. — *Collier*; argent, avec croix reliquaire, filigrane argent (ancienne).

Fig. 5. — *Chaîne de montre*; argent, avec trois barillets et trois coulants (grenats et pierres couleur).

Fig. 6. — *Boutons* dorés anciens.

Planche IX. — Page 43.

SAXE. — ANGLETERRE. — CHINE. — FRANCE. — TURQUIE D'ASIE

Fig. 1. — *Médaillon-bonbonnière ;* porcelaine de Saxe ; yeux en brillants.

Fig. 2. — *Montre* en or, Louis XV, anglaise (Louis XV recevant un casque de la Victoire).

Fig. 3. — *Tête de Chinois,* ivoire.

Fig. 4. — *Montre* Louis XVI émaillée bleu ; entourage perles fines (ayant appartenu à Mme Deforgue).

Fig. 5. — *Boîte-pendentif* à parfum, turque ; émaux verts.

Fig. 6. — *Pendentif cristal ;* breton (Loire-Inférieure).

Planche X. — Page 45.

ESPAGNE. — ITALIE. — THIBET. — ANNAM. — BIRMANIE

Fig. 1. — *Fragment d'un bronze* espagnol, ancien.

Fig. 2. — *Bijou annamite,* argent fin.

Fig. 3. — *Cachet* ancien, en fer (Thibet).

Fig. 4. — *Pièce de monnaie* ancienne, vermeil (Philippe V, roi d'Espagne).

Fig. 5. — *Broche-fétiche,* corail ; italienne.

Fig. 6. — *Oiseau en jade,* ancien (Mandalay, Birmanie).

Planche XI. — Page 49.

SUISSE

Fig. 1. — *Médaillon-pendentif,* argent fin (ancien canton de Fribourg).

Fig. 2. — *Ornements de costume* ancien, filigrane argent.

Fig. 3. — *Épingle à cheveux*, filigrane argent, petite fleur émaillée au centre (canton d'Unterwalden).

Fig. 4. — *Collier* ancien; argent doré filigrane, avec quatre rangs de corail, séparés par des coulants forme glands, argent doré.

Fig. 5. — *Ornement de chapeau d'homme*, ancien (Suisse); cuivre doré, cristal taillé.

Fig. 6. — *Médaillon* argent doré, sujet : Saint Jean-Baptiste (canton de Lucerne).

Fig. 7. — *Médaillon* ancien; filigrane doré, sujet : Ange Gabriel (canton de Lucerne), appartient à la générale Guillaumat.

Fig. 8. — *Collier* ancien; argent filigrane avec émaux et grenats (canton d'Unterwalden).

Planche XII. — Page 53.

RUSSIE

Fig. 1. — *Décoration* russe; argent doré, grenats et turquoises (effigie du tsar Pierre II, 1729).

Planche XIII. — Page 55.

ÉGYPTE. — SOUDAN

Fig. 1. — *Ornement de front* (Soudan); avec piécettes, argent doré.

Fig. 2. — *Ornement de front* (Égypte, Sud) or fin sur cuir.

Fig. 3. — *Anneau de nez* (Soudan); cuivre et perles verroterie.
Fig. 4. — *Boucles d'oreilles* populaires (Égypte); argent doré avec pendeloques (petites feuilles).
Fig. 5. — *Boucle d'oreille*, or et malachite provenant du musée de Gizèh (Égypte).
Fig. 6. — *Boucles d'oreilles* nubiennes, dorées, ouvertes.
Fig. 7. — *Boucles d'oreilles* nubiennes, argent poinçonné.

Planche XIV. — Page 59.

THIBET

Fig. 1. — *Boucles d'oreilles*; turquoises montées sur argent, bas titre.
Fig. 2. — *Boucles d'oreilles*; cuivre doré, incrustées pierres de couleur et turquoises (Boutan).
Fig. 3. — *Boucle d'oreille*, homme; argent et turquoise, avec pendentif allongé; argent et corail.
Fig. 4. — *Boucles d'oreilles*, argent fin (Symbole de la Vie).

Planche XV. — Page 61.

NORVÈGE

Fig. 1. — *Bague*; argent doré, quatre anneaux.
Fig. 2. — *Bague*; argent avec pendeloques : petites feuilles argent sur fond représentant un cœur.
Fig. 3. — *Bague*; argent doré à jour; à cinq anneaux sur fond représentant un renne en relief.
Fig. 4. — *Bague*; argent doré; cinq anneaux sur fond pointillé.

Fig. 5. — *Bague;* argent doré; cinq anneaux sur fond représentant un cœur percé de flèches.

Fig. 6. — *Bague;* argent doré; fond cœur avec flèches, et, sur les côtés : un ange symbolisant l'amour.

Fig. 7. — *Bague;* argent doré à jour; ornement : serpent avec grenat, au centre.

Fig. 8. — *Bague;* argent, forme ovale; grenat au centre.

Fig. 9. — *Bague;* cuivre doré, pierres de couleur (moderne).

Fig. 10. — *Bague;* argent; ornements fleurettes.

Fig. 11. — *Bague;* argent avec cachet. Lettres : S. H. R.

Fig. 12. — *Bague;* argent doré; chaton carré avec grenat au centre et petit grenat de chaque côté.

Fig. 13. — *Bague;* argent doré; fleur filigrane et crochet pour anneau.

Fig. 14. — *Bague;* argent fin, avec croix en pendeloque.

Fig. 15. — *Bague;* argent fin, avec dessins en filigrane.

Fig. 16. — *Bague;* argent ovale, avec dessin filigrane rappliqué.

Fig. 17. — *Bague* ancienne populaire.

Fig. 18. — *Bague;* argent doré, filigrane à jour avec crochet pour anneau.

Fig. 19. — *Bague* rectangulaire, avec filigrane doré.

Fig. 20. — *Bague,* chaton ovale, argent doré.

Planche XVI. — Page 63.

NORVÈGE. — INDES

Fig. 1. — *Bague;* argent doré avec sept anneaux sur fleurettes filigrane (Norvège).

Fig. 2. — *Bague;* argent avec cinq anneaux et fleurettes en pendeloques (Norvège).

Fig. 3. — *Bague;* avec seize petits anneaux argentés sur fond doré (Norvège).

Fig. 4. — *Bague;* argent avec six anneaux et petites boules filigrane en forme de pendeloques (Norvège).

Fig. 5. — *Bague,* argent doré avec petites pendeloques en forme d'écuelles sur fond représentant un cœur et des colombes (Norvège).

Fig. 6. — *Bague;* argent doré avec trois grands anneaux non dorés (Norvège).

Fig. 7. — *Bague;* argent avec six anneaux et une pierre de couleur rectangulaire au centre (Norvège).

Fig. 8. — *Bague;* argent avec un anneau (femme de Laponie).

Fig. 9. — *Bague;* argent avec trois feuilles argent en pendeloques (Norvège).

Fig. de 10 à la fin. — *Bagues de doigts de pied;* cuivre doré et argenté (Ile de Ceylan, Sud de l'Inde et Provinces centrales).

Planche XVII. — Page 71.

RUSSIE

Fig. 1. — *Boucles d'oreilles* populaires à médailles.

Fig. 2. — *Boucles d'oreilles* kalmouks populaires.

Fig. 3. — *Boucles d'oreilles* kalmouks anciennes, argent fin.

Fig. 4. — *Boucles d'oreilles* polonaises anciennes, argent doré.

Planche XVIII. — Page 73.

ALGÉRIE. — KABYLIE

Fig. 1. — *Paire de B'Zaïms* kabyles, anciennes; argent, émaux et corail.

Fig. 2. — *Boucles d'oreilles*; argent, onze pendeloques avec chaînettes.

Fig. 3. — *Paire de B'Zaïms* kabyles, anciennes; argent, cônes en relief, traces d'émaux.

Fig. 4. — *Boucles d'oreilles*; cinq grandes pendeloques argent et corail.

Planche XIX. — Page 77.

TURQUIE D'ASIE. — TUNISIE

Fig. 1. — *Boucles d'oreilles*; ambre jaune, montées argent doré (Turquie d'Asie).

Fig. 2. — *Boucles d'oreilles* tunisiennes (onze perles); montées or et roses.

Fig. 3. — *Boucles d'oreilles*; argent filigrane, trois boucles (Tunisie).

Fig. 4. — *Boucles d'oreilles*; boules en crottes de gazelle, montées or avec petites pendeloques perles fines (Tunisie).

Fig. 5, 6 et 7. — *Boucles d'oreilles* tunisiennes; argent, or et cuivre.

Planche XX. — Page 79.

ALGÉRIE. — KABYLIE

Fig. 1. — *B'Zaïms* anciennes ; argent fin (Sud de l'Algérie).
Fig. 2. — *B'Zaïm* ancienne, découpée à jour ; argent et corail.
Fig. 3. — *B'Zaïms* anciennes, forme triangulaire avec quatre cônes relief argent.
Fig. 4. — *B'Zaïms* anciennes ; argent, ornements en relief.
Fig. 5. — *Plaque* ancienne, grande dimension ; émaux sur les deux faces, argent et corail (Kabylie).

Planche XXI. — Page 87.

ALGÉRIE, — TUNISIE. — MAROC

Fig. 1. — *Boucles d'oreilles* ; argent, dents de scie (Sud de l'Algérie).
Fig. 2. — *B'Zaïm* plate ; argent gravé : oiseaux et poissons (Tunis).
Fig. 3. — *Boucles d'oreilles* ; argent émaillé, racines de corail et perles de verre (Kabylie).
Fig. 4. — *Collier populaire*, quatre rangs : corail verroterie, motifs et pièces de monnaie argent (Maroc).
Fig. 5. — *Boucle d'oreille*, argent, moderne (Sud de l'Algérie).

Planche XXII. — Page 91.

ALGÉRIE. — TUNISIE. — TRIPOLI

Fig. 1. — *Boucles d'oreilles* ; argent, ornements poinçonnés (Tripoli).

Fig. 2. — *Chaîne* tunisienne; argent doré, formant collier, anneaux sans soudures.

Fig. 3 et 3 *bis*. — *Coulants* ; argent et pierres couleur (Tunisie).

Fig. 4. — *Collier* tunisien; argent et verroterie avec sept chaînes argent et mains de Fathma.

Fig. 5. — *Bague* argent, ancienne, chaton formant cachet.

Fig. 6. — *B'Zaïm* de femme nomade; argent massif (Sud Tunisie).

Fig. 7. — *Ornement de coiffure* ; argent, forme palme (Tunisie).

Fig. 8. — *Fétiche* ; argent (Algérie).

Planche XXIII. — Page 93.

ALGÉRIE. — TUNISIE. — MAROC

Fig. 1. — *Boucles d'oreilles* ; filigrane doré, pendeloques perles de corail (Tripoli).

Fig. 2. — *Boucles d'oreilles* de femme mauresque; vermeil, roses et perles fines.

Fig. 3. — *Boucle d'oreille* ; or ciselé, pierres fines et perles (Maroc).

Fig. 4. — *Boucle d'oreille* ; or (Constantine).

Fig. 5. — *Boucle d'oreille* avec chrysolithe et perle (Juive de Constantine).

Fig. 6. — *Boucles d'oreilles* ; cuivre doré (Tunis).
Fig. 7. — *Boucle d'oreille* ; argent, triangle, motif filigrane.
Fig. 8. — *Boucle d'oreille* ; or fin (Juive de Constantine).
Fig. 9. — *Boucles d'oreilles* ; argent doré (Algérie).

Planche XXIV. — Page 97.

MAROC. — TUNISIE. — DAMAS

Fig. 1. — *Boucles d'oreilles* anciennes; argent doré, cinq pendeloques corail et pierres de couleur (Maroc).
Fig. 2. — *Pendentif* de Kairouan, composé d'un médaillon à parfum, forme palme; filigrane or, pendeloques perles, chaîne or avec quatre ornements or et émaux et main de Fathma.
Fig. 3. — *Boucles d'oreilles* ; argent doré, perles et améthystes (Maroc).
Fig. 4. — *Agrafes* ; filigrane argent doré, pierres de couleur (Damas).

Planche XXV. — Page 103.

SERBIE. — TURQUIE. — TUNISIE

Fig. 1. — *Épingle à chapeau* ancienne; cuivre doré (Serbie).
Fig. 2. — *Boucles d'oreilles* ; or fin contrôlé (Tunis).
Fig. 3. — *Boucle d'oreille* ; argent fin avec coulants (Sud Algérie).
Fig. 4. — *Ciseaux* turcs ; damasquinés or sur fer.

Fig. 5. — *Agrafes;* filigrane argent, mains de Fathma.
Fig. 6. — *Ornement ;* argent émaillé, avec grenat.
Fig. 7. — *Boucle d'oreille* ancienne; argent (Tunisie).
Fig. 8. — *B'Zaïm ;* or fin ciselé (Tunis).
Fig. 9. — *Chaîne de cou ;* argent doré, trois pendeloques (deux grenouilles et un triangle).
Fig. 10. — *Boucle de ceinture ;* émaux anciens sur cuivre.

Planche XXVI. — Page 105.

ALBANIE. — TURQUIE

Fig. 1. — *Boucles de ceinture ;* émaux verts sur argent, travail de filigrane albanais.
Fig. 2. — *Boucles de ceinture ;* corail et émaux sur cuivre (Turquie).

Planche XXVII. — Page 107.

TURQUIE D'ASIE

Fig. 1. — *Boucles d'oreilles* dites « queue de paon »; or fin, perles et pierres fines reliées par chaîne argent.
Fig. 2. — *Boucles d'oreilles arméniennes* anciennes; or et pierres précieuses, pendeloques perles fines.
Fig. 3. — *Boucles d'oreilles ;* ambre jaune, filigrane argent doré, ornements petites boules argent (Palestine).
Fig. 4. — *Boucle d'oreille ;* filigrane argent, cinq pendeloques, verroterie de couleur.
Fig. 5. — *Boucles d'oreilles ;* argent, forme poire (Palestine).

Planche XXVIII. — Page 110.

TURQUIE D'ASIE. — ARABIE

Fig. 1. — *Boucles d'oreilles anciennes* longues; argent, pierres couleur, chaînette argent (Turquie d'Asie).

Fig. 2. — *Boucles d'oreilles anciennes;* argent filigrane, quatre pendeloques (La Mecque).

Fig. 3. — *Boucles d'oreilles;* filigrane doré forme anneaux (Égypte).

Fig. 4. — *Boucle d'oreille;* argent, forme ronde (Turquie d'Asie).

Fig. 5. — *Boucle d'oreille* forme croissant (dite « cimetière »); or fin avec perle imitation corail (Damas).

Planche XXIX. — Page 111.

TURQUIE D'ASIE. — TURKESTAN. — ÉGYPTE.

Fig. 1. — *Ornements de coiffure;* argent doré, plaque jade incrustée turquoises, grenats, etc.

Fig. 2. — *Pendentif de coiffure égyptien;* ornement or et pendeloques argent fin.

Fig. 3. — *Ornement de coiffure arménien;* argent, pierres fines et plaque jade.

Fig. 4. — *Pendentif de Bokhara;* or sur argent, turquoises, corail, pierres couleur.

Fig. 5. — *Devant de ceinture;* trois plaques filigrane argent et corail.

Planche XXX. — Page 113.

TURQUIE. — ARABIE. — PERSE

Fig. 1. — *Boucles d'oreilles byzantines;* or ciselé, cinq pendeloques filigrane avec perles fines, rubis, émaux et émeraudes (Brousse).

Fig. 2. — *Boucle d'oreille* ancienne; à grappe argent.

Fig. 3. — *Boucles d'oreilles anciennes indo-persanes;* or, émaux, pierres précieuses, pendeloques perles fines.

Fig. 4. — *Ornements de coiffure* dans lesquels on passe les cheveux; argent doré (Palestine).

Fig. 5. — *Boucles d'oreilles;* or fin, petites pendeloques feuilles or, décor émaux couleur (Perse).

Fig. 6. — *Boucle d'oreille arménienne;* argent et verroterie.

Planche XXXI. — Page 115.

TURQUIE. — ARABIE. — INDES.

Fig. 1. — *Pendentif ancien;* argent doré, cinq pendeloques corail, pierre de couleur.

Fig. 2. — *Collier* jade vert (nord de l'Inde).

Fig. 3. — *Boucles d'oreilles anciennes*, forme barillet, à jour.

Fig. 4. — *Boucles d'oreilles anciennes;* argent doré, pierres et verroterie de couleur (Arménie).

Fig. 5. — *Boucles d'oreilles;* argent, décor à grains et turquoises (Turquie d'Asie).

Planche XXXII. — Page 119.

TURQUIE D'ASIE

Fig. 1. — *Collier* avec trois pendentifs triangle émaux anciens, pierres couleur; argent doré, pendeloques filigrane.

Fig. 2. — *Collier ;* argent doré, ornements fleurettes filigrane.

Fig. 3. — *Bracelet ;* argent doré avec fermoir chaînes faites à la main (Damas).

Fig. 4. — *Bracelet ancien ;* argent doré, émaux vieux verts.

Fig. 5. — *Bracelet ancien ;* argent avec émaux (travail turc).

Planche XXXIII. — Page 121.

THIBET

Fig. 1. — *Boucles d'oreilles ;* or de Chine sans alliage, dites « fleurs de lotus » (Thibet).

Fig. 2. — *Pendentif ;* filigrane doré, incrusté de turquoises et pierres de couleur (Thibet).

Fig. 3. — *Boucles d'oreilles ;* or de Chine sans alliage ornements grecs et turquoises (Thibet).

Fig. 4. — *Bague* ambre teinté rouge (Thibet).

Planche XXXIV. — Page 123.

BIRMANIE. — AFGHANISTAN

Fig. 1. — *Boucles d'oreilles anciennes ;* argent doré, perles fausses, dessins à fleurs (Afghanistan).

Fig. 2. — *Boucles d'oreilles d'homme* ; filigrane argent (Shans, Birmanie).

Fig. 3. — *Boucles d'oreilles* forme tube; filigrane argent doré (Birmanie).

Fig. 4. — *Boucles d'oreilles modernes;* cuivre, boutons cristal (Birmanie).

Planche XXXV. — Page 131.

INDES

Fig. 1. — *Pendentifs d'oreilles ;* cuivre doré à dix pendeloques.

Fig. 2. — *Boucle d'oreille,* argent, forme fleur.

Fig. 3. — *Boucles d'oreilles ;* argent, forme griffes d'oiseau avec pendeloques boules d'argent.

Fig. 4. — *Anneau de nez ;* argent doré, verroterie et perles fausses, forme poisson.

Fig. 5. — *Boucle d'oreille ;* argent, neuf petits motifs.

Fig. 6. — *Boucle d'oreille ;* argent entouré de perles.

Fig. 7. — *Boucles d'oreilles ;* argent, avec grelot.

Fig. 8. — *Petit fétiche-amulette de bras ;* argent.

Fig. 9. — *Pendants d'oreilles ;* argent, neuf petits grelots, forme coupole.

Planche XXXVI. — Page 133.

INDES (CEYLAN)

Fig. 1. — *Ceinture ;* argent fin (Ile de Ceylan, Puna).

Fig. 2. — *Collier* d'améthystes (Jeypoor, Nord de l'Inde).

Fig. 3. — *Collier ;* chaîne tressée, ornement ciselé forme croissant, deux coulants or fin.

Fig. 4. — *Épingle à cheveux* (Ile de Ceylan).
Fig. 5. — *Petit collier ;* or, pierres précieuses (appartient à Mme W. Raffard) (Ile de Ceylan).

Planche XXXVII. — Page 135.

INDES (CEYLAN)

Fig. 1. — *Pendentif de collier ;* argent doré, forme croissant.
Fig. 2. — *Collier ;* motifs argent, dorés, enfilés sur fil.
Fig. 3. — *Collier* avec petits motifs en effilés dorés.
Fig. 4. — *Collier,* motifs plats, argent doré, avec médaillon fermoir.

Planche XXXVIII. — Page 137.

INDES

Fig. 1. — *Boucles d'oreilles ;* argent fin avec pendeloques.
Fig. 2. — *Pendants d'oreilles,* cinq chaînettes avec graine argent fin.
Fig. 3. — *Grande boucle d'oreille ;* argent, avec crochet pour la chevelure.
Fig. 4. — *Bracelet ;* argent, six coulants ronds et une amulette prière (Tonk).
Fig. 5. — *Boucles d'oreilles* argent avec pendeloques.
Fig. 6. — *Boucles d'oreilles* argent avec trois rangs de petites breloques, boules argent.
Fig. 7. — *Pendeloque* argent avec motifs oiseaux.

Fig. 8. — *Ornement de coiffure* avec triangle et pendeloques grelots.

Fig. 9. — *Collier hindou*, avec dix-sept pendeloques, pierres jaunes montées sur argent.

Planche XXXIX. — Page 140.

INDES

Fig. 1. — *Bracelet*; argent fin, à petites grappes.

Fig. 2. — *Boucles d'oreilles* avec chaîne de coiffure; argent fin.

Fig. 3. — *Bague*; argent fin.

Fig. 4. — *Bague*, forme grappe, anneau à jour; argent fin.

Fig. 5. — *Bracelet de pied*, avec bagues forme grappes.

Fig. 6. — *Boucles d'oreilles*, petites grappes et pendeloques chaînettes; argent.

Fig. 7. — *Bracelet de coude*, avec pendants à grappes.

Fig. 8. — *Bague avec glace* (Lahore), argent fin ciselé.

Fig. 9. — *Bague avec glace*, argent fin.

Planche XL. — Page 141.

INDES

Fig. 1. — *Collier-fétiche*; argent, quatorze amulettes, peintures grossières de divinités.

Fig. 2. — *Ornement de corsage*, collier à dix rangs; argent fin (Inde du Nord).

Fig. 3. — *Collier thibétain ;* argent incrusté de turquoises, verroteries de couleur.
Fig. 4. — *Collier hindou,* pierres de couleur montées sur argent, pendeloques griffes de lion.
Fig. 5. — *Ceinture* avec plaque argent, unique vêtement de petite fille (Sud de l'Inde).
Fig. 6. — *Accessoires de pipe* (Thibet).
Fig. 7. — *Boucles d'oreilles ;* argent, forme ronde, repercées à jour.
Fig. 8. — *Pendeloque ;* argent avec grelot.
Fig. 9. — *Plaques argent,* ornements et figure.

Planche XLI. — Page 145.

INDES

Série d'empreintes en bronze, destinées à être reproduites sur le front des adeptes de la Secte de Vichnou, avec de la peinture de santal (pâte de bois de santal réduite en poudre), Jeypoor-Radjputana.

Planche XLII. — Page 149.

NORVÈGE

Fig. 1. — *Broche ancienne ;* argent doré, décor filigrane.
Fig. 2. — *Broche ancienne ;* argent, filigrane.
Fig. 3. — *Broche ancienne ;* dorée.
Fig. 4. — *Broche ancienne* (Louis XVI), avec cinq pendeloques argent, forme cœur.

Fig. 5. — *Pendentif ancien*; argent filigrane avec deux pendeloques, forme ronde.
Fig. 6. — *Broche ancienne* (Louis XV), forme cœur avec ardillon, cinq pendeloques.
Fig. 7. — *Agrafe ancienne*; argent, avec cabochon au centre.
Fig. 8. — *Broche ancienne lapone* populaire.
Fig. 9. — *Broche ancienne*; argent, ornements fleuris.

Planche XLIII. — Page 153.

SUÈDE

Fig. 1. — *Boucles d'oreilles anciennes* (Louis XV); perles bleues sur argent doré.
Fig. 2. — *Boucles d'oreilles anciennes*; argent doré, grenat, croix de Malte.
Fig. 3. — *Boucles d'oreilles anciennes*; argent et jais.
Fig. 4. — *Boucles d'oreilles anciennes*; filigrane, forme créole.
Fig. 5. — *Pendants d'oreilles anciens*; argent doré.
Fig. 6. — *Boucles d'oreilles anciennes*; argent doré.
Fig. 7. — *Boucles d'oreilles anciennes*; argent doré.

Planche XLIV. — Page 155.

ESPAGNE

Fig. 1. — *Chapelet de religieuse*; argent fin avec croix et médaillon filigrane; christ au centre.
Fig. 2. — *Petite croix* en bois avec christ en ivoire; travail espagnol du xviie siècle.

Fig. 3. — *Petit reliquaire-pendeloque ;* argent doré et cristal, en forme de lanterne, comprenant un petit groupe de six sujets saints en bois sculpté (xviie siècle).

Fig. 4. — *Médaillon* ovale; argent doré, double face représentant des sujets religieux sculptés os, rehaussés d'or.

Planche XLV. — Page 157.

ESPAGNE. — PORTUGAL

Fig. 1. — *Croix d'archevêque portugais* (Goa-Indes); émeraudes, brillants, émaux sur or, ornements de style hindou.

Fig. 2. — *Pendentif de collier* provenant de la Vierge de Murcie; or, émaux translucides, avec dix-huit grosses perles (xve siècle).

Fig. 3. — *Pendentif (Vierge de la Paloma)*, argent doré (Colombie).

Fig. 4. — *Insigne du Tribunal du Saint-Office espagnol* (Inquisition); émail et filigrane or.

Planche XLVI. — Page 163.

ESPAGNE

Croix espagnole ancienne ; filigrane argent, rayons dorés, *Christ de Burgos.*

PLANCHE XLVII. — Page 165.

ESPAGNE

Fig. 1. — *Boucles d'oreilles populaires espagnoles;* argent.

Fig. 2. — *Boucles d'oreilles populaires,* forme grappe (province de Malaga).

Fig. 3. — *Boucles d'oreilles populaires espagnoles;* argent.

Fig. 4. — *Boucles d'oreilles populaires,* or fin, forme fleur (îles Canaries).

Fig. 5. — *Boucles d'oreilles,* or fin à pendeloques, petites perles.

Fig. 6. — *Boucles d'oreilles,* or forme créole (îles Canaries).

Fig. 7. — *Boucles d'oreilles,* forme poire; pierre de couleur et or (Canaries).

PLANCHE XLVIII. — Page 167.

ESPAGNE

Fig. 1. — *Boucles d'oreilles anciennes;* argent doré.

Fig. 2. — *Boucles d'oreilles anciennes;* or fin filigrane.

Fig. 3. — *Boucles d'oreilles anciennes;* argent doré.

Fig. 4. — *Boucles d'oreilles* forme serpent; (Santiago de Compostelle).

Fig. 5. — *Boucle d'oreille;* argent, émaux et pierres blanches.

Fig. 6. — *Boucles d'oreilles* populaires sculptées sur liège.

Planche XLIX. — Page 169.

ESPAGNE

Fig. 1. — *Boucles d'oreilles* Saint-Esprit; argent doré, pierres vertes et rouges.

Fig. 2. — *Boucles d'oreilles;* filigrane argent (Grenade).

Fig. 3. — *Boucles d'oreilles* populaires; corbeille fleurs.

Fig. 4 et 5. — *Boucles d'oreilles populaires,* coquillages, fétiches, montées argent doré.

Fig. 6. — *Boucles d'oreilles populaires* Louis XVI; cuivre.

Fig. 7. — *Boucles d'oreilles;* verroterie blanche et bleue.

Fig. 8. — *Boucles d'oreilles;* or et corail noir, forme croissant.

Planche L. — Page 171.

ESPAGNE. — SUISSE

Fig. 1. — *Boucles d'oreilles* espagnoles anciennes; chrysolithe sur argent.

Fig. 2. — *Boucles d'oreilles* suisses ; argent doré, filigrane, émail couleur, entourage perles fines.

Fig. 3. — *Boucles d'oreilles;* argent à effilés (Santiago de Compostelle).

Fig. 4. — *Boucles d'oreilles;* filigrane (Santiago de Compostelle).

Fig. 5. — *Boucles d'oreilles;* argent doré (Santiago de Compostelle).

Fig. 6. — *Boucles d'oreilles;* argent pendeloque (Santiago de Compostelle).

Planche LI. — Page 173.

ESPAGNE

Fig. 1. — *Boucles d'oreilles* anciennes hispano-mauresques; cuivre.
Fig. 2. — *Boucle d'oreille* ancienne hispano-mauresque; argent.
Fig. 3. — *Boucles d'oreilles* anciennes hispano-mauresques; argent doré.
Fig. 4. — *Pendentif de cou* ancien hispano-mauresque; argent.
Fig. 5. — *Pendentif de cou* ancien hispano-mauresque; argent doré.

Planche LII. — Page 177.

ESPAGNE

Fig. 1. — *Boucles d'oreilles anciennes*, forme gland; argent doré.
Fig. 2. — *Boucles d'oreilles anciennes;* argent doré et pierres de couleur.
Fig. 3. — *Boucles d'oreilles;* argent doré, pierres vertes (modernes).
Fig. 4. — *Boucles d'oreilles;* argent, forme boule.
Fig. 5. — *Boucles d'oreilles;* or fin, boules (Cadix).

PLANCHE LIII. — Page 185.

ESPAGNE

Fig. 1. — *Boucles d'oreilles anciennes* (Louis XVI); chrysolithes montées à jour.

Fig. 2. — *Boucles d'oreilles anciennes* avec pendentif topaze, forme poire avec cailloux du Rhin montés sur argent doré.

Fig. 3. — *Boucles d'oreilles*, forme losange, porcelaine verte et jaune, décor Louis XVI; or et émail.

Fig. 4. — *Boucles d'oreilles*, forme éventail; or émaillé et perles fines.

Fig. 5. — *Boucles d'oreilles* populaires; cuivre avec médaillons miniatures.

PLANCHE LIV. — Page 188.

ESPAGNE

Fig. 1. — *Boucles d'oreilles* Louis XVI; émail transparent, cailloux du Rhin.

Fig. 2. — *Boucles d'oreilles* anciennes avec topazes brûlées montées or fin.

Fig. 3. — *Boucles d'oreilles* anciennes (Louis XVI); or et roses.

PLANCHE LV. — Page 189.

ESPAGNE

Fig. 1. — *Boucles d'oreilles anciennes* ; argent, topazes avec paillons éclats de roses.

Fig. 2. — *Boucles d'oreilles anciennes ;* or fin avec grenats (Catalogne).
Fig. 3. — *Boucles d'oreilles anciennes ;* or et émeraudes (Catalogne).
Fig. 4. — *Boucles d'oreilles ;* or, formées de trois belles topazes montées à jour.
Fig. 5. — *Boucles d'oreilles anciennes* (Louis XVI), avec colombes or montées sur argent doré.
Fig. 6. — *Boucles d'oreilles anciennes,* forme bouton avec petit pendentif strass.

Planche LVI. — Page 193.

ESPAGNE. — PORTUGAL

Fig. 1. — *Boucles d'oreilles* Louis XVI ; argent avec motifs filigrane or entourés de chrysolithes.
Fig. 2. — *Boucles d'oreilles* anciennes (Louis XVI) ; argent doré.
Fig. 3. — *Boucles d'oreilles* anciennes ; argent, émeraudes et éclats de diamants (Catalogne).
Fig. 4. — *Boucle d'oreille ;* argent filigrane doré, nœud Louis XVI.
Fig. 5. — *Boucles d'oreilles* anciennes ; argent doré, marguerites et topazes brûlées (Portugal).
Fig. 6. — *Boucle d'oreille* ancienne, forme hispano-mauresque et Saint-Esprit.

Planche LVII. — Page 197.

ESPAGNE

Fig. 1. — *Boucles d'oreilles,* forme ovale (Louis XVI) ; paniers de fleurs.

Fig. 2. — *Boucles d'oreilles* Louis XVI, avec perles fines et émaux verts transparents.

Fig. 3. — *Boucles d'oreilles* hispano-mauresques émaillées or et perles fines.

Planche LVIII. — Page 199.

ESPAGNE

Fig. 1. — *Boucles d'oreilles populaires* ; cuivre doré (Salamanque).

Fig. 2. — *Boucles d'oreilles populaires* ; cuivre doré (Salamanque).

Fig. 3. — *Boucles d'oreilles populaires* ; cuivre doré (Salamanque).

Fig. 4. — *Boucles d'oreilles* ; écaille incrustée or, forme poire.

Fig. 5. — *Boucles d'oreilles* écaille anciennes; argent doré.

Fig. 6. — *Boucles d'oreilles* ; écaille, ambre et or à boules.

Planche LIX. — Page 201.

TURQUIE

Grand ornement faisant partie d'un harnachement de cheval du Sultan ; motifs coraux sur filigrane argent doré sur fond cuivre argenté.

Planche LX. — Page 203.

TUNISIE

Grand collier tunisien, formé de quatre grands coulants en argent doré, réunis par six motifs composés chacun de cinq rangs de crottes de gazelle taillées en triangles et maintenues par des perles de nacre. A l'extrémité, plaque argent doré, gravée de caractères arabes.

Planche LXI. — Page 205.

PERSE. — TURKESTAN. — TURQUIE. — TUNISIE ARABIE

Fig. 1. — *Grande plaque* or fin; avec émaux anciens formant guirlande de fleurs, forme palme gravée caractères persans (a appartenu à la famille du shah de Perse).

Fig. 2. — *Grande plaque de coiffure*; ornements coraux et pierres de couleur sur filigrane argent doré, avec huit motifs triangulaires à charnières, dont cinq ornés de chaînettes argent et médailles (Arménie).

Fig. 3. — *Grand pendentif*; or fin avec treize pendeloques perles fines, tourmalines, émeraudes et rubis orné, d'une face, de pierres précieuses, émeraudes et rubis clairs, de l'autre, de motifs persans en or ciselé (Turkestan).

Fig. 4. — *Boucles d'oreilles*; argent doré et corail au centre, forme ronde avec six pendeloques fixes (Turquie d'Asie).

Fig. 5. — *Boucles d'oreilles* (Sfax), composées de cinq grandes pendeloques perles fines, émaux et pièces de monnaie en or, égyptienne, année de l'hégire 1187; le tout rattaché à un motif triangulaire or avec dessin filigrane (Tunisie).

Fig. 6. — *Collier argent de La Mecque*, composé de vingt-deux plaques filigrane et vingt pendeloques filigrane à trois motifs.

Planche LXII. — Page 213.

SUISSE

Fig. 1. — *Grande chaîne*; argent doré, découpée, petit fermoir Louis XVI, fleur émaillée.
Fig. 2. — *Boucles d'oreilles* rondes avec pierre noire (canton de Saint-Gall).
Fig. 3. — *Pendentif*; or ciselé avec jargons table incrustés, médaillon du centre représentant d'un côté la Vierge et, de l'autre, saint Joseph (Renaissance italienne).
Fig. 4. — *Pendentif*; cuivre doré avec nœuds Louis XVI, écusson avec portraits de saintes (canton de Lucerne).
Fig. 5. — *Pendentif*; or émaillé blanc et noir (XVIe siècle), avec jargons table enchâssés (Suisse française), émaux en mauvais état.
Fig. 6. — *Croix*; or fin, avec motifs émaux couleur. « Pensée *(sic)* à moi. »

Planche LXIII. — Page 215.

SUISSE. – ITALIE

Fig. 1. — *Chaîne*; argent filigrane avec pendeloque à chaque extrémité (canton de Thoune).
Fig. 2. — *Agrafe de châtelaine*, émail Louis XVI, entourage acier (Suisse).

Fig. 3. — *Petite croix*, argent filigrane avec croix centrale et christ émaillés (Suisse).

Fig. 4. — *Médaillon* filigrane argenté avec émail au centre, tête de Christ de sainte Véronique (**Suisse**).

Fig. 5. — *Collier* argent formé d'agrafes anciennes avec pendentif filigrane (Suisse).

Fig. 6. — *Pendentif* filigrane argent avec croix centrale en bois incrusté de nacre (Suisse).

Fig. 7. — *Cœur* filigrane, argent ancien, avec ardillon (Suisse).

Fig. 8. — *Collier* avec dix chaînes argent et fermoir argent doré, avec pierres de couleur imitant fleurs (Suisse).

Fig. 9. — *Boucle de ceinture* ; argent filigrane (Suisse).

Fig. 10. — *Petit collier* ; argent découpé, fermoir Restauration (Suisse).

Fig. 11. — *Épingle de coiffure Louis XV* ; argent (Piémont).

PLANCHE LXIV. — Page 219.

ITALIE

Fig. 1. — *Boucles d'oreilles*, forme ronde, agate, entourage similior, époque Restauration (Naples, Italie).

Fig. 2. — *Boucles d'oreilles*, forme boules, argent doré (nourrices de Naples).

Fig. 3. — *Peigne de la Brianza* (Nord de l'Italie), composé de cinquante-quatre épingles à boule, dont quatre argent ciselé à jour et deux en forme œuf.

Fig. 4. — *Boucles d'oreilles*, ambre, à pendants longs, monture or ciselé; époque Restauration (Naples).

Fig. 5. — *Boucles d'oreilles* à pendants longs; argent doré, dessins filigranés (Naples).

Fig. 6. — *Peigne à neuf boules;* argent doré (Nourrices de Naples).

Fig. 7. — *Boucles d'oreilles populaires ;* cuivre doré, forme bilboquet (Naples).

Fig. 8. — *Boucles d'oreilles populaires ;* émail sur cuivre et entourage corail (canton du Tessin).

Fig. 9. — *Boucles d'oreilles* forme créole; argent doré, boules à facettes (campagne napolitaine).

Fig. 10. — *Boucles d'oreilles* à pendants, coraux sculptés, monture or; époque Restauration (Naples).

Fig. 11. — *Chaîne de cou ;* cuivre doré gourmette, portée par les femmes des pêcheurs napolitains.

Planche LXV. — Page 222.

MAROC. — ARABIE

Fig. 1. — *B'Zaïms* du Souss, pour haïks de femme, avec chaîne argent massif (Maroc).

Fig. 2. — *Porte-parfum* du Souss (parfum d'ambre); filigrane d'argent (Maroc).

Fig. 3. — *Grand collier* argent, de La Mecque; composé de vingt pendeloques à cinq motifs filigrane et émaux (Arabie).

Fig. 4. — *Bague à chaton*, pour ambre, argent, pour paysanne des environs de Fez (Maroc).

Fig. 5 et 6. — *B'Zaïms*, argent massif, de la ville de Taza, année arabe 1254 (Maroc).

Fig. 7. — *Bandeau frontal* porté par les femmes juives de Sepou (Maroc).

Planche LXVI. — Page 223.

PERSE. — ESPAGNE

Fig. 1. — *Boucle d'oreille ;* or et vingt perles fines, émaux représentant d'un côté une femme tenant une fleur, de l'autre : fleurs et oiseaux (Perse).

Fig. 2 et 3. — *Boutons persans anciens ;* or fin, composés d'une émeraude au centre, entourée de rubis, d'émeraudes et de trente-neuf perles fines. Envers : émaux remarquables, oiseaux et fleurs.

Fig. 4. — *Boucles d'oreilles*, époque Renaissance; émail blanc sur or, avec pendeloques : deux perles fines (Espagne).

Fig. 5. — *Pendentif*, émaux sur or filigrané; sept perles fines et une pendeloque émeraude (Espagne).

Fig. 6. — *Pendentif*, émaux sur or, double face, avec huit pendeloques émaillées et perles fines, pierre couleur rose, au centre (Perse).

Fig. 7. — *Boucle d'oreille*, forme palme, entourée perles fines à sept pendeloques, perles; envers : émail fleurs (Perse).

Fig. 8. — *Boucles d'oreilles Renaissance*, époque Mauresque; ornements avec grenade au centre émaillé sur or (Espagne).

Fig. 9. — *Boucle d'oreille Renaissance ;* ornements or fin ciselé sur écaille (Espagne).

Fig. 10. — *Boucles d'oreilles Renaissance*, émaillées sur or fin avec petite pendeloque tourmaline rose (Espagne).

Planche LXVII. — Page 227.

THIBET. — MAROC. — TURQUIE. — ÉGYPTE

Fig. 1. — *Boucles d'oreilles* ; argent, pendeloques émaillées, incrustations turquoises et coraux avec boule cornaline (Thibet chinois).

Fig. 2. — *Paire de bracelets*, de Fez; argent avec ornements plaqués or (Maroc).

Fig. 3. — *Paire de bracelets de cheville anciens*, ciselés, ornements en relief, argent massif, de la tribu des Riatàs (Maroc).

Fig. 4 et 5. — *Ornements de nez* en cuivre, des femmes fellahs égyptiennes.

Fig. 6. — *Bracelet de pied* ; argent massif du Tafilalet (Maroc).

Fig. 7. — *Boîte argent turque*, avec double boîtier et glace à l'intérieur (Turquie d'Asie).

Fig. 8. — *Boucle d'oreille*, argent, à cinq pendeloques avec pierre de couleur et émaux du Tafilalet (bijou populaire, Maroc).

Fig. 9. — *Bracelet de pied*, argent, forme chaîne tressée avec boules à l'extrémité (du Souss, Maroc).

Fig. 10. — *Étui à noir*, argent ciselé (dont les femmes de Fez se servent pour se faire les yeux, Maroc).

Fig. 11. — *Petite balance ancienne*, en bronze, pour peser l'or (Smyrne).

Fig. 12. — *Boucle d'oreille* ; argent fin, ornements filigrane avec cinq pendeloques argent (Arabie).

Fig. 13. — *Petit flacon à parfum* ; argent fin, décor filigrane, traces d'émaux anciens (Turquie d'Asie).

Fig. 14. — *Porte-cigarette*, fer incrusté argent (Smyrne).

Fig. 15. — *Bracelet de cheville ancien ;* argent massif, du Tafilalet (Maroc).

Planche LXVIII. — Page 231.

ITALIE

Fig. 1. — *Boucles d'oreilles Louis XVI*, ovales, émail bleu, entourage marcassites.

Fig. 2. — *Parure* filigrane argent doré, composée d'un collier à anneaux, d'un médaillon avec pendeloques et d'une paire de boucles d'oreilles.

Fig. 3. — *Boucles d'oreilles anciennes ;* or fin, forme cadenas, fleurettes ciselées et ornements filigrane (Venise).

Fig. 4. — *Pendentif ;* or fin, forme étoile à six branche filigrane et à six branches unies.

Fig. 5. — *Pendentif ovale ;* or fin ; au centre : Assomption de la Sainte Vierge : travail filigrane et perle Louis XVI.

Fig. 6. — *Pendentif de corsage* de paysanne ; filigrane argent et argent doré avec petites pendeloques glands (travail vénitien).

Fig. 7. — *Boucles d'oreilles ;* argent doré, forme cadenas, avec trois pendentifs forme poire (province des Abruzzes).

Fig. 8. — *Croix modèle de Malte*, en agate opaline : motif au centre or de deux tons, finement ciselé avec reliquaire, motifs raisins entre chaque branche.

Fig. 9. — *Peigne écaille*, avec cinq pendeloques cuivre doré, ornementées de perles de corail.

Planche LXIX. — Page 233.

ESPAGNE. — ITALIE

Fig. 1. — *Médaillon religieux* ovale ; or fin, entourage émaux de couleur contenant sous verre un groupe : le Christ en croix et les Saintes Femmes (époque Renaissance, Espagne).

Fig. 2. — *Grande croix reliquaire ;* cristal de roche avec sept reliques diverses, incrustées aux extrémités de motifs ciselés or et émaillés noir (Renaissance italienne).

Fig. 3. — *Pendentif ;* argent orné de marcassites, forme panier émail rouge translucide (Louis XVI. Espagne).

Fig. 4. — *Boucles d'oreilles* en bois d'olivier (Restauration. Italie).

Fig. 5. — *Boucles d'oreilles ;* or fin, forme allongée, composées chacune de dix perles fines. Envers : émaux noirs et blancs (Renaissance espagnole).

Fig. 6. — *Cachet ;* or fin de trois tons, avec motifs coquille et guirlandes de fleurs. Blason et armoiries gravés sur cristal de roche (Louis XV. Espagne).

Fig. 7. — *Boucles d'oreilles ;* filigrane or, forme vases (Espagne).

Fig. 8. — *Boucles d'oreilles ;* porcelaine blanche, émaillées bouquet de fleurs, montées or (Espagne).

Planche LXX. — Page 235.

INDES. — PERSE. — SIAM

Fig. 1. — *Collier indo-persan* formé de vingt-neuf plaques or massif incrustées de turquoises d'un côté et ornées de ciselures de l'autre, avec cinq pendeloques au motif central; le tout entouré d'un filet de perles fines.

Fig. 2. — *Pendentif persan ;* or fin recouvert d'émaux riches anciens et treize perles fines en pendeloques.

Fig. 3. — *Pendants d'oreilles ;* or fin, forme oiseaux, entièrement recouverts d'émaux enrichis de quatre grosses pierres précieuses cabochon et de dix perles fines. Suspendus à une attache de cinq plaques or.

Fig. 4. — *Grande plaque (porte-aigrette)* recouverte d'émaux persans ajourés et fixés par des ornements or avec roses enchâssées.

Fig. 5. — *Pendentif indo-persan ;* or massif; motif principal avec rubis rose, au centre entouré de huit gros diamants table sur fond émaillé; l'envers entièrement recouvert de riches émaux anciens.

Fig. 6. — *Grand bracelet siamois ;* or fin, ayant la forme de deux dragons tenant une boule dans leur gueule.

Fig. 7. — *Bracelet hindou ancien,* formé de sept plaquettes or émaillé avec chatons or et diamants enchâssés.

Fig. 8. — *Bracelet hindou* composé de dix-sept plaquettes or, rondes, recouvertes d'émaux de Jeypoor.

Fig. 9. — *Bracelet persan* composé de vingt-huit plaques or fin, recouvertes des deux côtés d'émaux riches anciens.

Fig. 10. — *Bracelet hindou,* formé par deux dragons or fin recouverts, par moitié, d'émaux et de diamants en guirlande.

Fig. 11. — *Collier de Ceylan* ; composé de vingt et une pierres de lune suspendues à une chaîne d'or tressée.

Planche LXXI. — Page 237.

CHINE

Grand col chinois, composé de cent douze motifs différents exécutés en or, jade, ambre, filigrane, pierres précieuses, ornés de plumes bleues d'oiseaux de Chine, représentant des crabes, papillons, dragons, vases de fleurs, oiseaux, insectes, fruits et ornements divers. Le tout groupé sur appliques satin noir.

Planche LXXII. — Page 239.

CHINE

Grand ornement de coiffure de femme chinoise, composé de deux motifs gracieux, légers, de formes diverses et indépendants ; tous deux sont en or vierge, revêtus de plumes de martin-pêcheur, de coloris ravissants et agrémentés de pierres précieuses et de perles fines. Celui du haut, moins important, se termine par deux ornements en forme d'antennes. Pièce très rare et délicate.

Planche LXXIII. — Page 248.

BELGIQUE. — HOLLANDE. — RUSSIE. — SUISSE. — ESPAGNE

Fig. 1. — *Garniture ancienne de corsage de Suissesse* ; argent fin, composée de deux grandes fleurs avec pendeloque et deux cœurs avec agrafe filigrane, réunis par deux chaînes.

Fig. 2. — *Pendentif de cou*, formé d'une plaquette or et d'une pendeloque terminée par une perle fine (Belgique).

Fig. 3. — *Garniture de corsage*, ancienne, formée de plaques unies, or fin, au-dessous du motif central (vase de fleurs) petite pendeloque et trois chaînettes (Hollande).

Fig. 4. — *Croix* dorée, découpée à jour, ornée de douze jais taillés (Suisse).

Fig. 5. — *Chaîne sautoir ;* or fin, formée de maillons rigides émaillés noir et blanc (Russie).

Fig. 6. — *Petite épée* (Espagne).

Fig. 7. — *Épingle à chapeau* (Espagne).

Planche LXXIV. — Page 249.

LA MECQUE (ARABIE)

Bracelet de cheville ; argent fin ciselé, provenant de La Mecque (Arabie). Poids : sept cent vingt-cinq grammes.

Planche LXXV. — Page 253.

INDES. — CHINE. — PERSE. — ALGÉRIE. — NORVÈGE

Fig. 1. — *Broche hindoue ;* argent. Sujet : Vichnou jouant de la flûte.

Fig. 2. — *Broche norvégienne ;* argent doré, forme écusson.

Fig. 3. — *Broche norvégienne ;* argent doré, avec sept pendeloques.

Fig. 4. — *Broche norvégienne ;* argent doré, surmontée d'une couronne et ornée de sept pendeloques lamelles plates.

Fig. 5. — *Bracelet de femme mauresque ;* or fin et corne, forme rigide.

Fig. 6. — *Boucles d'oreilles ;* corail sculpté à jour et orné de petits motifs recouverts de plumes bleues de martin-pêcheur de Chine (Chine).

Fig. 7. — *Petit éléphant* en or vierge, formant bonbonnière, travail hindou ancien (Indes).

Fig. 8. — *Boucles d'oreilles chinoises* à trois pendeloques, celles du haut émaillées bleu ; le tout monté or fin.

Fig. 9. — *Boucles d'oreilles ;* argent doré, forme coupoles, incrustées de turquoises avec six pendeloques (Bokhara. Turkestan).

Fig. 10. — *Petite croix ;* or fin, avec christ sur fond pierre bleue lisérée d'émail blanc (Russie).

Fig. 11. — *Petite pendeloque ;* or fin, ornementée d'émaux translucides de Jeypoor, s'ouvrant au moyen d'un petit ressort et formant cassolette (Indes).

Fig. 12. — *Petite boîte,* or fin, persane, forme octogonale, émaillée d'une coupe de fleurs, sur le couvercle et les côtés, et d'ornements sur le fond bleu et vert.

Fig. 13. — *Boucles d'oreilles* chinoises, à trois pendeloques, celles du haut en forme de boules, celles du centre émaillées bleu.

PLANCHE LXXVI. — Page 255.

GRÈCE. – FRANCE

Fig. 1. — *Boucles d'oreilles* grecques anciennes, émail et or, avec grappes perles fines.
Fig. 2. — *Boucles d'oreilles* longues or, émaillées couleur, aigues-marines et pendeloques.
Fig. 3. — *Bracelet* grec ancien, émail et or.

PLANCHE LXXVII. — Page 257.

TURQUIE D'ASIE. — ART BYZANTIN

Fig. 1. — *Boucles d'oreilles* anciennes, or, forme éventail, pierres fines et perles (Arménie).
Fig. 2. — *Reliquaire* byzantin ancien, émaux sur argent.
Fig. 3. — *Boucles d'oreilles* forme croissant (dites cimetière), argent doré, ornements filigrane et corail.
Fig. 4. — *Croix byzantine* ancienne, formant reliquaire, émaux sur argent (démontable).
Fig. 5. — *Boucles d'oreilles*, forme assyrienne, or fin filigrane et turquoises.

PLANCHE LXXVIII. — Page 259.

ESPAGNE ET ILE DE JERSEY

Fig. 1. — *Boucles d'oreilles* populaires espagnoles filigrane, cuivre doré.
Fig. 2. — *Boucles d'oreilles* forme vases, toile argent.

Fig. 3. — *Boucles d'oreilles* anciennes (Louis XVI), argent doré.

Fig. 4. — *Boucles d'oreilles* à coquilles de Santiago de Compostelle.

Fig. 5. — *Boucles d'oreilles* populaires, forme couronne, argent doré.

Fig. 6. — *Boucles d'oreilles* (Jersey), argent avec appliques marbre couleur.

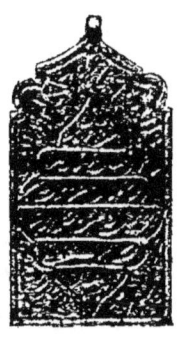

Couverture (voir pl. LIII, page 185).

En-tête, page 9. — *Boucles d'oreilles populaires*, forme grappes de raisin (province de Malaga).

En-tête, page 41. — *Bracelet* de bras; or fin, émaillé avec têtes de lions (France; époque Empire).

En-tête, page 69. — *Boucles de ceinture ;* corail et émaux sur cuivre (Turquie).

En-tête, page 101. — *Boucles d'oreilles* anciennes; argent doré, marguerites et topazes brûlées (Portugal).

En-tête, page 129. — *Bracelet de pied*, ancien; argent ciselé (Algérie).

En-tête, page 161. — *Boucles d'oreilles* ; argent fin, avec pendeloques (Indes).

Pendant d'oreilles ; argent fin, à cinq chaînettes avec graine (Indes).

En-tête, page 181. — *Devant de ceinture* ; trois plaques filigrane argent et corail (Turkestan).

En-tête, page 211. — *Boucles d'oreilles* (juxtaposées horizontalement) anciennes, argent doré, grenat, croix de Malte (Suède).

En-tête, page 245. — *Bracelet* argent, ouvert ; trois motifs cabochons (Algérie).

Bracelet argent doré, charnière émaillée (Algérie).

Bracelet argent, mailles tressées, fermoir avec figures (Algérie).

Bracelet argent, à charnière, fond filigrane, fermoir traces d'émaux (Algérie).

En-tête, page 265. — *Bracelet de pied* (Kral Kral), argent ciselé ; intérieur gravé : poisson, oiseau (Algérie).

Cul-de-lampe, page 39. — *Bague* or, tête de satyre sculptée dans « œil de tigre ». A appartenu à la famille royale d'Espagne.

Cul-de-lampe, page 67. — *Boucles d'oreilles*, porcelaine blanche et bleue émaillée or et vert, décor rose (Espagne).

Cul-de-lampe, page 99. — *Bague*, or fin (Louis XV), miniature sur ivoire entourée de chrysolithes (Espagne).

Cul-de-lampe, page 127. — *Pendentif de collier*, sur émail vert, décor or à fleurs (Delhi).

Cul-de-lampe, page 159. — *Bague* arabe, ancienne, cornaline.

Cul-de-lampe, page 179. — *Boîte* double, ancienne, avec émail vert (Turquie).

Cul-de-lampe, page 209. — *Boucles d'oreilles,* porcelaine blanche et jaune, émaillée or, dessin Louis XVI (Espagne).

Cul-de-lampe, page 243. — *Bague* turque, ancienne, émaux verts.

Cul-de-lampe, page 263. — *Reliquaire* ancien, filigrane or *(mater dolorosa),* bois sculpté (Espagne).

Cul-de-lampe, page 313. — *Camée* coquille, sujet mythologique (Naples).

Figure, page 13 : *Bague* ancienne, argent, avec dents incrustées, cœur et clefs en pendeloques (Berne).

Bague ancienne, filigrane et grenat (Suisse).

Bague, argent doré, ornements grappe de raisin, chaton uni (Suisse).

Bague, religieuse; instruments de la Passion (Allemagne).

Bague, forme cordes tressées (Suisse).

Bague, avec médaillon fleurette (pensée) et inscription : *A moi* (France. Restauration).

Figure, page 19 : *Bague* ancienne, tête de Jupiter sur médaillon fer (Russie).

Bague ancienne, Louis XIV (Russie).

Bague ancienne, argent massif, sur blason (Russie).

Bague ancienne (miracle de saint Hubert), Allemagne.

Bague ancienne, argent; religieuse, avec christ sur fond rouge (Suisse).

Figure, page 47 : *Éventail*, filigrane argent doré, avec oiseau (Espagne).

Figure, page 89 : *Collier* formé de cinq plaques or émaux de Jeypoor montées sur fil d'or, représentant d'un côté : des oiseaux mêlés à des caractères arabes, et de l'autre : les pieds de Bouddha (Indes).

Figure, page 117 : *Bracelet*, or sans alliage, ornements en relief représentant Vichnou entouré de bayadères et d'animaux : deux perles fines et un rubis (Inde).

Figure, page 175 : *Bracelet*, argent, têtes de lion croisées (Indes).

Bracelet, argent, fétiche, avec fermoir et poil de queue d'éléphant (île de Ceylan).

Bracelet d'homme, argent fin massif, à crochets (Ile de Ceylan).

Bracelets (paire), argent doré, ornements en relief avec pierres de couleur (travail mogol).

Figure, page 207 : *Boutons de manchettes*, doublé or, avec chiffre 363, bijou politique (France).

Croix ancienne, or fin, suspendue à un nœud Louis XVI (Savoie).

Pendants d'oreilles, or et émaux de couleur. Motif : amour émaillé, avec perles et turquoises (France).

Face-à-main d'Incroyable, argent doré (Époque du Directoire, France).

Croix, or fin, ciselée à jour, coulant forme cœur et motif principal, en deux parties, orné de cabochons (Normandie).

Cœur, pour coulant (Dauphiné).

Figure, page 241 : *Peigne* porté par les hommes sous

LÉGENDES DES PLANCHES ET GRAVURES 313

le Directoire; cuivre doré, trois cabochons couleur, dents écaille (a figuré en 1889, à l'Exposition historique de la Révolution).

Figure, page 261 : *Croix reliquaire,* or fin, émaillée, signes de la Passion; xvie siècle (Espagne).

Boucles d'oreilles anciennes, or et perles fines, forme boules avec petite pendeloque perles fines (Portugal).

Boucles d'oreilles anciennes (Louis XVI), chrysolithes jaunes du Brésil, or sur argent (Portugal).

Croix ancienne, avec christ, or et émaux (Portugal).

Boucles d'oreilles de Grenade, or et topaze sur paillon.

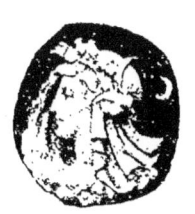

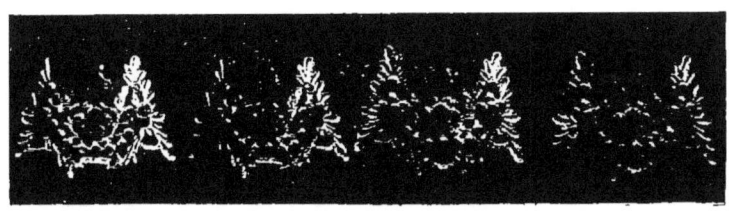

TABLE DES MATIÈRES

	Pages.
Chapitre I. — Considérations générales	9
II. — Quelques mots sur l'historique du Bijou, depuis l'Antiquité jusqu'au Moyen Age	41
III. — Quelques mots sur l'historique du Bijou, de la Renaissance à nos jours	69
IV. — Le Bijou à l'Étranger	101
V. — Les pierres précieuses	129
VI. — Le métal précieux	161
VII. — Quelques mots sur la technique du Bijou	181
VIII. — Le Bijou faux	211
IX. — Terminologie	245
X. — Légendes explicatives des planches et gravures	265

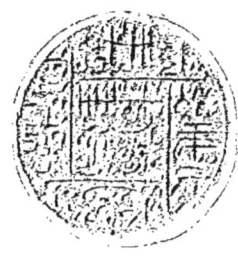
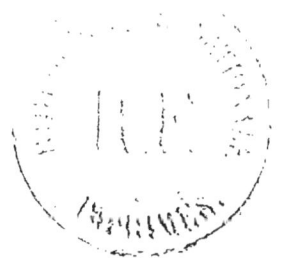

Paris. — Imp. Paul Dupont (Cl.). — 982.4.1924